AF110208

ॐ

Verbs in 10 Lakaras

ASHTADHYAYI CONJUGATION MATRIX

Lists the main Sutra Nos governing Verb Spelling for all the 10 Tenses and Moods in Active Voice

लट् Laṭ लङ् Laṅg लोट् Loṭ विधिलिङ् VLiṅg

लृट् LṚt लृङ् LṚiṅg लुट् Luṭ आशीर्लिङ् ĀśīrLiṅg लिट् Liṭ लुङ् LUṅg

1 Present Tense, 2 Past Tense, 3 Imperative Mood, 4 Potential Mood,

5 Future, 6 Conditional, 7 Periphrastic, 8 Blessing, 9 Perfect, 10 Aorist

SADHVI HEMSWAROOPA
Ashwini Kumar Aggarwal

जय गुरुदेव

ISBN13: 978-81-971255-9-1 Paperback Edition
ISBN13: 978-81-977182-4-3 Hardbound Edition
ISBN13: 978-81-977182-5-0 Digital Edition

Title: Verbs in 10 Lakaras Ashtadhyayi Conjugation Matrix
Author: **Ashwini Kumar Aggarwal, Sadhvi Hemswaroopa**

Printed and Published by
Devotees of Sri Sri Ravi Shankar Ashram
34 Sunny Enclave, Devigarh Road,
Patiala 147001, Punjab, India

https://advaita56.weebly.com/ The Art of Living Centre
https://www.artofliving.org/

Devotees Library Cataloging-in-Publication Data
Aggarwal, Ashwini Kumar. Hemswaroopa, Sadhvi.
Language: English. Thema: CJBG CJPG 4CTM 2BBA
BISAC: LAN024000 LANGUAGE ARTS & DISCIPLINES / Linguistics / Etymology
Keywords: 1) Sanskrit Grammar. 2) Dhatupatha. 3) Ashtadhyayi.
Typeset in 11 Source Sans Pro

13th May 2024 Guruji's Birthday Sumeru Sandhya by Akshat Joshi at Chahal Farms. Engrossing Satsang.
Vaishakha Masa, Shukla Paksha, Shasti Tithi, Grishma Ritu, Punarvasu Nakshatra.

Vikram Samvat 2081 Krodhi, Saka Era 1946 Pingala

1st Edition May 2024

जय गुरुदेव

Dedication

H H Sri Sri Ravi Shankar

whose discourse on the Bhagavad Gita is unparalleled

An offering at His Lotus feet

Front Cover Image credits

https://www.pexels.com/photo/grey-abstract-wallpaper-3137052/

Blessing

If you chase desire after desire, it makes you weak, restless and leaves you without peace. Like an ocean, be fulfilled within yourself, and just see how whatever you need, will come to you spontaneously. Like the rivers flow into the ocean, so does your life. This is the Brahman state.

H H Sri Sri Ravi Shankar

Discourse on Gita 7th Chapter in Hindi, 4 to 6 Sep 2015 Yamuna Sports Complex, Delhi

Prayer

येनाक्षरसमाम्नायम् अधिगम्य महेश्वरात् । कृत्स्नं व्याकरणं प्रोक्तं तस्मै पाणिनये नमः ॥

yenākṣarasamāmnāyam adhigamya maheśvarāt I
kṛtsnaṃ vyākaraṇaṃ proktaṃ tasmai pāṇinaye namaḥ II

By whom the letters were carefully chosen and collected, which were initially produced by Lord Shiva. Who wrote an exhaustive and complete grammar treatise, to that great Panini my sincerest obeisance.

वाक्यकारं वररुचिं भाष्यकारं पतञ्जलिम् । पाणिनिं सूत्रकारञ्च प्रणतोऽस्मि मुनित्रयम् ॥

vākyakāraṃ vararuciṃ bhāṣyakāraṃ patañjalim I
pāṇiniṃ sūtrakārañca praṇato'smi munitrayam II

To the Explanatory Sentences of Vararuchi, and the indepth commentary of Patanjali, and the precise verses of Panini, my offering of cheerful and grateful praise.

Table of Contents

Introduction

Construction of Verbs by Conjugation using Roots from the Dhatupatha is one of the most complex and involved processes in Sanskrit Grammar. It has been coded by the great grammarian Panini in a beautifully amazing way through the core texts, viz. The Dathupatha of Panini, The Ashtadhyayi of Panini and The Maheswar Sutras.

This book hopes to lay the coding methodology threadbare in a lucid manner for avid learners of the language, including Sanskrit scholars and Vyakarana pundits. Key concepts of Grammar that are processed during Verb formation have been highlighted and Roots have been classified accordingly. The words DHATU and ROOT mean the same. Synonyms. A Verb is a finished word that can be used in a sentence. A Verb in Sanskrit has a construction mechanism. It involves

- taking a Root from the Dhatupatha, and
- adding an Affix to it from the Ashtadhyayi

A Root is a finite sound element that has meaning related to action. An Affix is a finite sound element that has meaning related to the Tenses and Moods. So to construct a Verb, a simple equation is:
Root + Affix = Verb. e.g. भू + तिप् = भवति । He is. She is. It exists.

However when we expand the "Affix element" we see that it has distinct sub-parts. Affix = The main Ting Affix, a Vikarana Affix, sometimes a Modifier Affix.

So generally, the equation will be:
Root + Vikarana Affix + Ting Affix = Verb. e.g. भू + शप् + तिप् = भवति । He is. भू + स्य + तिप् = भविष्यति । He will be.

Or the equation might be:
Root + (Modifier Affix)Vikarana Affix + Ting Affix = Verb. E.g. भू + इट् स्य + तिप् = भविष्यति । He will be.

Or the equation might be:
(Modifier)Root + Vikarana Affix + (Modifier)Ting Affix = Verb. E.g. अट् + भू + शप् + त् प् = अभवत् । He was.

Root + Vikarana Affix + Ting Affix = Verb, where

- Roots have two major attributes,
  i. P A U attribute ii. सेट् अनिट् वेट् attribute.
- Vikarana affixes are of two types,
  i. Gana Vikarana Affix and ii. Vikarana Affix.
    - An Affix may be a) Sarvadhatuka or b) Ardhadhatuka. This affects Guna/Vriddhi.
- Ting affixes are of two types,
  i. Parasmaipada Ting Affix and ii. Atmanepada Ting Affix.
    - Further, a Parasmaipada Ting Affix may be Sarvadhatuka or Ardhadhatuka. Similarly, an Atmanepada Ting Affix may be Sarvadhatuka or Ardhadhatuka. This affects Guna/Vriddhi.
    - A Sarvadhatuka Ting Affix is of two types, पित् or अपित् that also affects Guna/Vriddhi.

Notes:

- Any affix whether Vikarana or Ting is further of two types,
  i. Consonant beginning or ii. Vowel beginning.
- Additionally, Affix modifiers (augments) may also be employed.
- Similarly, Root modifiers may also be employed.
- Each Root and Affix may have a Tag Letter, that is simply a marker to serve a specific purpose and then gets dropped.
- Dropping or Elision of certain parts of Root or Affix in certain cases.

Of utmost importance is understanding that the Tenses and Moods in Sanskrit Grammar (Present Tense, Past Tense, etc.) are **coded** in terminations known as Ting Affixes.

These Ting Affixes are of <u>two basic types</u>: Parasmaipada and Atmanepada, and these will **only join** a Root having the same attribute of Parasmaipada or Atmanepada. The Ubhayepada Ting Affixes are simply a combination of the two, *so Roots that are Ubhayepada will invariably be grouped under Parasmaipada and Atmanepada both.*

<u>Major Concepts include:</u>

- The Ten Tenses and Moods that reflect the Verb usage.
- Grouping of Roots in ten Ganas for Sarvadhatuka Ting Affixes.
- Tag Letters and their interpretation.
- Guna/Vriddhi of Vowels (whether of a Root or an Affix).
- Use of इट् augment and अट् / आट् augment.
- Correct use of Sarvadhatuka/Ardhadhatuka Affixes.

This books has been designed to look at all these grammatical concepts from the **Root-point-of-View**. Indexes and collections are based on the **Dhatu Serial Number**, which is unique and easily referenced in standard Dhatupathas, including Siddhanta Kaumudi. Hence locating any Root is a snap.

This book is specifically written to help designers and coders who make tools to generate Sanskrit Tinganta forms using Root as input. On its own also it can prove to be immensely useful if one wishes to master the Dhatupatha of Panini vis-à-vis the ten Lakaras. *Note: This Edition does not give the Ashtadhyayi Sutras that modify the Ting Affixes. For that refer to our book "Sanskrit Verb conjugation using Ashtadhyayi Sutras".*

Default Verb Table Sutras for Parasmaipada **Consonant** Beginning Root

Root P सेट्	3.2.123 **लट्**	3.2.111 **लङ्**	3.3.162 **लोट्**	3.3.161 **विधिलिङ्**	3.3.13 **लृट्**	3.3.139 **लृङ्**	3.3.15 **लुट्**	3.3.173 **आशीर्लिङ्**	3.2.115 **लिट्**	3.2.110 **लुङ्**
	3.1.68 शप्	3.1.68 शप् 6.4.71 अट्	3.1.68 शप्	3.1.68 शप्	3.1.33 स्य 7.2.35 इट् 8.3.59 ष्	3.1.33 स्य 6.4.71 अट् 7.2.35 इट् 8.3.59 ष्	3.1.33तास् 7.2.35 इट्	3.4.104 यास् कित् thus इट् न	6.1.8 द्वे **ii/1 i/2 i/3** 7.2.13 7.2.35 इट् **Rest** 1.2.5 कित् thus इट् न	3.1.44सिच् 6.4.71 अट् 7.2.35 इट् 8.3.59 ष्

Root P अनिट्	3.2.123 लट्	3.2.111 लङ्	3.3.162 लोट्	3.3.161 विधिलिङ्	3.3.13 लृट्	3.3.139 लृङ्	3.3.15 लुट्	3.3.173 आशीर्लिङ्	3.2.115 लिट्	3.2.110 लुङ्
	3.1.68 शप्	3.1.68 शप् 6.4.71 अट्	3.1.68 शप्	3.1.68 शप्	3.1.33 स्य	3.1.33 स्य 6.4.71 अट्	3.1.33तास्	3.4.104 यास्	6.1.8 द्वे **ii/1 i/2 i/3** 7.2.13 7.2.35 इट् **Rest** 1.2.5 कित् thus इट् न	3.1.44सिच् 6.4.71 अट् 8.3.59 ष्

Default Verb Table Sutras for Parasmaipada **Vowel** Beginning Root

Root P सेट्	3.2.123 **लट्**	3.2.111 **लङ्**	3.3.162 **लोट्**	3.3.161 **विधिलिङ्**	3.3.13 **लृट्**	3.3.139 **लृङ्**	3.3.15 **लुट्**	3.3.173 **आशीर्लिङ्**	3.2.115 **लिट्**	3.2.110 **लुङ्**
	3.1.68 शप्	3.1.68 शप् 6.4.72 आट् 6.1.90 वृद्धिः	3.1.68 शप्	3.1.68 शप्	3.1.33 स्य 7.2.35 इट् 8.3.59 ष्	3.1.33 स्य 6.4.72 आट् 6.1.90 वृद्धिः 7.2.35 इट् 8.3.59 ष्	3.1.33तास् 7.2.35 इट्	3.4.104 यास् कित् thus इट् न	6.1.8 द्वे **ii/1 i/2 i/3** 7.2.13 7.2.35 इट् **Rest** 1.2.5 कित् thus इट् न	3.1.44सिच् 6.4.72 आट् 6.1.90 वृद्धिः 7.2.35 इट् 8.3.59 ष्

Root P अनिट्	3.2.123 लट्	3.2.111 लङ्	3.3.162 लोट्	3.3.161 विधिलिङ्	3.3.13 लृट्	3.3.139 लृङ्	3.3.15 लुट्	3.3.173 आशीर्लिङ्	3.2.115 लिट्	3.2.110 लुङ्
	3.1.68 शप्	3.1.68 शप् 6.4.72 आट् 6.1.90 वृद्धिः	3.1.68 शप्	3.1.68 शप्	3.1.33 स्य	3.1.33 स्य 6.4.72 आट् 6.1.90 वृद्धिः	3.1.33तास्	3.4.104 यास्	6.1.8 द्वे **ii/1 i/2 i/3** 7.2.13 7.2.35 इट् **Rest** 1.2.5 कित् thus इट् न	3.1.44सिच् 6.4.72 आट् 6.1.90 वृद्धिः 8.3.59 ष्

Default Verb Table Sutras for Atmanepada **Consonant** Beginning Root

Root A सेट्	3.2.123 **लट्**	3.2.111 **लङ्**	3.3.162 **लोट्**	3.3.161 **विधिलिङ्**	3.3.13 **लृट्**	3.3.139 **लृङ्**	3.3.15 **लुट्**	3.3.173 **आशीर्लिङ्**	3.2.115 **लिट्**	3.2.110 **लुङ्**
	3.1.68 शप्	3.1.68 शप् 6.4.71 अट्	3.1.68 शप्	3.1.68 शप्	3.1.33 स्य 7.2.35 इट् 8.3.59 ष्	3.1.33 स्य 6.4.71 अट् 7.2.35 इट् 8.3.59 ष्	3.1.33तास् 7.2.35 इट्	3.4.102 सीय् 7.2.35 इट् 8.3.59 ष्	6.1.8 द्वे **ii/1 ii/3** **i/2 i/3** 7.2.13 7.2.35 इट् **Rest** 1.2.5 कित् thus इट् न	3.1.44सिच् 6.4.71 अट् 7.2.35 इट् 8.3.59 ष्

Root A अनिट्	3.2.123 लट्	3.2.111 लङ्	3.3.162 लोट्	3.3.161 विधिलिङ्	3.3.13 लृट्	3.3.139 लृङ्	3.3.15 लुट्	3.3.173 आशीर्लिङ्	3.2.115 लिट्	3.2.110 लुङ्
	3.1.68 शप्	3.1.68 शप् 6.4.71 अट्	3.1.68 शप्	3.1.68 शप्	3.1.33 स्य	3.1.33 स्य 6.4.71 अट्	3.1.33तास्	3.4.102 सीय्	6.1.8 द्वे **ii/1 ii/3** **i/2 i/3** 7.2.13 7.2.35 इट् **Rest** 1.2.5 कित् thus इट् न	3.1.44सिच् 6.4.71 अट् 8.3.59 ष्

Default Verb Table Sutras for Atmanepada **Vowel** Beginning Root

Root A	3.2.123	3.2.111	3.3.162	3.3.161	3.3.13	3.3.139	3.3.15	3.3.173	3.2.115	3.2.110
सेट्	**लट्**	**लङ्**	**लोट्**	**विधिलिङ्**	**लृट्**	**लृङ्**	**लुट्**	**आशीर्लिङ्**	**लिट्**	**लुङ्**
	3.1.68 शप्	3.1.68 शप्	3.1.68 शप्	3.1.68 शप्	3.1.33 स्य	3.1.33 स्य	3.1.33तास्	3.4.102	6.1.8 द्वे	3.1.44सिच्
		6.4.71 अट्			7.2.35 इट्	6.4.71 अट्	7.2.35 इट्	सीय्	**ii/1 ii/3**	6.4.71 अट्
					8.3.59 ष्	7.2.35 इट्		7.2.35 इट्	**i/2 i/3**	7.2.35 इट्
						8.3.59 ष्		8.3.59 ष्	7.2.13	8.3.59 ष्
									7.2.35 इट्	
									Rest	
									1.2.5 कित्	
									thus इट् न	

Root A	3.2.123	3.2.111	3.3.162	3.3.161	3.3.13	3.3.139	3.3.15	3.3.173	3.2.115	3.2.110
अनिट्	लट्	लङ्	लोट्	विधिलिङ्	लृट्	लृङ्	लुट्	आशीर्लिङ्	लिट्	लुङ्
	3.1.68	3.1.68	3.1.68	3.1.68	3.1.33 स्य	3.1.33 स्य	3.1.33तास्	3.4.102	6.1.8 द्वे	3.1.44सिच्
	शप्	शप्	शप्	शप्		6.4.72		सीय्	**ii/1 ii/3**	6.4.72
		6.4.72				आट्			**i/2 i/3**	आट्
		आट्				6.1.90			7.2.13	6.1.90
		6.1.90				वृद्धिः			7.2.35 इट्	वृद्धिः
		वृद्धिः							**Rest**	8.3.59 ष्
									1.2.5 कित्	
									thus इट् न	

1c BhvAdi 1 to 1010 (1010 Roots)

1 Now Parasmaipada

Root	1 लट्	2 लङ्	3 लोट्	4 विधि	5 लृट्	6 लृङ्	7 लुट्	8 आशी	9 लिट्	10 लुङ्
1 भू भू P सेट्	7.3.84 guna 6.1.78 sandhi	6.4.71अट् 7.3.84 guna 6.1.78 sandhi	7.3.84 guna 6.1.78 sandhi	7.3.84 guna 6.1.78 Sandhi 6.1.87 sandhi	3.1.33 स्य 7.2.35 इट् 7.3.84 guna 6.1.78 Sandhi 8.3.59 ष्	6.4.71अट् 3.1.33 स्य 7.2.35 इट् 7.3.84 guna 6.1.78 Sandhi 8.3.59 ष्	3.1.33तास् 7.2.35 इट् 7.3.84गुणः 6.1.78 iii/1 6.4.143 स् लोपः iii/2 iii/3 7.4.51 स् लोपः ii/1 7.4.50 स् लोपः	3.4.104 यासुट् कित् thus no इट् aug 8.2.29 स् drops if twice	6.4.88 Root specific 7.4.59 ह्रस्वः 7.4.73 Root specific ii/1 i/2 i/3 7.2.13 7.2.35 इट् dual plural 1.2.5 कित् thus इट् न	6.4.71अट् 2.4.77 सिच् लुक् thus no इट् aug 6.4.88 Root specific

2 Now Atmanepada. Tag (अँ)

Root	1 लट्	2 लङ्	3 लोट्	4 विधि	5 लृट्	6 लृङ्	7 लुट्	8 आशी	9 लिट्	10 लुङ्
2 एधँ एध् A सेट्	6.1.87 sandhi	6.4.72आट् 6.1.90वृद्धि	6.1.78 sandhi	6.1.87 sandhi	3.1.33 स्य 7.2.35 इट् 8.3.59 ष्	6.4.72आट् 6.1.90वृद्धि 3.1.33 स्य 7.2.35 इट्	3.1.33तास् 7.2.35 इट् iii/1 iii/2 iii/3 ii/1 स् लोपः i/1 7.4.52ह्	3.4.102 सीय् 7.2.35 इट् 8.3.59 ष् iii/1 iii/2 ii/1 ii/2 3.4.107सुट्	3.1.36आम् 3.1.40 कृ 6.1.8 द्वे **ii/3** 8.3.78 ढ्	6.4.72आट् 6.1.90वृद्धि 3.1.44सिच् 7.2.35 इट् 8.3.59 ष्
3 स्पर्धँ स्पर्ध् A सेट्	Root 2	6.4.71 अट्	Root 2	Root 2	Root 2	6.4.71 अट् 3.1.33 स्य 7.2.35 इट्	Root 2	Root 2	लिट्	6.4.71अट् 3.1.44सिच् 7.2.35 इट् 8.3.59 ष्

लिट् 6.1.8 द्वे 7.4.61 खयः । **ii/1 ii/3 i/2 i/3** 7.2.13 7.2.35 इट् । **Rest** 1.2.5 कित् thus इट् न ।

A with Tag (ऋँ) ऋदित् ।

4 गाधृँ गाध् A सेट्	Root 3 लिट् 6.1.8 द्वे 7.4.60 शेषः 7.4.62 ज् 7.4.59 ह्रस्वः । **ii/1 ii/3 i/2 i/3** 7.2.13 7.2.35 इट् **Rest** 1.2.5 कित् thus इट् न ।	लिट्
5 बाधृँ बाध् A सेट्	Root 4	Root 4 without 7.4.62
6 नाथृँ नाथ् A* सेट्	This Root behaves as Ubhayepada. For Atmanepada Root 5. For Parasmaipada Root 123.	
7 नाधृँ नाध् A सेट्	Root 5	

A with Tag (अँ) अदित् ।

8 दधुँ दध् A सेट्	Root 4								6.1.8 द्वे 7.4.60शेषः 6.4.120 अत	

A with Tag (इँ) इदित् । 7.1.58 इदितो नुम् धातोः । नुम् augment for all lakaras.

9 स्कुदिँ स्कुन्द् A सेट्	7.1.58 नुम् 8.3.24 ं 8.4.58 परसवर्णः Root 3	7.1.58 नुम् 8.3.24 ं 8.4.58 परसवर्णः Root 3	7.1.58 नुम् 8.3.24 ं 8.4.58 परसवर्णः Root 3	7.1.58 नुम् 8.3.24 ं 8.4.58 परसवर्णः Root 3	7.1.58 नुम् 8.3.24 ं 8.4.58 परसवर्णः Root 3	7.1.58 नुम् 8.3.24 ं 8.4.58 परसवर्णः Root 3	7.1.58 नुम् 8.3.24 ं 8.4.58 परसवर्णः Root 3	7.1.58 नुम् 8.3.24 ं 8.4.58 परसवर्णः Root 3	7.1.58 नुम् 8.3.24 ं 8.4.58 परसवर्णः Root 3 7.4.61खयः 7.4.62 च्	7.1.58 नुम् 8.3.24 ं 8.4.58 परसवर्णः Root 3
10 श्विदिँ श्विन्द् A सेट्	Root 9. लिट् Root 9 7.4.60 शेषः (instead of 7.4.61)									
11 वदिँ वन्द् A सेट्	Root 10									
12 भदिँ भन्द् A सेट्	Root 10								8.4.54 ब्	
13 मदिँ मन्द् A सेट्	Root 10									
14 स्पदिँ स्पन्द् A सेट्	Root 9								7.4.61खयः	
15 क्लिदिँ क्लिन्द् A सेट्	Root 9								7.4.60शेषः 7.4.62 च्	

A with Tag (अँ) अदित् । Penultimate इक् vowel. 7.3.86 पुगन्तलघूपधस्य च । गुणः Guna.

16 मुदँ मुद् A सेट्	7.3.86 guna	6.4.71 अट् 7.3.86गुणः	7.3.86 guna	7.3.86 guna	7.3.86गुणः 7.2.35 इट् 3.1.33 स्य 8.3.59 ष्	6.4.71 अट् 7.3.86गुणः 7.2.35 इट् 3.1.33 स्य 8.3.59 ष्	7.3.86गुणः 7.2.35 इट् 3.1.33तास् iii/1 iii/2 iii/3 ii/1 स् लोपः i/1 7.4.52ह्	7.3.86गुणः 7.2.35 इट् 3.4.102 सीय् 8.3.59 ष् iii/1 iii/2 ii/1 ii/2 3.4.107सुट्	1.2.5 कित् no guna 6.1.8 द्वे 7.4.60शेषः	6.4.71 अट् 7.3.86गुणः 7.2.35 इट् 3.1.44सिच् 8.3.59 ष्

A with Tag (अँ) अदित् ।

17 ददँ दद् A सेट्	Root 8								6.1.8 द्वे 7.4.60शेषः	

A with Tag (अँ) अदित् । 6.1.64 धात्वादेः षः सः । For all lakaras intial ष् changes to स् ।
The change from स् to ष् due to 8.3.59 is prevented for initial स् of a Root by 8.3.111

18 ष्वदँ स्वद् A सेट् 6.1.64 स् । Root 17

A with Tag (अँ) अदित् । Final Conjunct.

19 स्वर्दँ स्वर्द् A सेट् Root 17

A with Tag (अँ) अदित् । Final Conjunct preceded by उकार । 8.2.78 उपधायां च । Penultimate vowel दीर्घ all lakaras.

20 उर्दँ उर्द्	8.2.78 ऊ	8.2.78 ऊ	8.2.78 ऊ	8.2.78 ऊ	8.2.78 ऊ	8.2.78 ऊ	8.2.78 ऊ	8.2.78 ऊ	8.2.78 ऊ	8.2.78 ऊ

A सेट्	Dirgha	Dirgha 6.4.72आट् 6.1.90वृद्धि	Dirgha	Dirgha	Dirgha 7.2.35 इट् 3.1.33 स्य 8.3.59 ष्	Dirgha 6.4.72आट् 6.1.90वृद्धि 7.2.35 इट् 3.1.33 स्य 8.3.59 ष्	Dirgha 7.2.35 इट् 3.1.33तास् iii/1 iii/2 iii/3 ii/1 स् लोपः i/1 7.4.52ह्	Dirgha 7.2.35 इट् 3.4.102 सीय् 8.3.59 ष् iii/1 iii/2 ii/1 ii/2 3.4.107सुट्	Dirgha Root 2	Dirgha 6.4.72आट् 6.1.90वृद्धि
21 कुर्दँ कुर्द् A सेट्	Root 20	8.2.78 ऊ Dirgha 6.4.71 अट्	Root 20	Root 20	Root 20	8.2.78 ऊ Dirgha 6.4.71 अट्	Root 20	Root 20	8.2.78 ऊ Dirgha 6.1.8 द्वे 7.4.60शेषः 7.4.62 च्	8.2.78 ऊ Dirgha 6.4.71 अट्
22 खुर्दँ खुर्द् A सेट्		Root 21							7.4.62 छ् 8.4.54 च्	
23 गुर्दँ गुर्द् A सेट्		Root 21							7.4.62 ज्	
24 गुदँ गुद् A सेट्		Root 16							7.4.62 ज्	

A with Tag (अँ) अदित् ।

25 षूदँ सूद् A सेट्		6.1.64 स् । Root 5								
26 ह्रादँ ह्राद् A सेट्		Root 4							8.4.54 ज्	
27 ह्लादीँ ह्लाद् A सेट्		Root 27								
28 स्वादँ स्वाद् A सेट्		Root 5								
29 पर्दँ पर्द् A सेट्		Root 5							without 7.4.59	

A with Tag (ईँ) ईदित् ।

30 यतीँ यत् A सेट्		Root 8								

A with Tag (ऋँ) ऋदित् । Penultimate इक् vowel. 7.3.86 पुगन्तलघूपधस्य च । गुणः Guna.

31 युतुँ युत् A सेट्		Root 16								
32 जुतुँ जुत् A सेट्		Root 16								
33 विथुँ विथ् A सेट्		Root 16								

A with Tag (ऋँ) ऋदित् ।

34 वेथुँ वेथ् A सेट्		Root 5								

A with Tag (इँ) इदित् । 7.1.58 इदितो नुम् धातोः । नुम् augment for all lakaras.

35 श्रथिँ श्रन्थ् A सेट्		Root 10								
36 ग्रथिँ ग्रन्थ् A सेट्		Root 9							7.4.62 ज्	

A with Tag (अँ) अदित् । Final Conjunct

37 कत्थँ कत्थ् A सेट्		Root 4	लिट् 7.4.62 च् । without 7.4.59							

38 Now Parasmaipada. Tag (अँ) अदित् । Root has initial vowel. 6.4.72 इति आट् ।

6.1.90 इति वृद्धिः ।

38 अतँ अत् P सेट्	simple	**6.4.72आट्** 6.1.90**वृद्धि**	simple	simple	3.1.33 स्य 7.2.35 इट् 8.3.59 ष्	आट् वृद्धिः 3.1.33 स्य 7.2.35 इट् 8.3.59 ष्	3.1.33तास् 7.2.35 इट् iii/1 iii/2 iii/3 ii/1 स् लोपः	आशीर्लिङ्	लिट्	लुङ्

आशीर्लिङ् 3.4.104 यास् कित् thus no इट् । **iii/1 iii/2 ii/2 ii/3** 3.4.107 सुट् । 8.2.29 स् लोपः ।
लिट् 6.1.8 द्वे 7.4.60 शेषः 7.4.70 अत 6.1.101 **iii/1 i/1** 7.2.116
ii/1 i/2 i/3 7.2.13 7.2.35 इट् **Rest** 1.2.5 कित् thus इट् न ।
लुङ् 6.4.72 आट् 6.1.90 वृद्धि 3.1.44 सिच् 7.2.35 इट् । Here Vriddhi happens by 6.1.90, so 7.2.4 नेटि does not apply. **iii/1 ii/1** 7.3.96 ईट् 8.2.28 स् लोपः **Rest** 8.3.59 ष् ।

P with Tag (ईँ) ईदित् । Penultimate इक् vowel. 7.3.86 पुगन्तलघूपधस्य च । गुणः Guna of Root Vowel.

7.2.14 श्वीदितो निष्ठायाम् । ईदित् Tag will affect only Nishtha affixes and not the Lakaras.

39 चितीँ चित् चित् P सेट्	7.3.86गुणः	6.4.71 अट् 7.3.86गुणः	7.3.86गुणः	7.3.86गुणः	7.3.86गुणः 7.2.35 इट् 3.1.33 स्य 8.3.59 ष्	6.4.71 अट् 7.3.86गुणः 7.2.35 इट् 3.1.33 स्य 8.3.59 ष्	7.3.86गुणः 7.2.35 इट् 3.1.33तास् iii/1 iii/2 iii/3 ii/1 स् लोपः	आशीर्लिङ्	लिट्	लुङ्

आशीर्लिङ् 3.4.104 यास् कित् thus no गुणः no इट् । iii/1 iii/2 ii/1 ii/2 3.4.107 सुट् । 8.2.29 स् लोपः ।
लिट् 6.1.8 द्वे 7.4.60 शेषः । **iii/1 ii/1 i/1** 7.3.86 गुणः **dual plural** 1.2.5 कित् thus no गुणः ।
ii/1 i/2 i/3 7.2.13 7.2.35 इट् **Rest** no इट् since no वलादिः affix.
लुङ् 6.4.71 अट् 3.1.44 सिच् 7.3.86 गुणः 7.2.35 इट् । 7.2.4 नेटि prevents Vriddhi. 7.3.86 does Guna.
iii/1 ii/1 7.3.96 ईट् 8.2.28 स् लोपः **Rest** 8.3.59 ष् ।

P with Tag (इँर्) इर्दित् । 3.1.57 इरितो वा । Parasmaipada लुङ् takes Optional अङ् । पक्षे सिच् ।
Penultimate इक् vowel. 7.3.86 पुगन्तलघूपधस्य च । गुणः Guna.

40 च्युतिँर् च्युत् P सेट् Root 39. लुङ् 3.1.57 अङ् thus **optional** forms without guna

41 श्च्युतिँर् श्च्युत् P सेट् Root 40 लिट् Root 40 7.4.61 खयः instead of 7.4.60

P with Tag (अँ) अदित् । Final Conjunct. Identical to Roots that takes नुम् augment except for आशीर्लिङ्

42 मन्थँ मन्थ् P सेट्	simple	6.4.71 अट्	simple	simple	7.2.35 इट् 3.1.33 स्य 8.3.59 ष्	6.4.71 अट् 7.2.35 इट् 3.1.33 स्य 8.3.59 ष्	7.2.35 इट् 3.1.33तास् iii/1 iii/2 iii/3 ii/1 स् लोपः	6.4.24 न् लोपः 3.4.104 कित् thus no इट् 8.2.29 स् लोपः	6.1.8 द्वे 7.4.60शेषः **ii/1 i/2 i/3** 7.2.13 7.2.35 इट् Rest 1.2.5 कित् thus noइट्	6.4.71 अट् 3.1.44**सिच्** 7.2.35 इट् 7.2.4 नेटि **iii/1 ii/1** 7.3.96 ईट् 8.2.28 स् लोपः **Rest** 8.3.59 ष्

P with Tag (इँ) इदित् । 7.1.58 इदितो नुम् धातोः । नुम् augment for all lakaras.

43 कुथिँ कुन्थ् P सेट्	7.1.58 नुम् 8.3.24 ं 8.4.58 परसवर्णः	7.1.58 नुम् 8.3.24 ं 8.4.58 परसवर्णः 6.4.71 अट्	7.1.58 नुम् 8.3.24 ं 8.4.58 परसवर्णः	7.1.58 नुम् 8.3.24 ं 8.4.58 परसवर्णः	7.1.58 नुम् 8.3.24 ं 8.4.58 परसवर्णः 7.2.35 इट् 3.1.33 स्य 8.3.59 ष्	7.1.58 नुम् 8.3.24 ं 8.4.58 परसवर्णः 6.4.71 अट् 7.2.35 इट् 3.1.33 स्य 8.3.59 ष्	7.1.58 नुम् 8.3.24 ं 8.4.58 परसवर्णः 7.2.35 इट् 3.1.33तास् iii/1 iii/2 iii/3 ii/1 स् लोपः	7.1.58 नुम् 8.3.24 ं 8.4.58 परसवर्णः 3.4.104 कित् thus no इट् 8.2.29 स् लोपः	7.1.58 नुम् 8.3.24 ं 8.4.58 परसवर्णः 6.1.8 द्वे 7.4.60शेषः 7.4.62 च् **ii/1 i/2 i/3** 7.2.13 7.2.35 इट् Rest 1.2.5 कित् thus noइट्	7.1.58 नुम् 8.3.24 ं 8.4.58 परसवर्णः 6.4.71 अट् 3.1.44सिच् 7.2.35 इट् 7.2.4 नेटि **iii/1 ii/1** 7.3.96 ईट् 8.2.28 स् लोपः **Rest** 8.3.59 ष्

44 पुथिँ पुन्थ् P सेट्	Root 43	लिट् without (7.1.58 7.4.62}
45 लुथिँ लुन्थ् P सेट्	Root 44	
46 मथिँ मन्थ् P सेट्	Root 44	

P with Tag (अँ) अदित् । Penultimate इक् vowel. 7.3.86 पुगन्तलघूपधस्य च । Guna.

47 षिधँ सिध् P सेट्	6.1.64 स् Root 39								8.3.59 ष्	

P with Tag (ऊँ) ऊदित् । 7.2.44 स्वरतिसूतिसूयतिधूञूदितो वा । वा इट् ।
Penultimate इक् vowel. 7.3.86 पुगन्तलघूपधस्य च । Guna.

48 षिधूँ सिध् P वेट्	Root 47	Root 47	Root 47	Root 47	Root 47 7.2.44 पक्षे अनिट् 8.4.55 धस्य त्	Root 47 7.2.44 पक्षे अनिट् 8.4.55 धस्य त्	Root 47 7.2.44 पक्षे अनिट् 8.2.40 तस्य ध् 8.4.53 धस्य द्	Root 47	Root 47 ii/1 i/2 i/3 7.2.44 पक्षे अनिट् 8.2.40 थस्य ध् 8.4.53 धस्य द् 8.3.59 ष्	Root 47 7.2.44 पक्षे अनिट् 7.2.3 वृद्धि

P with Tag (ऋँ) ऋदित् ।

49 खादृँ खाद् P सेट्	simple	6.4.71 अट्	simple	simple	7.2.35 इट् 3.1.33 स्य 8.3.59 ष्	6.4.71 अट् 7.2.35 इट् 3.1.33 स्य 8.3.59 ष्	7.2.35 इट् 3.1.33तास् iii/1 iii/2 iii/3 ii/1 स् लोपः	3.4.104 कित् thus no इट् 8.2.29 स् लोपः	लिट्	लुङ्

लिट् 6.1.8 द्वे 7.4.60 शेषः 7.4.62 चुः 7.4.59 ह्रस्वः 8.4.54 चर्च ।
ii/1 i/2 i/3 7.2.13 7.2.35 इट् **Rest** 1.2.5 कित् thus no इट् ।
लुङ् 6.4.71 अट् 3.1.44 सिच् 7.2.35 इट् ।

7.2.4 नेटि । This Sutra says there is no Vriddhi for सेट् Roots. In this Root 49, there is no vowel which can undergo Vriddhi, however we have mentioned this Sutra since this Root 49 serves as an important template for future Roots, where a suitable vowel might be present but Vriddhi does not happen.
iii/1 ii/1 7.3.96 ईट् 8.2.28 स् लोपः **Rest** 8.3.59 ष् ।

P with Tag (अँ) अदित् ।

50 खदँ खद् P सेट्		Root 49							लिट्	लुङ्
		लिट् Root 49 **iii/1 i/1** 7.2.116 वृद्धिः **i/1** वृद्धिः 7.1.91 option लुङ् Root 49 7.2.7 option 7.2.3 वृद्धिः ।								
51 बदँ बद् P सेट्		Root 50							लिट्	
		लिट् 6.1.8 द्वे 7.4.60 शेषः । **iii/1 i/1** 7.2.116 वृद्धिः । **i/1** वृद्धिः 7.1.91 option । **ii/1** 6.4.121 ए । dual plural 6.4.120 ए । **ii/1 i/2 i/3** 7.2.13 7.2.35 इट् । Rest 1.2.5 कित् thus no इट् ।								
52 गदँ गद् P सेट्		Root 50							Root 50 without 8.4.54	
53 रदँ रद् P सेट्		Root 51								
54 णदँ नद् P सेट्		6.1.65 न् । Root 51								

P with Tag (अँ) अदित् । Final Conjunct

55 अर्दँ अर्द् P सेट्	simple	6.4.72आट् 6.1.90वृद्धि	simple	simple	3.1.33 स्य 7.2.35 इट् 8.3.59 ष्	6.4.72आट् 6.1.90वृद्धि 3.1.33 स्य 7.2.35 इट् 8.3.59 ष्	3.1.33 तास् 7.2.35 इट् iii/1 iii/2 iii/3 ii/1 स् लोपः	3.4.103 यासुट् thus no इट् aug 8.2.29 स् drops if twice	लिट्	लुङ्
	लिट् 6.1.8 द्वे 7.4.60 शेषः 7.4.70 अत 7.4.71 नुट् **ii/1 i/2 i/3** 7.2.13 7.2.35 इट् Rest 1.2.5 कित् thus no इट् । लुङ् 6.4.72 आट् 6.1.90 वृद्धि 3.1.44 सिच् 7.2.35 इट् 7.2.4 नेटि **iii/1 ii/1** 7.3.96 ईट् 8.2.28 स् लोपः **Rest** 8.3.59 ष् ।									
56 नर्दँ नर्द् P सेट्	simple	6.4.71 अट्	simple	simple	7.2.35 इट् 3.1.33 स्य 8.3.59 ष्	6.4.71 अट् 7.2.35 इट् 3.1.33 स्य 8.3.59 ष्	7.2.35 इट् 3.1.33तास् iii/1 iii/2 iii/3 ii/1 स् लोपः	3.4.104 कित् thus no इट् 8.2.29 स् लोपः	Root 49 without (7.4.62 7.4.59 8.4.54)	Root 49
57 गर्दँ गर्द् P सेट्		Root 56							Root 49 without 8.4.54	
58 तर्दँ तर्द् P सेट्		Root 56								
59 कर्दँ कर्द् P सेट्		Root 56							7.4.62 च्	
60 खर्दँ खर्द् P सेट्		Root 56							7.4.62 छ् 8.4.54 च्	

P with Tag (इँ) इदित् । 7.1.58 इदितो नुम् धातोः । नुम् augment for all lakaras.

61 अतिँ अन्त् P सेट्	Root 44	6.4.72आट् 6.1.90वृद्धि	Root 44	Root 44	Root 44	6.4.72आट् 6.1.90वृद्धि 7.2.35 इट् 3.1.33 स्य 8.3.59 ष्	Root 44	Root 44	लिट्	लुङ्
		लिट् 6.1.8 द्वे 7.4.60 **शेषः** 7.4.70 अत 7.4.71 नुट् **ii/1 i/2 i/3** 7.2.13 7.2.35 इट् **Rest** 1.2.5 कित् thus no इट् लुङ् 6.4.72 आट् 6.1.90 वृद्धि 3.1.44 सिच् 7.2.35 इट् **iii/1 ii/1** 7.3.96 ईट् 8.2.28 स् लोपः **Rest** 8.3.59 ष्								

62 अदिँ अन्द् P सेट्	Root 61	
63 इदिँ इन्द् P सेट्	Root 61	लिट्
	लिट् 3.1.36 आम् 3.1.40 कृ 6.1.8 द्वे **i/1** 7.1.91 option	
64 बिदिँ बिन्द् P सेट्	Root 44	
65 गडिँ गण्ड् P सेट्	Root 43	
66 णिदिँ निन्द् P सेट्	6.1.65 न् । Root 44	

P with Tag (टुँ इँ) टुदित् इदित् । 7.1.58 इदितो नुम् धातोः । नुम् augment for all lakaras.

67 टुनदिँ नन्द् P सेट्	Root 44

P with Tag (इँ) इदित् । 7.1.58 इदितो नुम् धातोः । नुम् augment for all lakaras.

68 चदिँ चन्द् P सेट्	Root 44
69 त्रदिँ त्रन्द् P सेट्	Root 44
70 कदिँ कन्द् P सेट्	Root 43
71 क्रदिँ क्रन्द् P सेट्	Root 43
72 क्लदिँ क्लन्द् P सेट्	Root 43
73 क्लिदिँ क्लिन्द् P सेट्	Root 43

P with Tag (अँ) अदित् । Penultimate नकार । Similar to having नुम् augment except for आशीर्लिङ् ।

74 शुन्धँ शुन्ध् P सेट्	Root 42

75 Now Atmanepada. Tag (ऋँ) ऋदित् ।

75 शीकृँ शीक् A सेट्	Root 5	
76 लोकृँ लोक् A सेट्	Root 5	
77 श्लोकृँ श्लोक् A सेट्	Root 5	
78 द्रेकृँ द्रेक् A सेट्	Root 5	
79 ध्रेकृँ ध्रेक् A सेट्	Root 5	8.4.54
80 रेकृँ रेक् A सेट्	Root 5	
81 सेकृँ सेक् A सेट्	Root 5	
82 स्रेकृँ स्रेक् A सेट्	Root 5	

A with Tag (इँ) इदित् । 7.1.58 इदितो नुम् धातोः । नुम् augment for all lakaras.

83 स्रकिँ स्रङ्क् A सेट्	Root 10
84 श्रकिँ श्रङ्क् A सेट्	Root 10
85 श्लकिँ श्लङ्क् A सेट्	Root 10
86 शकिँ शङ्क् A सेट्	Root 10

87 अकिँ अङ्क् A सेट्	7.1.58 न् 8.3.24 ं 8.4.58 परसवर्णः	6.4.72आट् 6.1.90वृद्धि 7.1.58 न् 8.3.24 ं 8.4.58 परसवर्णः	7.1.58 न् 8.3.24 ं 8.4.58 परसवर्णः	7.1.58 न् 8.3.24 ं 8.4.58 परसवर्णः	7.1.58 न् 8.3.24 ं 8.4.58 परसवर्णः 7.2.35 इट् 3.1.33 स्य	6.4.72आट् 6.1.90वृद्धि 7.1.58 न् 8.3.24 ं 8.4.58 परसवर्णः	7.1.58 न् 8.3.24 ं 8.4.58 परसवर्णः 7.2.35 इट् 3.1.33 तास्	7.1.58 न् 8.3.24 ं 8.4.58 परसवर्णः 3.4.102 सीय्	लिट्	6.4.72आट् 6.1.90वृद्धि 7.1.58 न् 8.3.24 ं 8.4.58 परसवर्णः

8.3.59 ष् 7.2.35 इट् iii/1 iii/2 7.2.35 इट् 3.1.44सिच्
3.1.33 स्य iii/3 ii/1 8.3.59 ष् 7.2.35 इट्
8.3.59 ष् स् लोपः iii/1 iii/2 8.3.59 ष्
ii/1 ii/2
3.4.107सुट्

लिट् 7.1.58 न् 8.3.24 ं 8.4.58 परसवर्णः । 6.1.8 द्वे 7.4.60 शेषः 7.4.70 अत 7.4.71 नुट् ।
ii/1 ii/3 i/2 i/3 7.2.13 7.2.35 इट् dual plural 1.2.5 कित् thus इट् न ।

88 वकिँ वङ्क् A सेट् Root 10
89 मकिँ मङ्क् A सेट् Root 10

A with Tag (अँ) अदित् ।
90 ककँ कक् A सेट् Root 17 7.4.62

A with Tag (अँ) अदित् । Penultimate इक् vowel. 7.3.86 पुगन्तलघूपधस्य च । Guna.
91 कुकँ कुक् A सेट् Root 16 7.4.62
92 वृकँ वृक् A सेट् Root 16 7.4.66

A with Tag (अँ) अदित् ।
93 चकँ चक् A सेट् Root 17

A with Tag (इँ) इदित् । 7.1.58 इदितो नुम् धातोः । नुम् augment for all lakaras.
94 ककिँ कङ्क् A सेट् Root 9
95 वकिँ वङ्क् सेट् Root 10
96 श्वकिँ श्वङ्क् A सेट् Root 10
97 त्रकिँ त्रङ्क् A सेट् Root 10

A with Tag (ऋँ) ऋदित् ।
98 ढौकृँ ढौक् A सेट् Root 5 8.4.54 ड्
99 त्रौकृँ त्रौक् A सेट् Root 5

A with Tag (अँ) अदित् । Final Conjunct. 6.1.64 धात्वादेः षः सः । वा॰ सुब्धातुष्ठिवुष्वष्कतीनां सत्वप्रतिषेधो वक्तव्यः ।
100 ष्वष्कँ ष्वष्क् A सेट् Root 3 7.4.60 instead of 7.4.61

A with Tag (अँ) अदित् । Final Conjunct.
101 वस्कँ वस्क् A सेट् Root 100
102 मस्कँ मस्क् A सेट् Root 100

A with Tag (ऋँ) ऋदित् । Penultimate इक् vowel. 7.3.86 पुगन्तलघूपधस्य च । Guna.
103 टिकृँ टिक् A सेट् Root 16

A with Tag (ऋँ) ऋदित् ।
104 टीकृँ टीक् A सेट् Root 5

A with Tag (ऋँ) ऋदित् । Penultimate इक् vowel. 7.3.86 पुगन्तलघूपधस्य च । Guna.

105 तिकृँ तिक् A सेट्   Root 16

A with Tag (ऋँ) ऋदित् ।

106 तीकृँ तीक् A सेट्   Root 5

A with Tag (इँ) इदित् । 7.1.58 इदितो नुम् धातोः । नुम् augment for all lakaras.

107 रघिँ रङ्घ् A सेट्   Root 10

108 लघिँ लङ्घ् A सेट्   Root 10

A with Tag (इँ) इदित् । 7.1.58 इदितो नुम् धातोः । नुम् augment for all lakaras.
Root has Initial Vowel. 6.4.72 इति आट् । 6.1.90 इति वृद्धि ।

109 अघिँ अङ्घ् A सेट्   Root 87

A with Tag (इँ) इदित् । 7.1.58 इदितो नुम् धातोः । नुम् augment for all lakaras.

110 वघिँ वङ्घ् A सेट्   Root 10

111 मघिँ मङ्घ् A सेट्   Root 10

A with Tag (ऋँ) ऋदित् ।

112 राघृँ राघ् A सेट्   Root 5

113 लाघृँ लाघ् A सेट्   Root 5

114 द्राघृँ द्राघ् A सेट्   Root 5

115 श्लाघृँ श्लाघ् A सेट्   Root 5

116 Now Parasmaipada. Tag (अँ) अदित् । Final Conjunct.

116 फक्कँ फक्क् P सेट्   Root 56   8.4.54 प्

P with Tag (अँ) अदित् ।

117 तकँ तक् P सेट्   Root 51

P with Tag (इँ) इदित् । 7.1.58 इदितो नुम् धातोः । नुम् augment for all lakaras.

118 तकिँ तङ्क् P सेट्   Root 44

P with Tag (अँ) अदित् । Final Conjunct.

119 बुक्कँ बुक्क् P सेट्   Root 56

P with Tag (अँ) अदित् ।

120 कखँ कख् P सेट्   Root 50   without 8.4.54

P with Tag (ऋँ) ऋदित् । Root has Initial Vowel. 6.4.72 इति आट् । 6.1.90 इति वृद्धि ।

121 ओखृँ ओख् P सेट्	simple	आट् वृद्धि Root 49	simple	simple	Root 49	आट् वृद्धि Root 49	Root 49	Root 49	3.1.36आम् 3.1.40 कृ 6.1.8 द्वे **i/1** 7.1.91 option	आट् वृद्धि Root 49

P with Tag (ॠ) ऋदित् ।

122 राखृँ राख् P सेट् Root 123 8.4.2 ण्
123 लाखृँ लाख् P सेट् Root 49 लिट् without (7.4.62 8.4.54)
124 द्राखृँ द्राख् P सेट् Root 122
125 ध्राखृँ ध्राख् P सेट् Root 122 8.4.54 द्
126 शाखृँ शाख् P सेट् Root 123
127 श्लाखृँ श्लाख् P सेट् Root 123

P with Tag (अँ) अदित् । Penultimate इक् vowel. 7.3.86 पुगन्तलघूपधस्य च । Guna.
Root has Initial Vowel. 6.4.72 इति आट् । 6.1.90 इति वृद्धि ।

128 उखँ उख् P सेट्	Root 39	आट् वृद्धि Root 39	Root 39	Root 39	Root 39	आट् वृद्धि Root 39	Root 39	Root 39	लिट्	आट् वृद्धि Root 39

लिट् 6.1.8 द्वे । 7.4.60
singular 6.4.78य्वोः **dual plural** 6.1.101 दीर्घः । ii/1 i/2 i/3 7.2.13 7.2.35 इट् Rest 1.2.5 कित् thus इट् न ।

P with Tag (इँ) इदित् । 7.1.58 इदितो नुम् धातोः । नुम् augment for all lakaras.

129 उखिँ उङ्ख् P सेट् Root 63

P with Tag (अँ) अदित् । Penultimate इक् vowel. 7.3.86 पुगन्तलघूपधस्य च । Guna.
7.1.91 णलुत्तमो वा । Optional form for लिट् i/1.
7.2.7 अतो हलादेर्लघोः । Optional Vriddhi forms for Parasmaipada लुङ् सेट् ।

130 वखँ वख् P सेट् Root 50 लिट् without (7.4.62 8.4.54)
131 वखिँ वङ्ख् P सेट् Root 44
132 मखँ मख् P सेट् Root 51
133 मखिँ मङ्ख् P सेट् Root 44
134 णखँ नख् P सेट् 6.1.65 न् । Root 51
135 णखिँ नङ्ख् P सेट् 6.1.65 न् । Root 44
136 रखँ रख् P सेट् Root 51
137 रखिँ रङ्ख् P सेट् Root 44
138 लखँ लख् P सेट् Root 51
139 लखिँ लङ्ख् P सेट् Root 44
140 इखँ इख् P सेट् Root 128
141 इखिँ इङ्ख् P सेट् Root 63

P with Tag (अँ) अदित् । 7.1.58 इदितो नुम् धातोः । नुम् augment for all lakaras.

142 ईखिँ ईङ्ख् P सेट् Root 129
143 वल्गँ वल्ग् P सेट् Root 56
144 रगिँ रङ्ग् P सेट् Root 44 i/1 8.4.2 ण्
145 लगिँ लङ्ग् P सेट् Root 44
146 अगिँ अङ्ग् P सेट् Root 61
147 वगिँ वङ्ग् P सेट् Root 44
148 मगिँ मङ्ग् P सेट् Root 44
149 तगिँ तङ्ग् P सेट् Root 44
150 त्वगिँ त्वङ्ग् P सेट् Root 44
151 श्रगिँ श्रङ्ग् P सेट् Root 44 i/1 8.4.2 ण्
152 श्लगिँ श्लङ्ग् P सेट् Root 44
153 इगिँ इङ्ग् P सेट् Root 63

154 रिगिँ रिङ्ग् P सेट्	Root 44	i/1 8.4.2 ण्
155 लिगिँ लिङ्ग् P सेट्	Root 44	
156 युगिँ युङ्ग् P सेट्	Root 44	
157 जुगिँ जुङ्ग् P सेट्	Root 44	
158 बुगिँ बुङ्ग् P सेट्	Root 44	
159 घघँ घघ् P सेट्	Root 50	
160 मघिँ मङ्घ् P सेट्	Root 44	
161 शिघिँ शिङ्घ् P सेट्	Root 44	

162 Now Atmanepada. Tag (अँ) अदित् । Final Conjunct

162 वर्चँ वर्च् A सेट्	Root 29		
163 षचँ सच् A सेट्	6.1.64 स् । Root 8		
164 लोचृँ लोच् A सेट्	Root 5		
165 शचँ शच् A सेट्	Root 8		
166 श्वचँ श्वच् A सेट्	Root 5		without 7.4.59
167 श्वचिँ श्वञ्च् A सेट्	Root 10		
168 कचँ कच् A सेट्	Root 17		7.4.62
169 कचिँ कञ्च् A सेट्	Root 10		7.4.62
170 काचिँ काञ्च् A सेट्	Root 10		7.4.62 7.4.59
171 मचँ मच् A सेट्	Root 8		
172 मुचिँ मुञ्च् A सेट्	Root 10		
173 मचिँ मञ्च् A सेट्	Root 10		
174 पचिँ पञ्च् A सेट्	Root 10		
175 ष्टुचँ स्तुच् A सेट्	Root 16	लिट् 7.4.61 खयः instead of 7.4.60 8.3.59 ष् 8.4.41 ष्टुः	

A with Tag (अँ) अदित् । Penultimate इक् vowel. 7.3.86 पुगन्तलघूपधस्य च । Guna.
Root has Initial Vowel. 6.4.72 इति आट् । 6.1.90 इति वृद्धि ।

176 ऋजँ ऋज् A सेट्	7.3.86गुणः 1.1.51 रपरः	आट् वृद्धि 7.3.86गुणः 1.1.51 रपरः	7.3.86गुणः 1.1.51 रपरः	7.3.86गुणः 1.1.51 रपरः	7.3.86गुणः 1.1.51 रपरः 3.1.33 स्य 7.2.35 इट् 8.3.59 ष्	आट् वृद्धि 7.3.86गुणः 1.1.51 रपरः 3.1.33 स्य 7.2.35 इट् 8.3.59 ष्	7.3.86गुणः 1.1.51 रपरः 7.2.35 इट् 3.1.33 तास् iii/1 iii/2 iii/3 ii/1 स् लोपः	7.3.86गुणः 1.1.51 रपरः 3.4.102 सीय् 7.2.35 इट् 8.3.59 ष् iii/1 iii/2 ii/1 ii/2 3.4.107सुट्	6.1.8 द्वे 7.4.60शेषः 7.4.66 7.4.70 अत 7.4.71 नुट् **ii/1 ii/3** **i/2 i/3** 7.2.13 7.2.35 इट् **Rest** 1.2.5 कित् thus इट् न	आट् वृद्धि 7.3.86गुणः 1.1.51 रपरः 3.1.44सिच् 7.2.35 इट् 8.3.59 ष्
177 ऋजिँ ऋञ्ज् A सेट्	Root 10	आट् वृद्धि Root 10	Root 10	Root 10	Root 10	आट् वृद्धि Root 10	Root 10	Root 10	3.1.36आम् 3.1.40 कृ 6.1.8 द्वे **ii/3** 8.3.78 ढ्	आट् वृद्धि Root 10

178 भृजीँ भृज् A सेट्	Root 16 1.1.51		7.4.66 8.4.54 ब्	
179 एजृँ एज् A सेट्	Root 2			
180 भ्रेजृँ भ्रेज् A सेट्	Root 5		8.4.54 ब्	
181 भ्राजृँ भ्राज् A सेट्	Root 5		8.4.54 ब्	
182 ईजँ ईज् A सेट्	Root 2			

183 Now Parasmaipada. Tag (अँ) अदित्।

183 शुचँ शुच् P सेट्	Root 39			
184 कुचँ कुच् P सेट्	Root 39		7.4.62 च्	
185 कुञ्चँ कुञ्च् P सेट्	Root 42		7.4.62 च्	
186 क्रुञ्चँ क्रुञ्च् P सेट्	Root 42		7.4.62 च्	
187 लुञ्चँ लुञ्च् P सेट्	Root 42			
188 अञ्चुँ अञ्च् P सेट्	Root 55	आशीर्लिङ् 6.4.24 न् लोपः 6.4.30 Option न् लोपः न		
189 वञ्चुँ वञ्च् P सेट्	Root 42			
190 चञ्चुँ चञ्च् P सेट्	Root 42			
191 तञ्चुँ तञ्च् P सेट्		Root 42		
192 त्वञ्चुँ त्वञ्च् P सेट्		Root 42		
193 म्रुञ्चुँ म्रुञ्च् P सेट्		Root 42		
194 म्लुञ्चुँ म्लुञ्च् P सेट्		Root 42		
195 म्रुचुँ म्रुच् P सेट्	Root 39	लुङ् Root 39 3.1.58 अङ् Option		
196 म्लुचुँ म्लुच् P सेट्	Root 195			
197 ग्रुचुँ ग्रुच् P सेट्	Root 195		7.4.62 ज्	
198 ग्लुचुँ ग्लुच् P सेट्	Root 195		7.4.62 ज्	
199 कुजुँ कुज् P सेट्	Root 39		7.4.62 च्	
200 खुजुँ खुज् P सेट्	Root 39		7.4.62 छ् 8.4.54 च्	
201 ग्लुञ्चुँ ग्लुञ्च् P सेट्		Root 42	7.4.62 ज्	3.1.44सिच् 3.1.58अङ् Option 6.4.24 नलोपः
202 षस्जँ सस्ज् सज्ज् P* सेट्	6.1.64 स्। 8.4.40 श्। 8.4.53 ज्। Root 56 Parasmaipada. Also Atmanepada forms Root 10			
203 गुजिँ गुञ्ज् P सेट्	Root 43			
204 अर्चँ अर्च् P सेट्	Root 55			
205 म्लेछँ म्लेच्छ् P सेट्	6.1.75 तुक्। 8.4.40 च्। Root 49		without 8.4.54	
206 लछँ लच्छ् P सेट्	6.1.73 तुक्। 8.4.40 च्। Root 49. लिट् without (7.4.62 7.4.59 8.4.54)			
207 लाछिँ लाञ्छ् P सेट्	Root 44		7.4.59 ह्रस्वः	
208 वाछिँ वाञ्छ् P सेट्	Root 207			

Madhaviya Dhatuvritti says लिट् has Optional forms, with 7.4.71 नुट् and दीर्घाभावात् नुट् अभावे 6.1.101 सवर्णदीर्घः। आनाञ्छ। आञ्छ।

209 आछिँ आञ्छ् P सेट्		Root 62							7.4.71 नुट् Option	
210 ह्लीछँ ह्लीच्छ् P सेट्		Root 205							7.4.62 झ् 8.4.54 ज्	

3 Roots with Penultimate vowel 8.2.78 दीर्घः । For all Lakaras Optional Forms with and without चकारः ।
8.4.46 **द्वे वा इति छ्** duplication is optional and 8.4.55 खरि च इति च् thus हूर्छति । हूर्च्छति ।

211 हुर्छाँ हुर्छ् P सेट्	8.2.78 दीर्घः 8.4.46 **द्वे वा इति छ्** 8.4.55 च्	6.4.71 अट् 8.2.78 दीर्घः 8.4.46 **द्वे वा इति छ्** 8.4.55 च्	8.2.78 दीर्घः 8.4.46 **द्वे वा इति छ्** 8.4.55 च्	8.2.78 दीर्घः 8.4.46 **द्वे वा इति छ्** 8.4.55 च्	8.2.78 दीर्घः 3.1.33 स्य 7.2.35 इट् 8.3.59 ष् 8.4.46 **द्वे वा इति छ्** 8.4.55 च्	6.4.71 अट् 8.2.78 दीर्घः 3.1.33 स्य 7.2.35 इट् 8.3.59 ष् 8.4.46 **द्वे वा इति छ्** 8.4.55 च्	8.2.78 दीर्घः 7.2.35 इट् 3.1.33 **तास्** iii/1 iii/2 iii/3 ii/1 स् लोपः 8.4.46 **द्वे वा इति छ्** 8.4.55 च्	8.2.78 दीर्घः	8.2.78 दीर्घः 6.4.21 लोपः 7.4.60शेषः 7.4.62 चुः 8.4.54 चर्च 8.4.46 **द्वे वा इति छ्** 8.4.55 च्	6.4.71 अट् 8.2.78 3.1.44**सिच्** 7.2.35 इट् **iii/1 ii/1** 7.3.96 ईट् 8.2.28 **Rest** 8.3.59 ष् 8.4.46 वा 8.4.55 च्
212 मुर्छाँ मुर्छ् P सेट्		Root 211								
213 स्फुर्छाँ स्फुर्छ् P सेट्		Root 211								
214 युछँ युच्छ् P सेट्		Root 206								
215 उछिँ उञ्छ् P सेट्		Root 129								
216 उछीँ उच्छ् P सेट्	Root 206	आट् वृद्धिः Root 206	Root 206	Root 206	Root 206	आट् वृद्धिः Root 206	Root 206	Root 206	6.1.73तुक् 8.4.40 श्चुः 3.1.36आम् 3.1.40 कृ 6.1.8 द्वे **i/1** 7.1.91 option	आट् वृद्धिः Root 206
217 ध्रजँ ध्रज् P सेट्		Root 50							without 7.4.62	
218 ध्रजिँ ध्रञ्ज् P सेट्		Root 44							8.4.54 द्	
219 धृजँ धृज् P सेट्		Root 39 1.1.51							7.4.66 उरत् 8.4.54 द्	
220 धृजिँ धृञ्ज् P सेट्		Root 44							7.4.66 उरत् 8.4.54 द्	
221 ध्वजँ ध्वज् P सेट्		Root 50							without 7.4.62	
222 ध्वजिँ ध्वञ्ज् P सेट्		Root 44							8.4.54 द्	
223 कूजँ कूज् P सेट्		Root 49							without 8.4.54	
224 अर्जँ अर्ज् P सेट्		Root 55								
225 षर्जँ सर्ज् P सेट्		6.1.64 स् । Root 56								
226 गर्जँ गर्ज् P सेट्		Root 56							7.4.62 ज्	
227 तर्जँ तर्ज् P सेट्		Root 56								

228 कर्जँ कर्ज् P सेट्		Root 56							7.4.62 च्	
229 खर्जँ खर्ज् P सेट्		Root 56							7.4.62 छ् 8.4.54 च्	
230 अजँ अज् P सेट्	Root 38	Root 38	Root 38	Root 38	Root 38 पक्षे 2.4.56 वी Root specific Vartika option 7.2.10 अनिट्	Root 38 पक्षे 2.4.56 वी Root specific Vartika option 7.2.10 अनिट्	Root 38 पक्षे 2.4.56 वी Root specific Vartika option 7.2.10 अनिट्	3.4.104 यास् 2.4.56 वी Root specific	2.4.56 वी **ii/1 three forms** 7.2.63 भारद्वाजस्य Option **ii/1 i/2 i/3** 7.2.35 इट् **two forms with अज् and वी**	Root 38 पक्षे 2.4.56 वी Root specific Vartika option

By 2.4.56 the Root अज् becomes वी for Ardhadahtuka Affixes. A Vartika says this change is Optional for affixes beginning with वल् i.e. all consonants except यकारः । For आशीर्लिङ् since 3.4.104 introduces यास् the change wil be permanent, no option.

Q1. Why वी is Optional for ii/1 i/2 i/3 लिट् affixes? A. Since these are वलादिः affixes.

Q2. Why वी is permanent for Rest लिट् affixes? A. These affixes begin with a vowel.

Consider ii/1 लिट् तास् affix. This will take सेट् form due to 7.2.13 and 7.2.35 and optional अनिट् form by 7.2.61 and 7.2.63 combination. Q3. Why अज् does not have optional अनिट् by 7.2.62 and 7.2.63 combination?

231 तेजँ तेज् P सेट्		Root 49							without (7.4.62 8.4.54)	
232 खजँ खज् P सेट्		Root 50								
233 खजिँ खञ्ज् P सेट्		Root 44							7.4.62 छ् 8.4.54 च्	
234 एजृँ एज् P सेट्		Root 121								
235 टुओँस्फूर्जाँ स्फूर्ज् P सेट्			Root 49	लिट् 7.4.61 खयः 7.4.59 ह्रस्वः 8.4.54 प्						
236 क्षि क्षि P अनिट्	7.3.84गुणः 6.1.78एचः	6.4.71 अट् 7.3.84गुणः 6.1.78एचः	7.3.84गुणः 6.1.78एचः i/1 8.4.2	7.3.84गुणः 6.1.78एचः	7.3.84गुणः 3.1.33 स्य 8.3.59 ष्	6.4.71 अट् 7.3.84गुणः 3.1.33 स्य 8.3.59 ष्	लुट्	3.4.104 कित् no गुणः 7.4.25 दीर्घः 8.2.29 स् लोपः	लिट्	6.4.71 अट् 3.1.44सिच् 8.3.59 ष् 7.2.1 वृद्धिः **iii/1 ii/1** 7.3.96 ईट्

लुट् 7.3.84 गुणः 3.1.33 तास् । iii/1 6.4.143 स् लोपः । iii/2 iii/3 7.4.51 स् लोपः । ii/1 7.4.50 स् लोपः ।
लिट् 6.1.8 द्वे 7.4.60 शेषः 7.4.62 च् । ii/1 i/2 i/3 7.2.13 7.2.35 इट् Rest 1.2.5 कित् thus इट् न ।
iii/1 i/1 7.2.115 वृद्धिः ii/1 7.3.84 गुणः । singular 6.1.78 dual plural 6.4.77 । ii/1 7.2.61 7.2.63 Option अनिट्

237 क्षीजँ क्षीज् P सेट्		Root 49							without 8.4.54	
238 लजँ लज् P सेट्		Root 51								
239 लजिँ लञ्ज् P सेट्		Root 44								
240 लाजँ लाज् P सेट्		Root 49	लिट् without (7.4.62 8.4.54)							
241 लाजिँ लाञ्ज् P सेट्		Root 44							7.4.59	
242 जजँ जज् P सेट्		Root 51								
243 जजिँ जञ्ज् P सेट्		Root 44								

244 तुजँ तुज् P सेट्	Root 47		without 8.3.59	
245 तुजिँ तुञ्ज् P सेट्	Root 44			
246 गजँ गज् P सेट्	Root 52			
247 गजिँ गञ्ज् P सेट्	Root 43		7.4.62 ज्	
248 गृजँ गृज् P सेट्	Root 39, 1.1.51		7.4.62 7.4.66	
249 गृजिँ गृञ्ज् P सेट्	Root 43		7.4.66	
250 मुजँ मुज् P सेट्	Root 39			
251 मुजिँ मुञ्ज् P सेट्	Root 44			
252 वजँ वज् P सेट्	Root 52		without 7.4.62	
253 व्रजँ व्रज् P सेट्	Root 52		without 7.4.62	7.2.3 (without 7.2.7 option)

254 Now Atmanepada. Tag (अँ) अदित् ।

254 अट्टँ अट्ट् A सेट्	Root 87	without नुम्		
255 वेष्टँ वेष्ट् A सेट्	Root 19		7.4.59 ह्रस्वः	
256 चेष्टँ चेष्ट् A सेट्	Root 255			
257 गोष्टँ गोष्ट् A सेट्	Root 255		7.4.62 ज्	
258 लोष्टँ लोष्ट् A सेट्	Root 255			
259 घट्टँ घट्ट् A सेट्	Root 29		7.4.62 झ् 8.4.54 ज्	
260 स्फुटँ स्फुट् A सेट्	Root 16		7.4.61 instead of 7.4.60 8.4.54 प्	
261 अठिँ अण्ठ् A सेट्	Root 87			
262 वठिँ वण्ठ् A सेट्	Root 11			
263 मठिँ मण्ठ् A सेट्	Root 11			
264 कठिँ कण्ठ् A सेट्	Root 11		7.4.62 च्	
265 मुठिँ मुण्ठ् A सेट्	Root 10			
266 हेठँ हेठ् A सेट्	Root 4		8.4.54 ज्	
267 एठँ एठ् A सेट्	Root 2			
268 हिडिँ हिण्ड् A सेट्	Root 10		7.4.62 झ् 8.4.54 ज्	
269 हुडिँ हुण्ड् A सेट्	Root 10		7.4.62 झ् 8.4.54 ज्	
270 कुडिँ कुण्ड् A सेट्	Root 10		7.4.62 च्	
271 वडिँ वण्ड् A सेट्	Root 11			
272 मडिँ मण्ड् A सेट्	Root 11			
273 भडिँ भण्ड् A सेट्	Root 11		8.4.54 ब्	
274 पिडिँ पिण्ड् A सेट्	Root 10			

275 मुडिँ मुण्ड् A सेट्	Root 10		
276 तुडिँ तुण्ड् A सेट्	Root 10		
277 हुडिँ हुण्ड् A सेट्	Root 10	7.4.62 झ् 8.4.54 ज्	
278 चडिँ चण्ड् A सेट्	Root 11		
279 शडिँ शण्ड् A सेट्	Root 11		
280 तडिँ तण्ड् A सेट्	Root 11		
281 पडिँ पण्ड् A सेट्	Root 11		
282 कडिँ कण्ड् A सेट्	Root 11	7.4.62 च्	
283 खडिँ खण्ड् A सेट्	Root 11	7.4.62 छ् 8.4.54 च्	
284 हेडृँ हेड् A सेट्	Root 266		
285 होडृँ होड् A सेट्	Root 266		
286 बाडृँ बाड् A सेट्	Root 5		
287 द्राडृँ द्राड् A सेट्	Root 5		
288 ध्राडृँ ध्राड् A सेट्	Root 5	8.4.54 द्	
289 शाडृँ शाड् A सेट्	Root 5		

290 Now Parasmaipada. Tag (ऋँ) ऋदित् ।

290 शौटृँ शौट् P सेट्	Root 49	without (7.4.62 8.4.54)	
291 यौटृँ यौट् P सेट्	Root 290		
292 म्लेटृँ म्लेट् P सेट्	Root 290		
293 म्रेडृँ म्रेड् P सेट्	Root 290		
294 कटेँ कट् P सेट्	Root 50	without 8.4.54	7.2.5 वृद्धिः न
295 अटँ अट् P सेट्	Root 38		
296 पटँ पट् P सेट्	Root 51		
297 रटँ रट् P सेट्	Root 51		
298 लटँ लट् P सेट्	Root 51		
299 शटँ शट् P सेट्	Root 51		
300 वटँ वट् P सेट्	Root 50	without (7.4.62 8.4.54)	
301 किटँ किट् P सेट्	Root 39	7.4.62 च्	
302 खिटँ खिट् P सेट्	Root 39	7.4.62 छ् 8.4.54 च्	
303 शिटँ शिट् P सेट्	Root 39		
304 षिटँ सिट् P सेट्	6.1.64 स् । Root 39	8.3.59 ष्	
305 जटँ जट् P सेट्	Root 51		
306 झटँ झट् P सेट्	Root 50	without 7.4.62	
307 भटँ भट् P सेट्	Root 50	without 7.4.62	
308 तटँ तट् P सेट्	Root 51		

309 खटँ खट् P सेट् Root 50
310 णटँ नट् P सेट् 6.1.65 न् । Root 51
311 पिटँ पिट् P सेट् Root 39
312 हटँ हट् P सेट् Root 50
313 षटँ सट् P सेट् 6.1.64 स् । Root 51
314 लुटँ लुट् P सेट् Root 39
315 चिटँ चिट् P सेट् Root 39
316 विटँ विट् P सेट् Root 39
317 बिटँ बिट् P सेट् Root 39
318 इटँ इट् P सेट् Root 128
319 किटँ किट् P सेट् Root 39 7.4.62 च्
320 कटीँ कट् P सेट् Root 50 without 8.4.54
321 मडिँ मण्ड् P सेट् Root 46
322 कुडिँ कुण्ड् P सेट् Root 43
323 मुडँ मुड् P सेट् Root 39
324 प्रुडँ प्रुड् P सेट् Root 39
325 चुडिँ चुण्ड् P सेट् Root 44
326 मुडिँ मुण्ड् P सेट् Root 44
327 रुटिँ रुण्ट् P सेट् Root 44
328 लुटिँ लुण्ट् P सेट् Root 44
329 स्फुटिँर् स्फुट् P सेट् Root 40 लिट् 7.4.61 instead of 7.4.60 8.4.54 प्
330 पठँ पठ् P सेट् Root 51
331 वठँ वठ् P सेट् Root 50 without 7.4.62 8.4.54
332 मठँ मठ् P सेट् Root 51
333 कठँ कठ् P सेट् Root 50 without 8.4.54
334 रटँ रट् P सेट् Root 51
335 हठँ हठ् P सेट् Root 50
336 रुठँ रुठ् P सेट् Root 39
337 लुठँ लुठ् P सेट् Root 39
338 उठँ उठ् P सेट् Root 128
339 पिठँ पिठ् P सेट् Root 39
340 शठँ शठ् P सेट् Root 51
341 शुठँ शुठ् P सेट् Root 39
342 कुठिँ कुण्ठ् P सेट् Root 43
343 लुठिँ लुण्ठ् P सेट् Root 44
344 शुठिँ शुण्ठ् P सेट् Root 44
345 रुठिँ रुण्ठ् P सेट् Root 44
346 लुठिँ लुण्ठ् P सेट् Root 44
347 चुड्डँ चुड्ड् P सेट् Root 49. लिट् without (7.4.62 7.4.59 8.4.54)
348 अड्डँ अड्ड् P सेट् Root 55
349 कड्डँ कड्ड् P सेट् Root 49 without 7.4.59 8.4.54

350 क्रीडृँ क्रीड् P सेट्	Root 49	without 8.4.54
351 तुडृँ तुड् P सेट्	Root 39	
352 हुडृँ हुड् P सेट्	Root 39	7.4.62 झ् 8.4.54 ज्
353 हूडृँ हूड् P सेट्	Root 49	
354 होडृँ होड् P सेट्	Root 49	
355 रौडृँ रौड् P सेट्	Root 49	without 7.4.62 8.4.54
356 रोडृँ रोड् P सेट्	Root 355	
357 लोडृँ लोड् P सेट्	Root 355	
358 अडँ अड् P सेट्	Root 38	
359 लडँ लड् P सेट्	Root 51	
360 कडँ कड् P सेट्	Root 50	without 8.4.54
361 गडिँ गण्ड् P सेट्	Root 46	7.4.62 ज्

362 Now Atmanepada. Tag (ॠँ) ॠदित् ।

362 तिपृँ तिप् A अनिट्	Root 16	Root 16	Root 16	Root 16	7.3.86गुणः 3.1.33 स्य	6.4.71 अट् 7.3.86गुणः 3.1.33 स्य	7.3.86गुणः 3.1.33तास्	आशीर्लिङ्	लिट्

आशीर्लिङ् 3.4.102 सीय् 1.2.11 कित् hence no गुणः iii/1 iii/2 ii/1 ii/2 3.4.107 **सुट्**

लिट् 6.1.8 द्वे 7.4.60 **शेषः ii/1 ii/3 i/2 i/3** 7.2.13 7.2.35 इट् **Rest** 1.2.5 कित् thus इट् न

लुङ् 3.1.44 **सिच्** 1.2.11 कित् hence no गुणः iii/1 ii/1 8.2.26 स् लोपः ii/3 8.2.25 स् लोपः 8.4.53 ब्

363 तेपृँ तेप् A सेट्	Root 5	
364 ष्टिपृँ स्तिप् A सेट्	6.1.64 स् । Root 16	7.4.61खयः 7.4.59 8.3.59 ष्
365 ष्टेपृँ स्तेप् A सेट्	6.1.64 स् । Root 3	7.4.59 8.3.59 ष्
366 ग्लेपृँ ग्लेप् A सेट्	Root 4	
367 टुवेपृँ वेप् A सेट्	Root 5	
368 केपृँ केप् A सेट्	Root 4	
369 गेपृँ गेप् A सेट्	Root 4	
370 ग्लेपृँ ग्लेप् A सेट्	Root 4	
371 मेपृँ मेप् A सेट्	Root 5	
372 रेपृँ रेप् A सेट्	Root 5	
373 लेपृँ लेप् A सेट्	Root 5	

374 त्रपूँष् त्रप् A वेट्	Root 8	Root 8	Root 8	Root 8	Root 8 7.2.44 पक्षे अनिट्	Root 8 7.2.44 पक्षे अनिट्	Root 8 7.2.44 पक्षे अनिट्	Root 8 7.2.44 पक्षे अनिट्	लिट्	लुङ्

लिट् 6.1.8 द्वे 7.4.60 शेषः । 6.4.122 ए । **ii/1 ii/3 i/2 i/3** 7.2.13 7.2.35 इट् । 7.2.44 पक्षे अनिट् । **ii/3** 8.4.53
Rest 1.2.5 कित् thus इट् न ।
लुङ् Root 8 7.2.44 पक्षे अनिट् । **iii/1 ii/1** 8.2.26 स् लोपः । **ii/3** 8.2.25 स् लोपः । 8.4.53 ब् ।

375 कपिँ कम्प् A सेट्	Root 9		
376 रबिँ रम्ब् A सेट्	Root 11		
377 लबिँ लम्ब् A सेट्	Root 11		
378 अबिँ अम्ब् A सेट्	Root 87		
379 लबिँ लम्ब् A सेट्	Root 11		
380 कबुँ कब् A सेट्	Root 17		7.4.62 च्
381 क्लीबुँ क्लीब् A सेट्	Root 4		
382 क्षीबुँ क्षीब् A सेट्	Root 4		
383 शीभुँ शीभ् A सेट्	Root 5		
384 चीभुँ चीभ् A सेट्	Root 5		
385 रेभुँ रेभ् A सेट्	Root 5		
386 ष्टभिँ स्तम्भ् A सेट्	6.1.64 स् । Root 9		without 7.4.62
387 स्कभिँ स्कम्भ् A सेट्	Root 9		
388 जभीँ जम्भ् A सेट्	Root 11	But नुम् is by 7.1.61	
389 जृभिँ जृम्भ् A सेट्	Root 11		7.4.66
390 शल्भँ शल्भ् A सेट्	Root 5		without 7.4.59
391 वल्भँ वल्भ् A सेट्	Root 390		
392 गल्भँ गल्भ् A सेट्	Root 4		without 7.4.59
393 श्रम्भुँ श्रम्भ् A सेट्	Root 19		
394 ष्टुभुँ स्तुभ् A सेट्	6.1.64 स् । Root 16		7.4.61खयः 8.4.41 ष्टुः

395 Now Parasmaipada. Tag (ऊँ) ऊदित् ।

395 गुपूँ गुप् P वेट्	-	-	-	-	3.1.28आय 7.3.86गुणः 7.2.35 इट् 3.1.33 स्य	3.1.28आय 7.3.86गुणः 7.2.35 इट् 3.1.33 स्य 6.4.71 अट्	3.1.28आय 7.3.86गुणः 7.2.35 इट् 3.1.33तास्	3.1.28आय 7.3.86गुणः 3.4.104 यास् कित् no इट्	3.1.28आय 3.1.35आम् 3.1.40 कृ 6.1.8 द्वे 7.3.86गुणः **i/1** 7.1.91 option	3.1.28आय 7.3.86गुणः 7.2.35 इट् 3.1.44सिच्
3.1.31 वा	-	-	-	-	पक्षे Root 39	पक्षे Root 39	पक्षे Root 39	-	पक्षे Root 39	पक्षे Root 39
अनिट्	3.1.28आय 7.3.86गुणः	6.4.71 अट् 3.1.28आय 7.3.86गुणः	3.1.28आय 7.3.86गुणः	3.1.28आय 7.3.86गुणः	7.2.44 7.3.86गुणः 3.1.33 स्य	7.2.44 6.4.71 अट् 7.3.86गुणः 3.1.33 स्य	7.2.44 7.3.86गुणः 3.1.33तास्	पक्षे Root 39	ii/1 7.2.44 6.1.4 द्वे 7.4.60शेषः 7.4.59 7.4.62 ज्	7.2.44 6.4.71 अट् 3.1.44सिच् 7.2.3वृद्धिः
396 धूपँ धूप् P सेट्	3.1.28आय	6.4.71 अट् 3.1.28आय	3.1.28आय	3.1.28आय	3.1.28आय 7.2.35 इट् 3.1.33 स्य	3.1.28आय 7.2.35 इट् 3.1.33 स्य 6.4.71 अट्	3.1.28आय 7.2.35 इट् 3.1.33तास्	3.1.28आय 3.4.104 यास् कित् no इट्	3.1.28आय 3.1.35आम् 3.1.40 कृ 6.1.8 द्वे **i/1** 7.1.91	3.1.28आय 7.2.35 इट् 3.1.44सिच्

3.1.31 वा -	-	-	-	पक्षे Root 49	पक्षे Root 49	पक्षे Root 49	पक्षे Root 49	option पक्षे Root 49 without 7.4.62	पक्षे Root 49
397 जपँ जप् P सेट्	Root 51								
398 जल्पँ जल्प् P सेट्	Root 56								
399 चपँ चप् P सेट्	Root 51								
400 षपँ सप् P सेट्	6.1.64 स् । Root 51								
401 रपँ रप् P सेट्	Root 51	i/1 8.4.2ण्							
402 लपँ लप् P सेट्	Root 51								
403 चुपँ चुप् P सेट्	Root 39								
404 तुपँ तुप् P सेट्	Root 39								
405 तुम्पँ तुम्प् P सेट्	Root 42								
406 त्रुपँ त्रुप् P सेट्	Root 39								
407 त्रुम्पँ त्रुम्प् P सेट्	Root 42	i/1 8.4.2ण्							
408 तुफँ तुफ् P सेट्	Root 39								
409 तुम्फँ तुम्फ् P सेट्	Root 42								
410 त्रुफँ त्रुफ् P सेट्	Root 39								
411 त्रुम्फँ त्रुम्फ् P सेट्	Root 42	i/1 8.4.2ण्							
412 पर्पँ पर्प् P सेट्	Root 56	i/1 8.4.2ण्							
413 रफँ रफ् P सेट्	Root 51	i/1 8.4.2ण्							
414 रफिँ रम्फ् P सेट्	Root 44	i/1 8.4.2ण्							
415 अर्बँ अर्ब् P सेट्	Root 55	i/1 8.4.2ण्							
416 पर्बँ पर्ब् P सेट्	Root 56	i/1 8.4.2ण्							
417 लर्बँ लर्ब् P सेट्	Root 56	i/1 8.4.2ण्							
418 बर्बँ बर्ब् P सेट्	Root 56	i/1 8.4.2ण्							
419 मर्बँ मर्ब् P सेट्	Root 56	i/1 8.4.2ण्							
420 कर्बँ कर्ब् P सेट्	Root 59	i/1 8.4.2ण्							
421 खर्बँ खर्ब् P सेट्	Root 60	i/1 8.4.2ण्							
422 गर्बँ गर्ब् P सेट्	Root 57	i/1 8.4.2ण्							
423 शर्बँ शर्ब् P सेट्	Root 56	i/1 8.4.2ण्							
424 षर्बँ सर्ब् P सेट्	6.1.64 स् Root 56	i/1 8.4.2ण्							
425 चर्बँ चर्ब् P सेट्	Root 56	i/1 8.4.2ण्							
426 कुबिँ कुम्ब् P सेट्	Root 43								
427 लुबिँ लुम्ब् P सेट्	Root 44								
428 तुबिँ तुम्ब् P सेट्	Root 44								
429 चुबिँ चुम्ब् P सेट्	Root 44								
430 षृभुँ सृभ् P सेट्	6.1.64 स् Root 219	i/1 8.4.2ण्						without 8.4.54	
431 षृम्भुँ सृम्भ् P सेट्	6.1.64 स् Root 42	i/1 8.4.2ण्						7.4.66	
432 शुभँ शुभ् P सेट्	Root 39								
433 शुम्भँ शुम्भ् P सेट्	Root 42								

434 Now Atmanepada. Tag (इँ) इदित् ।

434 घिणिँ घिण्ण् A सेट्		Root 10							7.4.62 झ् 8.4.54 ज्	
435 घुणिँ घुण्ण् A सेट्		Root 10							7.4.62 झ् 8.4.54 ज्	
436 घृणिँ घृण्ण् A सेट्		Root 10. लिट् 7.4.62 झ् 7.4.66 उरत् 8.4.54 ज् ।								
437 घुणँ घुण् A सेट्		Root 16							7.4.62 झ् 8.4.54 ज्	
438 घूर्णँ घूर्ण् A सेट्		Root 29							7.4.62 झ् 8.4.54 ज्	
439 पणँ पण् A* सेट्		Root 8	व्यवहारे अर्थे आत्मनेपदम्							
P		Root 396	स्तुतो अर्थे परस्मैपदम् 3.1.28 आय							
440 पनँ पन् A* सेट् 3.1.31 वा	-	-	-	-	Root 8	Root 8	Root 8	Root 8	Root 8	Root 8
3.1.28 आय P	Root 439	Root 439	Root 439	Root 439	Root 439	Root 439	Root 439	Root 439	Root 439	Root 439

Q. Why no Atmanepada forms without आय for Sarvadhatuka affixes? A. Since this Root is only used in स्तुतो अर्थे, hence by 3.1.28 only Parasmaipada forms for Sarvadhatuka affixes. By option 3.1.31 Ardhadhatuka affixes will have Atmanepada forms.

441 भामँ भाम् A सेट्		Root 5							8.4.54 ब्	
442 क्षमूँष् क्षम् A वेट्		Root 374	8.3.24 applies for अनिट् to change म् to ं । 8.4.58 applies where applicable to change ं to न् । लिट् 6.1.8 द्वे 7.4.60 शेषः 7.4.62 च् । **ii/1 ii/3 i/2 i/3** 7.2.13 7.2.35 इट् 7.2.44 पक्षे अनिट् । **Rest** 1.2.5 कित् thus इट् न ।							
443 कमुँ कम् A सेट् 3.1.33 वा	-	-	-	-	पक्षे Root 17	पक्षे Root 17	पक्षे Root 17	पक्षे Root 17	पक्षे Root 17	पक्षे 3.1.48चङ् 6.4.71 अट् 6.1.11 द्वे 7.4.60शेषः 7.4.62 च्
	3.1.30 णिङ् 7.2.116 वृद्धिः 3.1.68शप् 7.3.84 गुणः on इ of णिङ् 6.1.78अय्	6.4.71 अट् 3.1.30 णिङ् 7.2.116 वृद्धिः 3.1.68शप् 7.3.84 गुणः on इ of णिङ् 6.1.78अय्	3.1.30 णिङ् 7.2.116 वृद्धिः 3.1.68शप् 7.3.84 गुणः on इ of णिङ् 6.1.78अय्	3.1.30 णिङ् 7.2.116 वृद्धिः 3.1.68शप् 7.3.84 गुणः on इ of णिङ् 6.1.78अय्	3.1.33आय 3.1.30 णिङ् 7.2.116 वृद्धिः 7.2.35 इट् 3.1.33 स्य	6.4.71 अट् 3.1.33आय 3.1.30 णिङ् 7.2.116 वृद्धिः 7.2.35 इट् 3.1.33 स्य	3.1.33आय 3.1.30 णिङ् 7.2.116 वृद्धिः 7.2.35 इट् 3.1.33तास्	3.1.33आय 3.1.30 णिङ् 7.2.116 वृद्धिः 7.2.35 इट् 3.4.102 सीय् **ii/3** option 7.3.79 ढ्	3.1.33आय 3.1.30 णिङ् 7.2.116 वृद्धिः 3.1.35आम् 3.1.40 कृ 6.1.8 द्वे **ii/3** 8.3.78 ढ्	3.1.33आय 3.1.30 णिङ् 7.2.116 वृद्धिः 3.1.48चङ् no इट् 6.4.71 अट् 6.1.11 द्वे 6.4.51 इ लोपः 7.4.1ह्रस्वः 7.4.62 च् 7.4.79 इ 7.4.94

दीर्घः

444 Now Parasmaipada. Tag (अँ) अदित् ।

444 अणँ अण् P सेट्	Root 38		
445 रणँ रण् P सेट्	Root 51		
446 वणँ वण् P सेट्	Root 50	without (7.4.62 8.4.54)	
447 भणँ भण् P सेट्	Root 51	8.4.54 ब्	
448 मणँ मण् P सेट्	Root 51		
449 कणँ कण् P सेट्	Root 52		
450 क्वणँ क्वण् P सेट्	Root 52		
451 व्रणँ व्रण् P सेट्	Root 52	without 8.4.54	
452 भ्रणँ भ्रण् P सेट्	Root 50	without 7.4.62	
453 ध्वणँ ध्वण् P सेट्	Root 50	without 7.4.62	
454 ओणृँ ओण् P सेट्	Root 121		
455 शोणृँ शोण् P सेट्	Root 49	without (7.4.62 8.4.54)	
456 श्रोणृँ श्रोण् P सेट्	Root 455		
457 श्लोणृँ श्लोण् P सेट्	Root 455		
458 पैणृँ पैण् P सेट्	Root 455		
459 ध्रणँ ध्रण् P सेट्	Root 50	without 7.4.62	
460 कनीँ कन् P सेट्	Root 50	without 8.4.54	
461 ष्टनँ ष्टन् P सेट्	6.1.64 स् । Root 50	7.4.61 instead of 7.4.60	
462 वनँ वन् P सेट्	Root 50	without (7.4.62 8.4.54)	
463 वनँ वन् P सेट्	Root 462		
464 षणँ सन् P सेट्	6.1.64 स् । Root 51		
465 अमँ अम् P सेट्	Root 38		
466 द्रमँ द्रम् P सेट्	Root 51		7.2.5 no वृद्धिः
467 हम्मँ हम्म् P सेट्	Root 56		7.2.5 no वृद्धिः
468 मीमृँ मीम् P सेट्	Root 49	without (7.4.62 8.4.54)	7.2.5 no वृद्धिः
469 चमुँ चम् P सेट्	Root 51		7.2.5 no वृद्धिः
470 छमुँ छम् P सेट्	Root 50	without	7.2.5 no

									7.4.62 6.1.73तुक् 8.4.40 च्	वृद्धिः
471 जमुँ जम् P सेट्		Root 51								7.2.5 no वृद्धिः
472 झमुँ झम् P सेट्		Root 51							8.4.54 ज्	7.2.5 no वृद्धिः
473 क्रमुँ क्रम् P* सेट्*	Root 50 पक्षे श्यन् 3.1.70 वा	Root 50 पक्षे श्यन् 3.1.70 वा	Root 50 i/1 8.4.2ण् पक्षे श्यन् 3.1.70 वा i/1 8.4.2ण्	Root 50 पक्षे श्यन् 3.1.70 वा	Root 50	Root 50	Root 50	Root 50	Root 50 without 8.4.54	Root 50 7.2.5 no वृद्धिः
1.3.43 A	Root 18 पक्षे श्यन् 3.1.70 वा	Root 18 पक्षे श्यन् 3.1.70 वा	Root 18 पक्षे श्यन् 3.1.70 वा	Root 18 पक्षे श्यन् 3.1.70 वा	7.2.36 no इट् 3.1.33स्य 8.3.24 ं	7.2.36 no इट् 6.4.71 अट् 3.1.33स्य 8.3.24 ं	7.2.36 no इट् 3.1.33तास् 8.3.24 ं 8.4.58 न्	7.2.36 no इट् 3.4.102 सीय् 8.3.24 ं	Root 18 7.4.62 च्	7.2.36 no इट् 6.4.71 अट् 3.1.44सिच् 8.3.24 ं

474 Now Atmanepada. Tag (अँ) अदित् ।

474 अयँ अय् A* सेट्		Root 2						ii/3 8.3.79 option	3.1.37आम् 3.1.40 कृ 6.1.8 द्वे **ii/3** 8.3.78 ढ्	ii/3 8.3.79 option
475 वयँ वय् A सेट्		Root 17						ii/3 8.3.79 option	ii/3 8.3.79 option	ii/3 8.3.79 option
476 पयँ पय् A सेट्		Root 8						ii/3 8.3.79 option	ii/3 8.3.79 option	ii/3 8.3.79 option
477 मयँ मय् A सेट्		Root 476								
478 चयँ चय् A सेट्		Root 476								
479 तयँ तय् A सेट्		Root 476								
480 णयँ नय् A सेट्		6.1.65 न् । Root 476								
481 दयँ दय् A सेट्		Root 476	Root 476	Root 476	Root 476	Root 476	Root 476	Root 476	**Root 474**	Root 476
482 रयँ रय् A सेट्		Root 476								
483 ऊयीँ ऊय् A सेट्		Root 2						ii/3 8.3.79 option		ii/3 8.3.79 option
484 पूयीँ पूय् A सेट्		Root 475							7.4.59	
485 क्नूयीँ क्नूय् A सेट्		Root 475							7.4.62 7.4.59	
486 क्ष्मायीँ क्ष्माय् A सेट्			Root 475						7.4.62 7.4.59	
487 स्फायीँ स्फाय् A सेट्			Root 475. लिट् 7.4.61 7.4.62 7.4.59							
488 ओँप्यायीँ प्याय् A सेट्			Root 475. लिट् 6.1.29 पी 6.1.8 द्वे 7.4.59 ह्रस्वः 6.4.82							
489 तायृँ ताय् A सेट्		Root 475							7.4.59	
490 शलँ शल् A सेट्		**Root 476**								
491 वलँ वल् A सेट्		Root 475								
492 वल्लँ वल्ल् A सेट्		Root 475								

493 मलँ मल् A सेट्	**Root 476**	
494 मल्लँ मल्ल् A सेट्	Root 475	
495 भलँ भल् A सेट्	Root 475	8.4.54 ब्
496 भल्लँ भल्ल् A सेट्	Root 475	8.4.54 ब्
497 कलँ कल् A सेट्	Root 475	7.4.62 च्
498 कल्लँ कल्ल् A सेट्	Root 475	7.4.62 च्
499 तेवृँ तेव् A सेट्	Root 475	7.4.59
500 देवृँ देव् A सेट्	Root 475	7.4.59
501 षेवृँ सेव् A सेट्	6.1.64 स् । Root 475	7.4.59 8.3.59 ष्
502 गेवृँ गेव् A सेट्	Root 475	7.4.62 ज् 7.4.59
503 ग्लेवृँ ग्लेव् A सेट्	Root 475	7.4.62 ज् 7.4.59
504 पेवृँ पेव् A सेट्	Root 475	7.4.59
505 मेवृँ मेव् A सेट्	Root 475	7.4.59
506 म्लेवृँ म्लेव् A सेट्	Root 475	7.4.59
507 रेवृँ रेव् A सेट्	Root 475	7.4.59

508 Now Parasmaipada. Tag (अँ) अदित् ।

508 मव्यँ मव्य् P सेट्	Root 56		8.4.64 य् लोपः option		
509 सूर्क्ष्यँ सूर्क्ष्य् P सेट्	Root 508	i/1 8.4.2ण्		7.4.59	
510 ईर्क्ष्यँ ईर्क्ष्य् P सेट्	Root 121	i/1 8.4.2ण्	8.4.64 य् लोपः option		
511 ईर्ष्यँ ईर्ष्य् P सेट्	Root 510				
512 हयँ हय् P सेट्	Root 50				7.2.5 no वृद्धिः
513 शुच्यँ शुच्य् P सेट्	Root 508				
514 हर्यँ हर्य् P सेट्	Root 508	i/1 8.4.2ण्		8.4.54 ज्	
515 अलँ अल् P* सेट्	Root 38	Some grammarians consider it to be Ubhayepada. For Atmanepada forms see Root 254. However for Atmanepada लिट् see Root 1175.			
516 ञिफलाँ फल् P सेट्		Root 51		8.4.54 प्	7.2.2 वृद्धिः
517 मीलँ मील् P सेट्	Root 49			without (7.4.62 8.4.54)	
518 श्मीलँ श्मील् P सेट्	Root 517				
519 स्मीलँ स्मील् P सेट्	Root 517				
520 क्ष्मीलँ क्ष्मील् P सेट्	Root 49			without 8.4.54	
521 पीलँ पील् P सेट्	Root 517				
522 णीलँ नील् P सेट्	6.1.65 न् । Root 517				
523 शीलँ शील् P सेट्	Root 517				
524 कीलँ कील् P सेट्	Root 520				

525 कूलँ कूल् P सेट्	Root 520			
526 शूलँ शूल् P सेट्	Root 517			
527 तूलँ तूल् P सेट्	Root 517			
528 पूलँ पूल् P सेट्	Root 517			
529 मूलँ मूल् P सेट्	Root 517			
530 फलँ फल् P सेट्	**Root 516**			
531 चुल्लँ चुल्ल् P सेट्	Root 517			
532 फुल्लँ फुल्ल् P सेट्	Root 49. लिट् without (7.4.62 7.4.59)			
533 चिल्लँ चिल्ल् P सेट्	Root 517			
534 तिलँ तिल् P सेट्	Root 39			
535 वेलृँ वेल् P सेट्	Root 517			
536 चेलृँ चेल् P सेट्	Root 517			
537 केलृँ केल् P सेट्	Root 49		without 8.4.54	
538 खेलृँ खेल् P सेट्	Root 49			
539 क्ष्वेलृँ क्ष्वेल् P सेट्	Root 49		without 8.4.54	
540 वेल्लँ वेल्ल् P सेट्	Root 517			
541 पेलृँ पेल् P सेट्	Root 517			
542 फेलृँ फेल् P सेट्	Root 49		without 7.4.62	
543 शेलृँ शेल् P सेट्	Root 517			
544 स्खलँ स्खल् P सेट्	Root 50		7.4.61 instead of 7.4.60	7.2.2 वृद्धिः
545 खलँ खल् P सेट्	Root 50			7.2.2 वृद्धिः
546 गलँ गल् P सेट्	Root 50		without 8.4.54	7.2.2 वृद्धिः
547 षलँ सल् P सेट्	6.1.64 स् । Root 51			7.2.2 वृद्धिः
548 दलँ दल् P सेट्	Root 51			7.2.2 वृद्धिः
549 श्वलँ श्वल् P सेट्	Root 50		without (7.4.62 8.4.54)	7.2.2 वृद्धिः
550 श्वल्लँ श्वल्ल् P सेट्	Root 49		without (7.4.62 7.4.59 8.4.54)	
551 खोलृँ खोल् P सेट्	Root 49			
552 खोरृँ खोर् P सेट्	Root 49	i/1 8.4.2ण्		
553 धोरृँ धोर् P सेट्	Root 49	i/1 8.4.2ण्	without 7.4.62	
554 त्सरँ त्सर् P सेट्	Root 50	i/1 8.4.2ण्	without (7.4.62 8.4.54)	7.2.2 वृद्धिः
555 क्मरँ क्मर् P सेट्	Root 50	i/1 8.4.2ण्	without 8.4.54	7.2.2 वृद्धिः
556 अभ्रँ अभ्र् P सेट्	Root 55	i/1 8.4.2ण्		
557 वभ्रँ वभ्र् P सेट्	Root 56	i/1 8.4.2ण्		

558 मभ्रँ मभ्र् P सेट्		Root 56	i/1 8.4.2ण्							
559 चरँ चर् P सेट्		Root 51	i/1 8.4.2ण्							7.2.2 वृद्धिः
560 ष्ठिवुँ ष्ठिव् P सेट् Vartika prevents 6.1.64 ष्ठिवुँ / ष्थिवुँ ष्ठिव् / ष्थिव्	7.3.75 दीर्घः	7.3.75 दीर्घः 6.4.71 अट्	7.3.75 दीर्घः	7.3.75 दीर्घः	7.3.86गुणः 3.1.33 स्य 8.3.59 ष्	7.3.86गुणः 6.4.71 अट् 3.1.33 स्य 8.3.59 ष्	7.3.86गुणः 3.1.33 तास्	8.2.77 दीर्घः 3.4.104 यास् iii/1 iii/2 ii/1 ii/2 3.4.107सुट् 8.2.29 स् लोपः	लिट्	लुङ्

लिट् 6.1.8 द्वे 7.4.60 शेषः । **iii/1 ii/1 i/1** 7.3.86 गुणः **dual plural** 1.2.5 कित् thus no गुणः ।
ii/1 i/2 i/3 7.2.13 7.2.35 इट् **Rest** no इट् since no वलादिः affix. Kashika Vritti says ष्ठिवु इत्यस्य द्वितीयः थकारः ठकारः च इष्यते । तेन तेष्ठीव्यते टेष्ठीव्यते इति च अभ्यासरूपं द्विधा भवति ॥ In this Root, the second letter is either ठ् or थ् । i.e. The Root is either ष्ठिवु / ष्थिवु । Reduplication 6.1.8 gives two forms, viz. टिष्ठेव । तिष्ठेव ।
ष्ठिव् 6.1.8 ष्ठिव् ष्ठिव् अ 7.4.61 ठि ष्ठिव् अ 7.3.86 ठि ष्ठेव् अ 8.4.54 टि ष्ठेव् अ = टिष्ठेव ।
ष्थिव् 6.1.8 ष्थिव् ष्थिव् अ 7.4.61 थि ष्थिव् अ 7.3.86 थि ष्थेव् अ 8.4.54 ति ष्थेव् अ 8.4.41 ति ष्ठेव् अ = तिष्ठेव ।
For all other Lakaras, by 8.4.41 we shall get only one final form.
लुङ् 6.4.71 अट् 3.1.44 सिच् 7.3.86 गुणः 7.2.35 इट् । 7.2.4 नेटि ।
iii/1 ii/1 7.3.96 ईट् 8.2.28 स् लोपः **Rest** 8.3.59 ष् ।

561 ज़ि जि P अनिट्	Root 236	no 8.4.2	
562 जीवँ जीव् P सेट्	Root 237		without 7.4.62
563 पीवँ पीव् P सेट्	Root 562		
564 मीवँ मीव् P सेट्	Root 562		
565 तीवँ तीव् P सेट्	Root 562		
566 णीवँ नीव् P सेट्	6.1.65 न् । Root 562		
567 क्षीवुँ क्षीव् P सेट्	Root 237	i/1 8.4.2ण्	
568 क्षेवुँ क्षेव् P सेट्	Root 231	i/1 8.4.2ण्	7.4.62 च्
569 उर्वीँ उर्व् P सेट्	8.2.78 दीर्घः Root 121	i/1 8.4.2ण्	
570 तुर्वीँ तुर्व् P सेट्	8.2.78 दीर्घः Root 223	i/1 8.4.2ण्	without (7.4.62 7.4.59)
571 थुर्वीँ थुर्व् P सेट्	Root 570		8.4.54 त्
572 दुर्वीँ दुर्व् P सेट्	Root 570		
573 धुर्वीँ धुर्व् P सेट्	Root 570		8.4.54 द्
574 गुर्वीँ गुर्व् P सेट्	Root 570		7.4.62 ज्
575 मुर्वीँ मुर्व् P सेट्	Root 570		
576 पुर्वँ पुर्व् P सेट्	Root 570		
577 पर्वँ पर्व् P सेट्	Root 56	i/1 8.4.2ण्	
578 मर्वँ मर्व P सेट्	Root 577		
579 चर्वँ चर्व् P सेट्	Root 577		
580 भर्वँ भर्व् P सेट्	Root 577		8.4.54 ब्
581 कर्वँ कर्व् P सेट्	Root 577		7.4.62 च्
582 खर्वँ खर्व् P सेट्	Root 577		7.4.62 छ्

									8.4.54 च्	
583 गर्वँ गर्व् P सेट्		Root 577							7.4.62 ज्	
584 अर्वँ अर्व् P सेट्		Root 55	i/1 8.4.2ण्							
585 शर्वँ शर्व् P सेट्		Root 577								
586 षर्वँ सर्व् P सेट्		6.1.64 स् । Root 577								
587 इविँ इन्व् P सेट्		Root 63								
588 पिविँ पिन्व् P सेट्		Root 44								
589 मिविँ मिन्व् P सेट्		Root 44								
590 णिविँ निन्व् P सेट्		6.1.65 न् । Root 44								
591 हिविँ हिन्व् P सेट्		Root 44							7.4.62 झ् 8.4.54 ज्	
592 दिविँ दिन्व् P सेट्		Root 44								
593 धिविँ धिन्व् P सेट्	3.1.80 उ 6.4.48 अ लोपः **ii/2 ii/3** option 6.4.107 उ लोपः	3.1.80 उ 6.4.48 अ लोपः **ii/2 ii/3** option 6.4.107 उ लोपः	3.1.80 उ 6.4.48 अ लोपः	3.1.80 उ 6.4.48 अ लोपः	Root 44	Root 44	Root 44	Root 44	Root 44 8.4.54 द्	Root 44
594 जिविँ जिन्व् P सेट्		Root 44								
595 रिविँ रिन्व् P सेट्		i/1 8.4.2 ण् । Root 44								
596 रविँ रन्व् P सेट्		i/1 8.4.2 ण् । Root 46								
597 धविँ धन्व् P सेट्		Root 46							8.4.54 द्	
598 कृविँ कृन्व् P सेट्		Root 593. 8.4.1 ण् । लिट् 7.4.62 च् 7.4.66 उरत् without 8.4.54								
599 मवँ मव् P सेट्		Root 51								
600 अवँ अव् P सेट्		Root 38								

601 Now Ubhayepada. Tag (उँ) उदित् ।

601 धावुँ धाव् U सेट्	Parasmaipada Root 49. लिट् without 7.4.62 Atmanepada Root 5. लिट् 8.4.54 द् । आशीर्लिङ् लिट् लुङ् ii/3 8.3.79 option

602 Now Atmanepada. Tag (अँ) अदित् ।

602 धुक्षँ धुक्ष् A सेट्	Root 5	8.4.54 without 7.4.59
603 धिक्षँ धिक्ष् A सेट्	Root 602	
604 वृक्षँ वृक्ष् A सेट्	Root 5	7.4.66 without 7.4.59
605 शिक्षँ शिक्ष् A सेट्	Root 5	without 7.4.59
606 भिक्षँ भिक्ष् A सेट्	Root 602	
607 क्लेशँ क्लेश् A सेट्	Root 5	7.4.62 च्
608 दक्षँ दक्ष् A सेट्	Root 17	
609 दीक्षँ दीक्ष् A सेट्	Root 5	

610 ईक्षँ ईक्ष् A सेट्	Root 2			
611 ईषँ ईष् A सेट्	Root 2			
612 भाषँ भाष् A सेट्	Root 5		8.4.54 ब्	
613 वर्षँ वर्ष् A सेट्	Root 17			
614 गेषृँ गेष् A सेट्	Root 4			
615 पेषृँ पेष् A सेट्	Root 5			
616 जेषृँ जेष् A सेट्	Root 5			
617 णेषृँ नेष् A सेट्	6.1.65 न् । Root 5			
618 एषृँ एष् A सेट्	Root 2			
619 प्रेषृँ प्रेष् A सेट्	Root 5			
620 रेषृँ रेष् A सेट्	Root 5			
621 हेषृँ हेष् A सेट्	Root 4		8.4.54 ज्	
622 ह्रेषृँ ह्रेष् A सेट्	Root 4		8.4.54 ज्	
623 कासृँ कास् A सेट्	Root 5			
	लिट् 3.1.35 आम् 3.1.40 कृ 6.1.8 द्वे **ii/3** 8.3.78 ढ्			
624 भासृँ भास् A सेट्	Root 5		8.4.54 ब्	
625 णासृँ नास् A सेट्	6.1.65 न् । Root 5			
626 रासृँ रास् A सेट्	Root 5			
627 णसँ नस् A सेट्	6.1.65 न् । Root 8			
628 भ्यसँ भ्यस् A सेट्	Root 17		8.4.54 ब्	
629 आङः शसिँ शंस् A सेट्	Root 11 without 8.4.58			
630 ग्रसुँ ग्रसु A सेट्	Root 17		7.4.62 ज्	
631 ग्लसुँ ग्लसु A सेट्	Root 17		7.4.62 ज्	
632 ईहँ ईह् A सेट्	Root 2	ii/3 8.3.79 option		ii/3 8.3.79 option
633 बहिँ बंह् A सेट्	Root 11 without 8.4.58	ii/3 8.3.79 option	ii/3 8.3.79 option	ii/3 8.3.79 option
634 महिँ मंह् A सेट्	Root 633			
635 अहिँ अंह् A सेट्	Root 87 without 8.4.58	ii/3 8.3.79 option	ii/3 8.3.79 option	ii/3 8.3.79 option
636 गर्हँ गर्ह् A सेट्	Root 17	ii/3 8.3.79 option	7.4.62 ज् ii/3 8.3.79 option	ii/3 8.3.79 option
637 गल्हँ गल्ह् A सेट्	Root 636			
638 बर्हँ बर्ह् A सेट्	Root 17	ii/3 8.3.79 option	ii/3 8.3.79 option	ii/3 8.3.79 option
639 बल्हँ बल्ह् A सेट्	Root 638			
640 वर्हँ वर्ह् A सेट्	Root 638			
641 वल्हँ वल्ह् A सेट्	Root 638			
642 प्लिहँ प्लिह् A सेट्	Root 16	ii/3 8.3.79 option	ii/3 8.3.79 option	ii/3 8.3.79 option
643 वेहृँ वेह् A सेट्	Root 5	ii/3 8.3.79 option	ii/3 8.3.79 option	ii/3 8.3.79 option
644 जेहृँ जेह् A सेट्	Root 643			
645 वाहृँ वाह् A सेट्	Root 643			
646 द्राहृँ द्राह् A सेट्	Root 643			
647 काशृँ काश् A सेट्	Root 5		7.4.62 च्	
648 ऊहँ ऊह् A सेट्	Root 632			

649 गाहूँ गाहू A वेट्	सेट् Root 4							ii/3 8.3.79 option	ii/3 8.3.79 option	ii/3 8.3.79 option
7.2.44 वा अनिट्	-	-	-	-	3.1.33 **स्य** 8.2.31 ढ् 8.2.37 घ् 8.2.41 क् 8.3.59 ष्	6.4.71 अट् 3.1.33 **स्य** 8.2.31 ढ् 8.2.37 घ् 8.2.41 क् 8.3.59 ष्	3.1.33 **तास्** 8.2.31 ढ् 8.2.40 ध् 8.4.41 ढ् 8.3.13 ढ् लोपः	आशीर्लिङ्	लिट्	लुङ्

आशीर्लिङ् 3.4.102 सीय् 8.2.31 ढ् 8.2.37 घ् 8.2.41 क् 8.3.59 ष् **iii/1 iii/2 ii/1 ii/2** 3.4.107 सुट् ।
लिट् **ii/1** 6.1.8 द्वे 7.4.60 शेषः 7.4.62 ज् 7.4.59 ह्रस्वः 8.2.31 ढ् 8.2.37 घ् 8.2.41 क् 8.3.59 ष् ।
ii/3 6.1.8 द्वे 7.4.60 शेषः 7.4.62 ज् 7.4.59 ह्रस्वः 8.2.31 ढ् 8.2.37 घ् 8.4.41 ढ् 8.3.13 ढ् लोपः ।
i/2 i/3 6.1.8 द्वे 7.4.60 शेषः 7.4.62 ज् 7.4.59 ह्रस्वः ।
लुङ् 6.4.71 अट् 3.1.44 सिच् **iii/1 ii/1** 8.2.26 स् लोपः 8.2.31 ढ् 8.2.40 ध् 8.4.41 ढ् 8.3.13 ढ् लोपः ।
ii/3 8.2.25 स् लोपः 8.2.31 ढ् 8.2.37 घ् 8.4.41 ढ् 8.3.13 ढ् लोपः । **Rest** 8.2.31 ढ् 8.2.37 घ् 8.2.41 क् 8.3.59 ष् ।

650 गृहूँ गृहू A वेट्	Root 16 1.1.51	Root 16 1.1.51	Root 16 1.1.51	Root 16 1.1.51	Root 16 1.1.51	Root 16 1.1.51	Root 16 1.1.51	ii/3 8.3.79 option	7.4.62 ज् 7.4.66 ii/3 8.3.79 option	ii/3 8.3.79 option
7.2.44 वा अनिट्	-	-	-	-	3.1.33 **स्य** 7.3.86**गुणः** 8.2.31 ढ् 8.2.37 घ् 8.2.41 क् 8.3.59 ष्	6.4.71 अट् 3.1.33 **स्य** 7.3.86**गुणः** 8.2.31 ढ् 8.2.37 घ् 8.2.41 क् 8.3.59 ष्	3.1.33 **तास्** 7.3.86**गुणः** 8.2.31 ढ् 8.2.40 ध् 8.4.41 ढ् 8.3.13 ढ् लोपः	आशीर्लिङ्	लिट्	लुङ्

आशीर्लिङ् 3.4.102 सीय् 1.2.11 कित् no guna 8.2.31 ढ् 8.2.37 घ् 8.2.41 क् 8.3.59 ष् **iii/1 iii/2 ii/1 ii/2** 3.4.107 सुट्
लिट् 1.2.5 कित् no guna **ii/1** 6.1.8 द्वे 7.4.60 शेषः 7.4.62 ज् 7.4.66 उरत् 8.2.31 ढ् 8.2.37 घ् 8.2.41 क् 8.3.59 ष् ।
ii/3 6.1.8 द्वे 7.4.60 शेषः 7.4.62 ज् 7.4.66 उरत् 8.2.31 ढ् 8.2.37 घ् 8.4.41 ढ् 8.3.13 ढ् लोपः ।
i/2 i/3 6.1.8 द्वे 7.4.60 शेषः 7.4.62 ज् 7.4.66 उरत् ।
लुङ् 6.4.71 अट् 3.1.45 क्स 8.2.31 ढ् 8.2.37 घ् 8.2.41 क् 8.3.59 ष् । **iii/3 i/1** 7.3.72 अ लोपः ।

651 ग्लहूँ ग्लहू A सेट्		Root 17	Root 17	Root 17	Root 17	Root 17	Root 17	ii/3 8.3.79 option	7.4.62 ज् ii/3 8.3.79 option	ii/3 8.3.79 option
652 घुषिँ घुंष् A सेट्		Root 11 without 8.4.58							7.4.62 झ् 8.4.54 ज्	

653 Now Parasmaipada. Tag (इर्) इरित् ।

653 घुषिँर् घुष् P सेट्		Root 40	i/1 8.4.2ण्						7.4.62 झ् 8.4.54 ज्	
654 अक्षूँ अक्ष् P वेट्	Root 55		i/1 8.4.2ण्							7.2.4 नेटि
सेट् पक्षे 3.1.76 श्नु	Root 655	6.4.72आट् 6.1.90 वृद्धिः	Root 655	Root 655	-	-	-	-	-	-
7.2.44 अनिट्	-	-	-	-	Root 655	6.4.72आट् 6.1.90 वृद्धिः	Root 655	-	पक्षे **ii/1 i/2 i/3** 6.1.8 द्वे	6.4.72आट् 6.1.90 वृद्धिः

						3.1.33 स्य 8.2.29 क् लोपः 8.2.41 क् 8.3.59 ष्			7.4.60शेषः 7.4.70 दीर्घः 7.4.71 नुट् **ii/1** 8.2.29 क् लोपः 8.4.41 ठ्	7.2.3 वृद्धिः
655 तक्षूँ तक्ष् P वेट्	Root 56		i/1 8.4.2ण्							7.2.4 नेटि
सेट् पक्षे 3.1.76 श्नु	7.3.84 गुणः on श्नु 8.4.1 ण्	6.4.71 अट् 7.3.84 गुणः on श्नु 8.4.1 ण्	7.3.84 गुणः on श्नु 8.4.1 ण्	7.3.84 गुणः on श्नु 8.4.1 ण्	-	-	-	-	-	-
7.2.44 अनिट्	-	-	-	-	3.1.33 स्य 8.2.29 क् लोपः 8.2.41 क् 8.3.59 ष्	6.4.71 अट् 3.1.33 स्य 8.2.29 क् लोपः 8.2.41 क् 8.3.59 ष्	3.1.33तास् 8.2.29 क् लोपः 8.4.41 ट्	-	पक्षे **ii/1 i/2 i/3** 6.1.8 द्वे 7.4.60शेषः **ii/1** 8.2.29 क् लोपः 8.4.41 ठ्	7.2.3 वृद्धिः

लिट् Notice that **iii/1 ii/1** have the forms सेट् अतक्षीत् अतक्षीः अनिट् अताक्षित् अताक्षीः । In the सेट् forms 7.2.4 नेटि applies and there is no vriddhi of Root vowel. In the अनिट् forms 7.2.3 वृद्धिः applies and there is vriddhi of Root vowel. 7.3.96 ईट् applies in both सेट् and अनिट् forms.

Rest In the सेट् forms 7.2.4 नेटि applies and there is no vriddhi of Root vowel. In the अनिट् forms 7.2.3 वृद्धिः applies and there is vriddhi of Root vowel. Hence we see **iii/2** सेट् अतक्षिष्टाम् अनिट् अताष्टाम् ।

656 त्वक्षूँ त्वक्ष् P वेट्		Root 56	i/1 8.4.2ण्							7.2.4 नेटि
7.2.44 अनिट्	-	-	-	-	Root 655	Root 655	Root 655	-	Root 655	Root 655
657 उक्षँ उक्ष् P सेट्		Root 63 withoutनुम्	i/1 8.4.2ण्							
658 रक्षँ रक्ष् P सेट्		Root 56	i/1 8.4.2ण्							
659 णिक्षँ निक्ष् P सेट्		6.1.65 न् Root 56	i/1 8.4.2ण्							
660 त्रक्षँ त्रक्ष् P सेट् (तृक्ष)			Root 56 लोट् i/1 8.4.2 ण्							
661 ष्ट्रक्षँ ष्ट्रक्ष् P सेट् (ष्टृक्ष)		6.1.64 स् **परिभाषा त्** Root 56	i/1 8.4.2ण्						7.4.61 instead of 7.4.60	
662 णक्षँ नक्ष् P सेट्		6.1.65 न् Root 56	i/1 8.4.2ण्							
663 वक्षँ वक्ष् P सेट्		Root 56	i/1 8.4.2ण्							
664 मृक्षँ मृक्ष् P सेट्		Root 56	i/1 8.4.2ण्						7.4.66	
665 तक्षँ तक्ष् P सेट्		Root 56	i/1 8.4.2ण्							
666 सूर्क्षँ सूर्क्ष् P सेट्		Root 49	i/1 8.4.2ण्						without 7.4.62 8.4.54	

667 काक्षिँ काङ्क्ष् P सेट्		Root 43 लोट् i/1 8.4.2 ण्						7.4.59	
668 वाक्षिँ वाङ्क्ष् P सेट्	Root 46	i/1 8.4.2ण्						7.4.59	
669 माक्षिँ माङ्क्ष् P सेट्	Root 668								
670 द्राक्षिँ द्राङ्क्ष् P सेट्	Root 668								
671 ध्राक्षिँ ध्राङ्क्ष् P सेट्		Root 668						8.4.54 द्	
672 ध्वाक्षिँ ध्वाङ्क्ष् P सेट्		Root 668						8.4.54 द्	
673 चूषँ चूष् P सेट्	Root 49	i/1 8.4.2ण्						without 7.4.62 8.4.54	
674 तूषँ तूष् P सेट्	Root 673								
675 पूषँ पूष् P सेट्	Root 673								
676 मूषँ मूष् P सेट्	Root 673								
677 लूषँ लूष् P सेट्	Root 673								
678 रूषँ रूष् P सेट्	Root 673								
679 शूषँ शूष् P सेट्	Root 673								
680 यूषँ यूष् P सेट्	Root 673								
681 जूषँ जूष् P सेट्	Root 673								
682 भूषँ भूष् P सेट्	Root 673							8.4.54 ब्	
683 ऊषँ ऊष् P सेट्	Root 121	i/1 8.4.2ण्							
684 ईषँ ईष् P सेट्	Root 683								
685 कषँ कष् P सेट्	Root 51	i/1 8.4.2ण्						7.4.62 च्	
686 खषँ खष् P सेट्	Root 50	i/1 8.4.2ण्							
687 शिषँ Root 39 शिष् P अनिट्	Root 39	Root 39 i/1 8.4.2ण्	Root 39	7.3.86गुणः 3.1.33 स्य 8.2.41 क् 8.3.59 ष्	6.4.71 अट् 7.3.86गुणः 3.1.33 स्य 8.2.41 क् 8.3.59 ष्	7.3.86गुणः 3.1.33तास् iii/1 iii/2 iii/3 ii/1 स् लोपः 8.4.41 ट्	Root 39	Root 39	6.4.71 अट् 3.1.45क्स कित् no गुणः 8.2.41 क् 8.3.59 ष् iii/3 i/1 7.3.72 अ लोपः
688 जषँ जष् P सेट्	Root 51	i/1 8.4.2ण्							
689 झषँ झष् P सेट्	Root 51	i/1 8.4.2ण्						8.4.54 ज्	
690 शषँ शष् P सेट्	Root 51	i/1 8.4.2ण्							
691 वषँ वष् P सेट्	Root 51	i/1 8.4.2ण्							
692 मषँ मष् P सेट्	Root 51	i/1 8.4.2ण्							
693 रुषँ रुष् P सेट्*	Root 39	i/1 8.4.2ण्				Root 39 7.2.48 पक्षे अनिट् Root 687			
694 रिषँ रिष् P सेट्*	Root 693								
695 भषँ भष् P सेट्	Root 50	i/1 8.4.2ण्						without 7.4.62	
696 उषँ उष् P सेट्	Root 128	i/1 8.4.2ण्						लिट्	
	लिट् Root 128 option 3.1.38 आम् 3.1.40 कृ 6.1.8 द्वे **i/1** 7.1.91 option								
697 जिषुँ जिष् P सेट्	Root 39	i/1 8.4.2ण्							
698 विषुँ विष् P अनिट्	Root **687**								

699 मिषुँ मिष् P सेट्		Root 697								
700 पुषँ पुष् P सेट्		Root 697								
701 श्रिषुँ श्रिष् P सेट्		Root 697								
702 श्लिषुँ श्लिष् P सेट्		Root 697								
703 प्रुषुँ प्रुष् P सेट्		Root 697								
704 प्लुषुँ प्लुष् P सेट्		Root 697								
705 पृषुँ पृष् P सेट्		Root 39 1.1.51	i/1 8.4.2ण्						7.4.66	
706 वृषुँ वृष् P सेट्		Root 705								
707 मृषुँ मृष् P सेट्		Root 705								
708 घृषुँ घृष् P सेट्		Root 705							8.4.54 ज्	
709 हृषुँ हृष् P सेट्		Root 705							7.4.62 झ् 8.4.54 ज्	
710 तुसँ तुस् P सेट्		Root 39								
711 ह्रसँ ह्रस् P सेट्		Root 50								
712 ह्लसँ ह्लस् P सेट्		Root 50								
713 रसँ रस् P सेट्		Root 51								
714 लसँ लस् P सेट्		Root 51								
715 घसॢँ घस् P अनिट्	Root 50	Root 50	Root 50	Root 50	3.1.33 स्य 7.4.49 त्	6.4.71 अट् 3.1.33 स्य 7.4.49 त्	3.1.33तास् iii/1 iii/2 iii/3 ii/1 स् लोपः	Root 50	लिट्	6.4.71 अट् 3.1.55अङ्

लिट् Root 50 **ii/1** 7.2.63 option अनिट् dual plural 6.4.98 8.4.55 क् ।

716 जर्जँ जर्ज् P सेट्		Root 56								
717 चर्चँ चर्च् P सेट्		Root 56								
718 झर्झँ झर्झ् P सेट्		Root 56							8.4.54 ज्	
719 पिसृँ पिस् P सेट्		Root 39								
720 पेसृँ पेस् P सेट्		Root 49							without 7.4.62 8.4.54	
721 हसँ हस् P सेट्		Root 50								
722 णिशँ निश् P सेट्		6.1.65 न् Root 39								
723 मिशँ मिश् P सेट्		Root 39								
724 मशँ मश् P सेट्		Root 51								
725 शवँ शव् P सेट्		Root 51								
726 शशँ शश् P सेट्		Root 51								
727 शसुँ शस् P सेट्		Root 50							without 7.4.62 8.4.54	
728 शंसुँ शंस् P सेट्		Root 42 without 8.4.58								
729 चहँ चह् P सेट्		Root 51								
730 महँ मह् P सेट्		Root 51								
731 रहँ रह् P सेट्		Root 51	i/1 8.4.2ण्							
732 रहिँ रंह् P सेट्		Root 46 without 8.4.58	i/1 8.4.2ण्							
733 दृहँ दृह् P सेट्		Root 39	i/1 8.4.2ण्						7.4.66	

	1.1.51			
734 दृहिँ दृंह् P सेट्	Root 44 1.1.51	i/1 8.4.2ण्	7.4.66	
735 बृहँ बृह् P सेट्	Root 733			
736 बृहिँ बृंह् P सेट्	Root 734			
737 तुहिँर् तुह् P सेट्	Root 40			
738 दुहिँर् दुह् P सेट्	Root 40			
739 उहिँर् उह् P सेट्	Root 128			
740 अर्हँ अर्ह् P सेट्	Root 55	i/1 8.4.2ण्		

Begin द्युतादिः अन्तर्गणः । 1.3.91 द्युद्भ्यो लुङि । 3.1.55 पुषादिद्युताद्यॢदितः परस्मैपदेषु ।

By 1.3.91 लुङ् takes optional Parasmaipada forms. By 3.1.55 the Parasmaipada लुङ् gets अङ् affix.

741 Now Atmanepada. Tag (अँ) अदित् ।

741 द्युतँ द्युत् A* सेट्	Root 16	7.4.67दित्	Option 1.3.91 Parasmai pada 3.1.55अङ् 6.4.71 अट्
742 श्विताँ श्वित् A* सेट्	Root 16		Option 1.3.91 P
743 ञिमिदाँ मिद् A* सेट्	Root 742		
744 ञिष्विदाँ ष्विद् A* सेट्	Root 742	8.3.59 ष्	
745 रुचँ रुच् A* सेट्	Root 742		
746 घुटँ घुट् A* सेट्	Root 742	7.4.62 झ् 8.4.54 ज्	
747 रुटँ रुट् A* सेट्	Root 742		
748 लुटँ लुट् A* सेट्	Root 742		
749 लुठँ लुठ् A* सेट्	Root 742		
750 शुभँ शुभ् A* सेट्	Root 742		
751 क्षुभँ क्षुभ् A* सेट्	Root 742	7.4.62 च्	
752 णभँ नभ् A* सेट्	6.1.65 न् । Root 8		Option 1.3.91 P
753 तुभँ तुभ् A* सेट्	Root 742		
754 स्रंसुँ स्रंस् A* सेट्	Root 393 without 8.4.58		Option 1.3.91 P 6.4.24 न् लोपः
755 ध्वंसुँ ध्वंस् A* सेट्	Root 754	8.4.54 द्	
756 भ्रंसुँ भ्रंस् A* सेट्	Root 754	8.4.54 ब्	
757 स्रम्भुँ स्रम्भ् A* सेट्	Root 393		Option 1.3.91 P 6.4.24 न् लोपः

Begin वृतादिः अन्तर्गणः । 1.3.92 वृद्भ्यः स्यसनोः । 7.2.59 न वृद्भ्यश्चतुर्भ्यः ।

By 1.3.92 लृट् and लृङ् take optional Parasmaipada forms. By 7.2.59 these लृट् and लृङ् forms are अनिट् ।

758 वृतुँ वृत् A* सेट्*	Root 92	Root 92	Root 92	Root 92	Root 92	Root 92	Root 92	Root 92	Root 92	Root 92
1.3.92 P	-	-	-	-	7.2.59 अनिट्	7.2.59 अनिट्	-	-	-	**1.3.91 P** 3.1.55अङ्
759 वृधुँ वृध् A* सेट्*	Root 758									
760 शृधुँ शृध् A* सेट्*	Root 758									
761 स्यन्दूँ स्यन्द् A* वेट्	Root 5	Root 5	Root 5	Root 5	Root 5	Root 5	Root 5	Root 5	Root 5	Root 5
1.3.92 P	-	-	-	-	7.2.59 अनिट्	7.2.59 अनिट्	-	-	-	**1.3.91 P** 3.1.55अङ्
7.2.44 अनिट्	-	-	-	-	3.1.33 स्य 8.4.55 त्	6.4.71 अट् 3.1.33 स्य 8.4.55 त्	3.1.33तास् 8.4.55 त् option 8.4.65 त् लोपः	3.4.102 सीय् 8.4.55 त्	**ii/1 ii/3 i/2 i/3** पक्षे अनिट् 6.1.8 द्वे 7.4.60शेषः **ii/1** 8.4.65 त् **ii/3** option 8.4.65 द् लोपः	3.1.44सिच् 8.4.55 त् option 8.4.65 त् लोपः
762 कृपूँ कृप् क्लृप् A* वेट्	8.2.18 ऌ 7.3.86 गुणः	8.2.18 ऌ 7.3.86 गुणः 6.4.71 अट्	8.2.18 ऌ 7.3.86 गुणः	8.2.18 ऌ 7.3.86 गुणः	8.2.18 ऌ 7.2.35 इट् 7.3.86गुणः	8.2.18 ऌ 7.2.35 इट् 7.3.86गुणः 6.4.71 अट्	8.2.18 ऌ 7.2.35 इट् 7.3.86गुणः	8.2.18 ऌ 7.2.35 इट् 7.3.86गुणः	8.2.18 ऌ 6.1.8 7.4.60 7.4.62 च् 7.4.66	8.2.18 ऌ 3.1.44सिच् 7.2.35 इट् 7.3.86गुणः
7.2.44 अनिट्	-	-	-	-	8.2.18 ऌ 7.3.86गुणः	8.2.18 ऌ 7.3.86गुणः 6.4.71 अट्	8.2.18 ऌ 7.3.86गुणः	8.2.18 ऌ 1.2.11कित् No गुणः	ii/1 i/2 i/3 पक्षे अनिट् **ii/3** 8.4.53 ब्	8.2.18 ऌ 3.1.44सिच् 1.2.11कित् No गुणः **ii/3** 8.2.25 स् लोपः 8.4.53 ब्
1.3.93 P	-	-	-	-	8.2.18 ऌ 7.2.59 अनिट्	8.2.18 ऌ 7.2.59 अनिट्	8.2.18 ऌ 7.2.59 अनिट्	-	-	**1.3.91 P** 8.2.18 ऌ 3.1.55अङ्

End द्युतादिः । वृतादिः ।

Begin घटादिः अन्तर्गणः । Ganasutra घटादयः मितः । 6.4.92 मितां ह्रस्वः ।

By 6.4.92 In the secondary णिच् forms for these Roots, the penultimate vowel is short.

Ganasutra घटादयः षितः । 3.3.104 षिद्भिदादिभ्योऽङ् । feminine forms made from these Roots take अण् affix. There is no change for primary Lakara forms.

763 घटँ घट् A सेट्	Root 17			7.4.62 झ् 8.4.54 ज्	
764 व्यथँ व्यथ् A सेट्	Root 17				
765 प्रथँ प्रथ् A सेट्	Root 17				
766 प्रसँ प्रस् A सेट्	Root 17				
767 म्रदँ म्रद A सेट्	Root 17				
768 स्खदँ स्खद् A सेट्	Root 17			7.4.62 छ् 8.4.54 च्	
769 क्षजिँ क्षञ्ज् A सेट्	Root 11			7.4.62 च्	
770 दक्षँ दक्ष् A सेट्	Root 17				
771 क्रपँ क्रप् A सेट्	Root 17			7.4.62 च्	
772 कदिँ कन्द् A सेट्	Root 11			7.4.62 च्	
773 क्रदिँ क्रन्द् A सेट्	Root 11			7.4.62 च्	
774 क्लदिँ क्लन्द् A सेट्	Root 11			7.4.62 च्	
775 ञित्वराँ त्वर् A सेट्	Root 17		ii/3 option 8.3.79 ढ्	ii/3 option 8.3.79 ढ्	ii/3 option 8.3.79 ढ्

776 Now Parasmaipada. Tag (अँ) अदित् ।

776 ज्वरँ ज्वर् P सेट्	Root 50	i/1 8.4.2ण्	without 7.4.62 8.4.54	7.2.2 वृद्धिः
777 गडँ गड् P सेट्	Root 50			
778 हेडँ हेड् P सेट्	Root 49			
779 वटँ वट् P सेट्	Root 50		without 7.4.62 8.4.54	
780 भटँ भट् P सेट्	Root 50		without 7.4.62	
781 णटँ नट् P सेट्	6.1.65 न् । Root 51			
782 ष्टकँ स्तक् P सेट्	6.1.64 स् । Root 50		without 7.4.62 8.4.54	
783 चकँ चक् P सेट्	Root 51			

P with Tag (एँ) एदित् । 7.2.5 ह्म्यन्तक्षणश्वसजागृणिश्व्येदिताम् । लुङ् vowel does not take Vriddhi.

784 कखँ कख् P सेट्	Root 50		without 8.4.54	7.2.5 no वृद्धिः
785 रगँ रग् P सेट्	Root 51	लुङ् 7.2.5 no वृद्धिः		
786 लगँ लग् P सेट्	Root 785			
787 ह्रगँ ह्रग् P सेट्	Root 50	लुङ् 7.2.5 no वृद्धिः		
788 ह्लगँ ह्लग् P सेट्	Root 50	i/1 8.4.2ण्		7.2.5 no वृद्धिः
789 षगँ सग् P सेट्	6.1.64 स् । Root 51	लुङ् 7.2.5 no वृद्धिः		
790 ष्टगँ स्तग् P सेट्	6.1.64 स् । Root 50	लुङ् 7.2.5 no वृद्धिः		

791 कगँ कग् P सेट्		Root 784								
792 अकँ अक् P सेट्		Root 38								
793 अगँ अग् P सेट्		Root 38								
794 कणँ कण् P सेट्		Root 50							without 8.4.54	
795 रणँ रण् P सेट्		Root 51								
796 चणँ चण् P सेट्		Root 51								
797 शणँ शण् P सेट्		Root 51								
798 श्रणँ श्रण् P सेट्		Root 50							without 7.4.62 8.4.54	
799 श्रथँ श्रथ् P सेट्		Root 798								
800 क्नथँ क्नथ् P सेट्		Root 50							without 8.4.54	
801 क्रथँ क्रथ् P सेट्		Root 800								
802 क्लथँ क्लथ् P सेट्		Root 800								
803 वनँ वन् P सेट्		Root 50							without 7.4.62 8.4.54	
804 ज्वलँ ज्वल् P सेट्		Root 50							without 7.4.62 8.4.54	7.2.2वृद्धिः
805 ह्वलँ ह्वल् P सेट्		Root 50								7.2.2वृद्धिः
806 ह्मलँ ह्मल् P सेट्		Root 805								
807 स्मृ स्मृ P अनिट्	7.3.84गुणः 1.1.51	6.1.71 अट् 7.3.84गुणः 1.1.51	7.3.84गुणः 1.1.51 i/1 8.4.2ण्	7.3.84गुणः 1.1.51	7.3.84गुणः 1.1.51 3.1.33 स्य 7.2.70 इट् 8.3.59 ष्	6.1.71 अट् 7.3.84गुणः 1.1.51 3.1.33 स्य 7.2.70 इट् 8.3.59 ष्	7.3.84गुणः 1.1.51 3.1.33तास् iii/1 iii/2 iii/3 ii/1 स् लोपः	आशीर्लिङ्	लिट्	6.1.71 अट् 3.1.44सिच् 7.2.1वृद्धिः 8.3.59 ष् iii/2 ii/2 ii/3 8.4.41 ट्

आशीर्लिङ् 3.4.104 यास् कित् गुणः इट् न 7.4.29 गुणः 1.1.51 **iii/1 iii/2 ii/2 ii/3** 3.4.107 सुट् 8.2.29 स् लोपः ।
ii/1 स् लोपः 6.1.68
लिट् 6.1.8 द्वे 7.4.60 शेषः 7.4.66 उरत् । **dual plural** 1.2.5 कित् thus no गुणः । 7.4.10 गुणः ।
ii/1 7.3.84 गुणः 1.1.51 **रपरः** । 7.2.61 no **इट्** । **i/2 i/3** 7.2.13 7.2.35 इट् **Rest** no इट् since no वलादिः affix.
iii/1 i/1 7.2.115 वृद्धिः 1.1.51 **रपरः** । **i/1** 7.1.91 वा option vriddhi.

808 दॄ दॄ P सेट्	Root 807	Root 807	Root 807	Root 807	7.3.84गुणः 1.1.51 3.1.33 स्य 8.3.59 ष् 7.2.35 इट् 7.2.38 दीर्घः option	6.1.71 अट् 7.3.84गुणः 1.1.51 3.1.33 स्य 8.3.59 ष् 7.2.35 इट् 7.2.38 दीर्घः option	7.3.84गुणः 1.1.51 7.2.35 इट् 7.2.38 दीर्घः option 3.1.33तास् iii/1 iii/2 iii/3 ii/1 स् लोपः	3.4.104 यास् कित् गुणः इट् न 7.1.100 इ 1.1.51 8.2.77 दीर्घः **iii/1 iii/2** **ii/2 ii/3** 3.4.107सुट् 8.2.29 स्	लिट्	6.1.71 अट् 3.1.44सिच् 7.2.1वृद्धिः 7.2.35 इट् 7.2.40 च दीर्घः न **iii/1 ii/1** 8.2.28 स् लोपः **Rest** 8.3.59 ष्

								लोपः ii/1स् लोपः 6.1.68		iii/2 ii/2 ii/3 8.4.41 ट्

लिट् 6.1.8 द्वे 7.4.60 शेषः 7.4.66 उरत् । **ii/1 i/2 i/3** 7.2.13 7.2.35 इट् **Rest** no इट् since no वलादिः affix.
iii/1 i/1 7.2.115 वृद्धिः 1.1.51 **रपरः** । **i/1** 7.1.91 वा optional vriddhi. **ii/1** 7.3.84 गुणः 1.1.51 **रपरः** ।
dual plural 1.2.5 कित् thus no गुणः by 7.3.84 but गुणः by 7.4.11, 7.4.12 ह्रस्वः वा optional.
Note: 7.4.12 does not apply in iii/1 i/1 due to vriddhi and does not apply in ii/1 due to guna by 7.3.84

809 नॄ नॄ P सेट्		Root 808							Root 808 without 7.4.12 option	
810 श्रा श्रा P अनिट्	simple	6.4.71 अट् simple	simple i/1 8.4.2णु	simple	3.1.33 स्य	6.4.71 अट् 3.1.33 स्य	3.1.33तास्	3.4.104 यास् 6.4.68 ए option	6.1.8 द्वे **iii/1 i/1** 7.1.34 औ 6.4.64 आ लोपः **ii/1 i/2 i/3** इट् **ii/1** option 7.2.61 अनिट्	6.4.71 अट् 3.1.44सिच्

Even though this Root 810 श्रा is a मित् class for Root 919 श्रै, its Sarvadhatuka forms will be different.
810 श्रा Sarvadhatuka forms लट् **श्राति** लङ् **अश्रात्** लोट् **श्रातु** विधिलिङ् **श्रायात्** ।
919 श्रै Sarvadhatuka forms लट् **श्रायति** लङ् **अश्रायत्** लोट् **श्रायतु** विधिलिङ् **श्रायेत्** । by 6.1.78 अय् ।
810 श्रा Ardhadhatuka forms लृट् **श्रास्यति** लृङ् **अश्रास्यत्** लुट् **श्राता** लिट् **शश्रौ** लुङ् **अश्रासीत्** ।
919 श्रै Ardhadhatuka forms लृट् **श्रास्यति** लृङ् **अश्रास्यत्** लुट् **श्राता** लिट् **शश्रौ** लुङ् **अश्रासीत्** ।
810 श्रा Ardhadhatuka forms आशीर्लिङ् **श्रायात्** / **श्रेयात्** । option 6.4.68 ए ।
919 श्रै Ardhadhatuka forms आशीर्लिङ् **श्रायात्** / **श्रेयात्** । option 6.4.68 ए ।

811 ज्ञा ज्ञा P सेट्		मित् class for 9c Root 1507 ज्ञा । Its Sarvadhatuka forms are not listed here, as possibly this is only of 9c and not of 1c.								
812 चलिः चल् P सेट्		Root 51								7.2.2वृद्धिः
813 छदिः छद् P सेट्	Root 50	Root 50 6.1.73तुक् 8.4.40 च्	Root 50	Root 50	Root 50	Root 50 6.1.73तुक् 8.4.40 च्	Root 50	Root 50	Root 50 6.1.73तुक् 8.4.40 च् without 7.4.62	Root 50 6.1.73तुक् 8.4.40 च्
814 लडिः लड् P सेट्		Root 51								
815 मदीँ मद् P सेट्		Root 51								
816 ध्वनँ ध्वन् P सेट्		Root 50							without 7.4.62	
817 स्वनँ स्वन् P सेट्		Root 827. Listed here simply to specify that its णिजन्त secondary forms do not take vriddhi.								
818 शमः शम् P सेट्		Root 51								7.2.5 no वृद्धिः
819 यमः यम् P सेट्		Root 51								7.2.5 no वृद्धिः 8.3.24 ं

820 Now Atmanepada. Tag (इँर्) इरित् ।

820 स्खदिर् A सेट्		Root 17								

821 Now Parasmaipada. Tag (अँ) अदित् ।

Begin फणादिः अन्तर्गणः । 6.4.125 फणां च सप्तानाम् ।

लिट् - ए is optionally substituted for अ and आ of seven roots 1 फण् 2 राज् 3 भ्राज् 4 भ्राश् 5 भ्लाश् 6 स्याम् 7 स्वन् । Also the reduplicate is elided, before the कित् ङित् **dual plural** affixes and before **ii/1** इट् थल् ।

821 फण P सेट्		Root 50							Root 50 (without 7.4.62) option 6.4.125 ए	

822 Now Ubhayepada. Tag (ऋँ) ऋदित् ।

822 राजृ U सेट्		P Root 49. लिट् without 7.4.62 8.4.54 । option 6.4.125 ए । A Root 5. लिट् option 6.4.125 ए ।								

823 Now Atmanepada. Tag (ऋँ) ऋदित् ।

823 टुभ्राजृ A सेट्		Root 5							option 6.4.125 ए	
824 टुभ्राशृ A सेट्	Root 5 पक्षे श्यन् 3.1.70	Root 5 पक्षे श्यन् 3.1.70	Root 5 पक्षे श्यन् 3.1.70	Root 5 पक्षे श्यन् 3.1.70	Root 5	Root 5	Root 5	Root 5	Root 5 option 6.4.125 ए	Root 5
825 टुभ्लाशृ A सेट्		Root 824								

826 Now Parasmaipada. Tag (उँ) उदित् ।

826 स्यमु P सेट्		Root 50 लिट् without 7.4.62 8.4.54, option 6.4.125 ए							लिट्	7.2.5 no वृद्धिः
827 स्वन P सेट्		Root 50 लिट् without 7.4.62 8.4.54, option 6.4.125 ए							लिट्	

End फणादिः ।

828 ध्वन P सेट्		Root 50							without 7.4.62	
829 षम P सेट्		6.1.64 स् । Root 51								7.2.5 no वृद्धिः
830 ष्टम P सेट्		6.1.64 स् । Root 50							लिट्	7.2.5 no

										वृद्धिः

लिट् 7.4.61 खयः instead of 7.4.60, without 7.4.62 8.4.54

Begin ज्वलादिः अन्तर्गणः । 3.1.140 ज्वलितिकसन्तेभ्यो णः ।

Krit Affix णः for subanta is optional alongwith अचः affix. Does not affect any Lakaras.

831 ज्वलँ ज्वल् P सेट्		Root 50							without 7.4.62 8.4.54	7.2.2वृद्धिः
832 चलँ चल् P सेट्		Root 51								7.2.2वृद्धिः
833 जलँ जल् P सेट्		Root 832								
834 टलँ टल् P सेट्		Root 832								
835 ट्वलँ ट्वल् P सेट्		Root 831								
836 ष्ठलँ स्थल् P सेट्		6.1.64 स् । Root 50							without 7.4.62 8.4.54	7.2.2वृद्धिः
837 हलँ हल् P सेट्		Root 50								7.2.2वृद्धिः
838 णलँ नल् P सेट्		6.1.65 न् । Root 51								7.2.2वृद्धिः
839 पलँ पल् P सेट्		Root 832								
840 बलँ बल् P सेट्		Root 832								
841 पुलँ पुल् P सेट्		Root 39								
842 कुलँ कुल् P सेट्		Root 39							7.4.62 च्	
843 शलँ शल् P सेट्		Root 832								
844 हुलँ हुल् P सेट्		Root 39							7.4.62 झ् 8.4.54 ज्	
845 पतॢ P सेट्		Root 51								3.1.55अङ् 7.4.19 पुम्
846 क्वथे P सेट्		Root 50							without 8.4.54	7.2.5 no वृद्धिः
847 पथे P सेट्		Root 51								7.2.5 no वृद्धिः
848 मथे P सेट्		Root 847								
849 टुवम P सेट्		Root 50							without 7.4.62 8.4.54	7.2.5 no वृद्धिः
850 भ्रमु P सेट्	Root 50 पक्षे श्यन् 3.1.70	Root 50 पक्षे श्यन् 3.1.70	Root 50 i/1 8.4.2ण् पक्षे श्यन् 3.1.70 i/1 8.4.2ण्	Root 50 पक्षे श्यन् 3.1.70	Root 50	Root 50	Root 50	Root 50	Root 50 option 6.4.124 ए	Root 50 7.2.5 no वृद्धिः
851 क्षर P सेट्		Root 50	i/1 8.4.2ण्						without 7.4.62	7.2.2वृद्धिः

852 Now Atmanepada. Tag (अँ) अदित् ।

852 षह A सेट्		6.1.64 स् । Root 8					लुट्	ii/3 option 8.3.79 ढ्	ii/3 option 8.3.79 ढ्	ii/3 option 8.3.79 ढ्

लुट् option 7.2.48 इट्। पक्षे अनिट्। 8.2.31 ढ् 8.2.40 ध् 8.4.41 ढ् 8.3.13 ढ् लोपः 6.3.112 ओ।

853 रमु A अनिट्	Root 8	Root 8	Root 8	Root 8	3.1.33 स्य 8.3.24 ं	6.4.71 अट् 3.1.33 स्य 8.3.24 ं	3.1.33तास् 8.3.24 ं 8.4.58 न्	3.4.102 सीय् 8.3.24 ं	Root 8	6.4.71 अट् 3.1.44सिच् 8.3.24 ं **ii/3** 8.4.58 न्

Q. Why 7.2.61 अनिट् does not apply here in Atmanepada? Whereas it applies for Parasmaipada Roots.
A. 7.2.61 applies to ii/1 लिट् थल् affix. By 3.4.82 थल् affix is only for Parasmaipada.

854 Now Parasmaipada. Tag (लृँ) ऌदित्।

854 षद्लृ P अनिट्	6.1.64 स् 7.3.78 सीद	6.1.64 स् 7.3.78 सीद	6.1.64 स् 7.3.78 सीद	6.1.64 स् 7.3.78 सीद	6.1.64 स् Root 715 8.4.55 त् instead of 7.4.49	6.1.64 स् Root 715 8.4.55 त् instead of 7.4.49	6.1.64 स् Root 715 8.4.55 त्	6.1.64 स् Root 715	6.1.64 स् Root 51 ii/1 option 7.2.63 अनिट्	6.1.64 स् Root 715
855 शद्लृ P* अनिट्	7.3.78 सीय	7.3.78 सीय	7.3.78 सीय	7.3.78 सीय	Root 715 8.4.55 त् instead of 7.4.49	Root 715 8.4.55 त् instead of 7.4.49	Root 715 8.4.55 त्	Root 715	Root 51 ii/1 option 7.2.63 अनिट्	Root 715
856 क्रुश P अनिट्	Root 687	Root 687	Root 687 without 8.4.2	Root 687	Root 687	Root 687	Root 687	Root 687	Root 687 7.4.62 च्	Root 687
857 कुच P सेट्		Root 39							7.4.62 च्	
858 बुध P सेट्		Root 39								
859 रुह P अनिट्	Root 687	Root 687	Root 687	Root 687	Root 687	Root 687	लुट्	Root 687	Root 687	Root 687

लुट् Root 687 8.2.31 ढ् 8.2.40 ध् 8.4.41 ढ् 8.3.13 ढ् लोपः।

860 कस P सेट्		Root 50							without 8.4.54	

End ज्वलादिः।

861 Now Ubhayepada. Tag (अँ) अदित्।

861 हिक्क U सेट् P Root 60 । A Root 17. लिट् 7.4.62 झ् 8.4.54 ज्

862 अञ्चु U सेट् P	Root 42	6.4.72आट् 6.1.90 वृद्धिः Root 42	Root 42	Root 42	Root 42	6.4.72आट् 6.1.90 वृद्धिः Root 42	Root 42	Root 42	Root 42 7.4.70 दीर्घः 7.4.71 नुट्	6.4.72आट् 6.1.90 वृद्धिः Root 42
A	Root 29 8.3.24 ं 8.4.58 ञ्	6.4.72आट् 6.1.90 वृद्धिः Root 29 8.3.24 ं 8.4.58 ञ्	Root 29 8.3.24 ं 8.4.58 ञ्	Root 29 8.3.24 ं 8.4.58 ञ्	Root 29 8.3.24 ं 8.4.58 ञ्	6.4.72आट् 6.1.90 वृद्धिः Root 29 8.3.24 ं 8.4.58 ञ्	Root 29 8.3.24 ं 8.4.58 ञ्	Root 29 8.3.24 ं 8.4.58 ञ्	Root 42 7.4.70 दीर्घः 7.4.71 नुट् 8.3.24 ं 8.4.58 ञ्	6.4.72आट् 6.1.90 वृद्धिः Root 29 8.3.24 ं 8.4.58 ञ्

863 टुयाचृ U सेट् P Root 49. लिट् without 7.4.62 8.4.54 । A Root 5

864 रेटृ U सेट् P Root 49. लिट् without 7.4.62 8.4.54 । A Root 5

Root										
865 चते U सेट्		P Root 51. लिट् 7.2.5 no vriddhi । A Root 8								
866 चदे U सेट्		Root 865								
867 प्रोथृ U सेट्		Root 864								
868 मिदृ U सेट्		P Root 39 । A Root 16								
869 मेदृ U सेट्		Root 864								
870 मेधृ U सेट्		Root 864								
871 णिदृ U सेट्		6.1.65 न् । Root 868								
872 णेदृ U सेट्		6.1.65 न् । Root 864								
873 शृधु U सेट्		Root 874 Note: 1.3.92 वृद्भ्यः स्यसनोः applies to Root 760 शृधु under वृतादिः अन्तर्गणः । Not here.								
874 मृधु U सेट्		P Root 219. लिट् without 8.4.54 । A Root 92								
875 बुधिर् U सेट्		P Root 40 । A Root 820. लिट् 7.4.60 instead of 7.4.61, without 7.4.62 8.4.54								
876 उबुन्दिर् U सेट्		P Root 42. लुङ् 3.1.57 option अङ् । A Root 11 without नुम्								
877 वेणृ U सेट्		Root 864								
878 खनु U सेट्		P Root 50. आशीर्लिङ् 6.4.43 option आ । लिट् 6.4.98 । A Root 17. लिट् 6.4.98								
879 चीवृ U सेट्		Root 864						ii/3 option 8.3.79 ढ्	ii/3 option 8.3.79 ढ्	ii/3 option 8.3.79 ढ्
880 चायृ U सेट्		Root 863						option 8.3.79 ढ्	option 8.3.79 ढ्	option 8.3.79 ढ्
881 व्यय U सेट्		P Root 50. लिट् without 7.4.62 8.4.54 । लुङ् 7.2.5 no vriddhi । A Root 17. आशीर्लिङ् लिट् लुङ् ii/3 option 8.3.79 ढ् ।								
882 दाशृ U सेट्		Root 863								
883 भेषृ U सेट्		Root 864	i/1 8.4.2ण्						8.4.54 ब्	
884 भ्रेषृ U सेट्		Root 883								
885 भ्लेषृ U सेट्		Root 883								
886 अस U सेट्		P Root 38 । A Root 254. लिट् 6.1.101, without 7.4.71								
887 स्पश U सेट्		P Root 50 . लिट् 7.4.61 instead of 7.4.60, without 7.4.62 8.4.54 । A Root 3								
888 लष U सेट्	Root 889 पक्षे श्यन् 3.1.70	Root 889 पक्षे श्यन् 3.1.70	Root 889 पक्षे श्यन् 3.1.70	Root 889 पक्षे श्यन् 3.1.70	Root 889	Root 889	Root 889	Root 889	Root 889	Root 889
889 चष U सेट्		P Root 51 . लिट् 7.4.61 instead of 7.4.60, without 7.4.62 8.4.54 । A Root 3								
890 छष U सेट्	Root 50	Root 50 6.1.73 त् 8.4.40 च्	Root 50 i/1 8.4.2ण्	Root 50	Root 50	Root 50 6.1.73 त् 8.4.40 च्	Root 50	Root 50	Root 50 6.1.73 त् 8.4.40 च् without 7.4.62	Root 50 6.1.73 त् 8.4.40 च्
	A Root 17	Root 17 6.1.73 त् 8.4.40 च्	Root 17	Root 17	Root 17	Root 17 6.1.73 त् 8.4.40 च्	Root 17	Root 17	Root 17 6.1.73 त् 8.4.40 च्	Root 17 6.1.73 त् 8.4.40 च्
891 झष U सेट्	P	Root 50	i/1 8.4.2ण्						without 7.4.62	
	A	Root 17							8.4.54 ज्	
892 भ्रक्ष U सेट्		P Root 56. लोट् i/1 8.4.2 ण् । A Root 29								
893 भ्लक्ष U सेट्		Root 892								
894 दासृ U सेट्		Root 863								
895 माहृ U सेट्		Root 863						ii/3 option 8.3.79 ढ्	ii/3 option 8.3.79 ढ्	ii/3 option 8.3.79 ढ्
896 गुहू U	6.4.89 ऊ	6.4.89 ऊ	6.4.89 ऊ	6.4.89 ऊ	6.4.89 ऊ	6.4.89 ऊ	6.4.89 ऊ	आशीर्लिङ्	लिट्	6.4.89 ऊ

वेट्		6.4.71 अट्			3.1.33 स्य 7.2.35 इट् 8.3.59 ष्	6.4.71 अट् 3.1.33 स्य 7.2.35 इट् 8.3.59 ष्	3.1.33तास् 7.2.35 इट्			3.1.44सिच् 7.2.35 इट्

आशीर्लिङ् Parasmaipada 3.4.104 यास् कित् no गुणः इट् ।
आशीर्लिङ् Atmanepada 3.4.102 सीय् 7.2.35 इट् 6.4.89 ऊ । **ii/3** option 8.3.79 ढ् ।
लिट् Parasmaipada 6.1.8 द्वे 7.4.60 **शेषः** 7.4.62 ज् **singular** 6.4.89 ऊ ।
लिट् Atmanepada **ii/3** option 8.3.79 ढ् ।

7.2.44 अनिट्	-	-	-	-	3.1.33 स्य 7.3.86गुणः 8.2.31 ढ् 8.2.37 घ् 8.2.41 क् 8.3.59 ष्	6.4.71 अट् 3.1.33 स्य 7.3.86गुणः 8.2.31 ढ् 8.2.37 घ् 8.2.41 क् 8.3.59 ष्	3.1.33तास् 7.3.86गुणः 8.2.31 ढ् 8.2.40 ध् 8.4.41 ढ् 8.3.13 ढ् लोपः	**P** none **A** 3.4.102 सीय् 8.2.31 ढ् 8.2.37 घ् 8.2.41 क् 8.3.59 ष्	लिट्	लुङ्

लिट् Parasmaipada **ii/1 i/2 i/3** option अनिट् **ii/1** 8.2.31 ढ् 8.2.40 ध् 8.4.41 ढ् 8.3.13 ढ् लोपः ।
लिट् Atmanepada **ii/1 ii/3 i/2 i/3** option अनिट् **ii/1** 8.2.31 ढ् 8.2.37 घ् 8.2.41 क् 8.3.59 ष् **ii/3** 8.2.31 ढ् 8.2.37 घ् 8.4.41 ढ् 8.3.13 ढ् लोपः 6.3.111 दीर्घः
लुङ् Parasmaipada 3.1.45 क्स । 6.4.71 अट् ।
लुङ् Atmanepada 3.1.45 क्स । 6.4.71 अट् । **ii/3** option 8.3.79 ढ् । **iii/1 ii/1 ii/3 i/2** 7.3.73 option क्स लोपः ।

897 श्रिञ् U सेट्	Root 236	Root 236	Root 236	Root 236	7.3.84गुणः 3.1.33 स्य 7.2.35 इट् 6.1.78 8.3.59 ष्	6.4.71 अट् 7.3.84गुणः 3.1.33 स्य 7.2.35 इट् 6.1.78 8.3.59 ष्	7.3.84गुणः 3.1.33तास् 7.2.35 इट् 6.1.78	Root 236	Root 236 ii/1 no option अनिट्	6.4.71 अट् 3.1.48चङ् ङित् no गुणः इट् 6.1.11 द्वे 7.4.60शेषः 6.4.77
A	7.3.84गुणः 6.1.78	6.4.71 अट् 7.3.84गुणः 6.1.78	7.3.84गुणः 6.1.78	7.3.84गुणः 6.1.78	7.3.84गुणः 3.1.33 स्य 7.2.35 इट् 6.1.78 8.3.59 ष्	6.4.71 अट् 7.3.84गुणः 3.1.33 स्य 7.2.35 इट् 6.1.78 8.3.59 ष्	7.3.84गुणः 3.1.33तास् 7.2.35 इट् 6.1.78	7.3.84गुणः 3.4.102 सीय् 7.2.35 इट् 6.1.78 8.3.59 ष् **iii/1 iii/2** **ii/1 ii/2** 3.4.107सुट् ii/3 option 8.3.79 ढ्	6.1.8 द्वे 7.4.60शेषः 6.4.77 ii/3 option 8.3.79 ढ्	6.4.71 अट् 3.1.48चङ् ङित् no गुणः इट् 6.1.11 द्वे 7.4.60शेषः 6.4.77
898 भृञ् U अनिट्		Root 900							लिट्	

P लिट् 6.1.8 द्वे 7.4.66 उरत् 8.4.54 ब् । **iii/2 iii/3 ii/2 ii/3** 6.1.77 यण् ।
ii/1 7.3.84 गुणः 1.1.51 **रपरः** 7.4.60 **शेषः** । **ii/1 i/2 i/3** 7.2.13 no इट् ।
iii/1 i/1 7.2.115 वृद्धिः 1.1.51 **रपरः** । **i/1** 7.1.91 वा option vriddhi. **dual plural** 1.2.5 कित् thus no गुणः ।
A लिट् 6.1.8 द्वे 7.4.66 उरत् 8.4.54 ब् । 1.2.5 कित् thus no गुणः । **iii/1 iii/2 iii/3 ii/2 ii/3 i/1** 6.1.77 यण् ।
ii/1 ii/3 i/2 i/3 7.2.13 no इट् । **ii/3** 8.3.78 ढ् ।

899 हृञ् U अनिट् **P** Root 900. लिट् 7.4.62 । **A** Root 900. लिट् 7.4.62

900 धृञ् U अनिट् P	Root 807	Root 807	Root 807	Root 807	Root 807	Root 807	Root 807	3.4.104 यास् कित्	लिट्	Root 807

								no गुणः 7.4.28 रि		

लिट् 6.1.8 द्वे 7.4.66 उरत् 8.4.54 द् । **dual plural** 1.2.5 कित् thus no गुणः । 6.1.77 यण् ।
ii/1 7.3.84 गुणः 1.1.51 **रपरः** 7.4.60 **शेषः**। 7.2.61 no **इट्** । **i/2 i/3** 7.2.13 7.2.35 इट् **Rest** no इट् since no वलादिः
iii/1 i/1 7.2.115 वृद्धिः 1.1.51 **रपरः** । **i/1** 7.1.91 वा option vriddhi.

A	7.3.84गुणः 1.1.51	6.1.71 अट् 7.3.84गुणः 1.1.51	7.3.84गुणः 1.1.51 i/1 8.4.2ण्	7.3.84गुणः 1.1.51	7.3.84गुणः 1.1.51 3.1.33 स्य 7.2.70 इट् 8.3.59 ष्	6.1.71 अट् 7.3.84गुणः 1.1.51 3.1.33 स्य 7.2.70 इट् 8.3.59 ष्	7.3.84गुणः 1.1.51 3.1.33तास् iii/1 iii/2 iii/3 ii/1 ii/3 स् लोपः	3.4.102 सीय् 1.2.12कित् no गुणः 8.3.59 ष् **ii/3** 8.3.78 ढ्	लिट्	6.1.71 अट् 3.1.44सिच् 1.2.12कित् no गुणः **iii/1 ii/1** 8.2.27 स् लोपः **Rest** 8.3.59 ष्

लिट् 6.1.8 द्वे 7.4.66 उरत् 8.4.54 द् । 6.1.77 यण् । 1.2.5 कित् thus no गुणः ।
ii/1 ii/3 i/2 i/3 7.2.13 7.2.35 इट् **Rest** no इट् since no वलादिः affix. **ii/3** 8.3.79 option ढ् ।

901 णीञ् U अनिट्	Root 236	Root 236	Root 236 without 8.4.2	Root 236	Root 236	Root 236	Root 236	Root 236	लिट्	Root 236

लिट् 6.1.8 द्वे 7.4.59 ह्रस्वः । ii/1 i/2 i/3 7.2.13 7.2.35 इट् Rest 1.2.5 कित् thus इट् न ।
iii/1 i/1 7.2.115 वृद्धिः । ii/1 7.3.84 गुणः । i/1 option 7.1.91 वृद्धिः । singular 6.1.78 । ii/1 7.2.61 7.2.63 option अनिट्। dual plural 6.4.82 य् ।

A	7.3.84गुणः 6.1.78	6.4.71 अट् 7.3.84गुणः 6.1.78	7.3.84गुणः 6.1.78	7.3.84गुणः 6.1.78	7.3.84गुणः 3.1.33 स्य 8.3.59 ष्	6.4.71 अट् 7.3.84गुणः 3.1.33 स्य 8.3.59 ष्	7.3.84गुणः 3.1.33तास्	7.3.84गुणः 3.4.102 सीय् 8.3.59 ष् iii/1 iii/2 ii/1 ii/2 3.4.107सुट् ii/3 8.3.78 ढ्	6.1.8 द्वे 7.4.59 ह्रस्वः 6.4.82 य् ii/3 option 8.3.79 ढ्	6.4.71 अट् 3.1.44सिच् 7.3.84गुणः 8.3.59 ष्

902 Now Parasmaipada. Tag (ट्) टित् । अनिट् ।

902 धेट् P अनिट्	6.1.78अय्	6.4.71अट् 6.1.78अय्	6.1.78अय्	6.1.78अय्	3.1.33 स्य 6.1.45 आ	6.4.71अट् 3.1.33 स्य 6.1.45 आ	3.1.33तास् 6.1.45 आ	आशीर्लिङ्	लिट्	लुङ्

आशीर्लिङ् 3.4.104 यास् 6.1.45 आ 6.4.67 ए । iii/1 iii/2 ii/2 ii/3 3.4.107 सुट् 8.2.29 स् लोपः । ii/1 6.1.68 स् लोपः
लिट् 6.1.45 आ 6.1.8 द्वे 7.4.59 ह्रस्वः 8.4.54 द् । **iii/1 i/1** 7.1.34 औ 6.1.88 वृद्धिः । **ii/1** 7.2.61 7.2.63 अनिट् option
ii/1 i/2 i/3 7.2.13 7.2.35 इट् **Rest** 1.2.5 कित् thus इट् न ।
लुङ् 6.4.71 अट् option 3.1.49 चङ् । option 2.4.78 सिच् लोपः । 3.1.44 सिच् 6.1.45 आ 7.2.73 इट् ।
iii/1 ii/1 7.3.96 ईट् । 8.2.28 स् लोपः । **Rest** 8.3.59 ष्

903 ग्लै P अनिट्	Root 902 6.1.78आय्	Root 902 6.1.78आय्	Root 902 6.1.78आय्	Root 902 6.1.78आय्	Root 902	Root 902	Root 902	Root 902 option 6.4.68 ए पक्षे 7.4.25 आ	Root 902 7.4.60 instead of 7.4.59 7.4.62 instead	Root 902 without optionचङ् without option

									of 8.4.54	सिच् लोपः
904 म्लै P अनिट्		Root 903							without 7.4.62	
905 द्यै P अनिट्		Root 904								
906 द्रै P अनिट्		Root 904	i/1 8.4.2ण्							
907 ध्रै P अनिट्		Root 904	i/1 8.4.2ण्						8.4.54 द्	
908 ध्यै P अनिट्		Root 904							8.4.54 द्	
909 रै P अनिट्		Root 914	i/1 8.4.2ण्							
910 स्त्यै P अनिट्		Root 904							7.4.61 instead of 7.4.60	
911 ष्ट्यै P अनिट्		6.1.64 स् । Identical to Root 910								
912 खै P अनिट्		Root 914							7.4.62 छ् 8.4.54 च्	
913 क्षै P अनिट्		Root 904							7.4.62 च्	
914 जै P अनिट्		Root 904						without option 6.4.68 ए	without 7.4.60	
915 षै P अनिट्		6.1.64 स् । Root 914								
916 कै P अनिट्		Root 914							7.4.62 च्	
917 गै P अनिट्		Root 914							7.4.62 ज्	
918 शै P अनिट्		Root 914								
919 श्रै P अनिट्		Root 904	i/1 8.4.2ण्							
920 पै P अनिट्		Root 914								
921 ओवै P अनिट्		Root 914								
922 ष्टै P अनिट्		6.1.64 स् । Root 904							7.4.61 instead of 7.4.60	
923 ष्णै P अनिट्		6.1.64 स् । Root 904								
924 दैप् P अनिट्		Root 914								
925 पा P अनिट्	7.3.78 पिब 6.1.97	6.4.71अट् 7.3.78 पिब 6.1.97	7.3.78 पिब 6.1.97	7.3.78 पिब 6.1.97	3.1.33 स्य	6.4.71अट् 3.1.33 स्य	3.1.33तास्	6.4.67 ए	लिट्	6.4.71अट् 3.1.44सिच् 2.4.77सिच् लुक्

लिट् 6.1.8 द्वे 7.4.59 ह्रस्वः । **iii/1 i/1** 7.1.34 औ 6.1.88 वृद्धिः । Rest 6.4.64 आ लोपः । **ii/1** 7.2.61 7.2.63 अनिट् option. **ii/1 i/2 i/3** 7.2.13 7.2.35 इट् **Rest** 1.2.5 कित् thus इट् न ।

926 घ्रा P अनिट्	7.3.78 जिघ्र 6.1.97	6.4.71अट् 7.3.78जिघ्र 6.1.97	7.3.78 जिघ्र 6.1.97	7.3.78 जिघ्र 6.1.97	Root 925	Root 925	Root 925	Root 925 option 6.4.68 ए	Root 925 7.4.62 झ् 8.4.54 ज्	Root 925 option 2.4.78सिच् लुक्
927 ध्मा P अनिट्	7.3.78 धम 6.1.97	6.4.71अट् 7.3.78धम 6.1.97	7.3.78 धम 6.1.97	7.3.78 धम 6.1.97	Root 925	Root 925	Root 925	Root 925 option 6.4.68 ए	Root 925 7.4.60शेषः 8.4.54 द्	3.1.44सिच् Root 49
928 ष्ठा P* अनिट्	7.3.78 तिष्ठ 6.1.97	6.4.71अट् 7.3.78 तिष्ठ	7.3.78 तिष्ठ	7.3.78 तिष्ठ	6.1.64 स् Root 925	6.1.64 स् Root 925	6.1.64 स् Root 925	6.1.64 स् Root 925	Root 925 7.4.61खयः	6.1.64 स् Root 925

1.3.23 Atmane pada	7.3.78 तिष्ठ Root 29 6.1.97	6.1.97 7.3.78 तिष्ठ Root 29 6.1.97	6.1.97 7.3.78 तिष्ठ Root 29 6.1.97	6.1.97 7.3.78 तिष्ठ Root 29 6.1.97	6.1.64 स् 3.1.33 स्य	6.1.64 स् 6.4.71अट् 3.1.33 स्य	6.1.64 स् 3.1.33तास्	6.1.64 स् 3.4.102 सीय् iii/1 iii/2 ii/1 ii/2 3.4.107सुट्	8.4.54 त् लिट्	लुङ्

लिट् 6.1.64 स् 6.1.8 द्वे 7.4.61खयः 7.4.59 ह्रस्वः 8.4.54 त् ।

ii/1 ii/3 i/2 i/3 7.2.13 7.2.35 इट् । **Rest** 1.2.5 कित् thus इट् न ।

लुङ् 6.1.64 स् 6.4.71 अट् 3.1.44 सिच् 1.2.17 इ । **iii/1 ii/1** 8.2.27 स् लोपः । **Rest** 8.3.59 ष् । **ii/3** 8.3.78 ढ्

929 म्ना P अनिट्	7.3.78मन 6.1.97	6.4.71अट् 7.3.78 मन	7.3.78 मन	7.3.78 मन	Root 925	Root 925	Root 925	Root 925 option 6.4.68 ए	Root 925 7.4.60शेषः	3.1.44सिच् Root 49
930 दाण् P अनिट्	7.3.78 यच्छ 6.1.97	6.4.71अट् 7.3.78 यच्छ 6.1.97	7.3.78 यच्छ 6.1.97	7.3.78 यच्छ 6.1.97	Root 925	Root 925	Root 925	Root 925	Root 925	Root 925
931 ह्वृ P अनिट्		Root 807								
932 स्वृ P वेट्	Root 807	Root 807	Root 807	Root 807	-	-	पक्षे अनिट् 7.2.44	Root 807	8.4.54 ज् **ii/1** पक्षे अनिट् 7.2.44	पक्षे अनिट् 7.2.44
सेट्	-	-	-	-	Root 807	Root 807	Root 807	-	Root 807	Root 807
933 स्मृ P अनिट्		Identical to Root 807								
934 ह्वृ P अनिट्		Identical to Root 931								
935 सृ P अनिट्	**P** Root 898 पक्षे 7.3.78 vartika धौ 6.1.78आव्	**P** Root 898 पक्षे 7.3.78 vartika धौ 6.1.78आव्	**P** Root 898 पक्षे 7.3.78 vartika धौ 6.1.78आव्	**P** Root 898 पक्षे 7.3.78 vartika धौ 6.1.78आव्	**P** Root 898	**P** Root 898	**P** Root 898	**P** Root 898	**P** Root 898	**P** Root 898
936 ऋ P अनिट्	7.3.78 ऋच्छ 6.1.97	6.4.72आट् 6.1.90 वृद्धिः 7.3.78 ऋच्छ 6.1.97	7.3.78 ऋच्छ 6.1.97	7.3.78 ऋच्छ 6.1.97	3.1.33 स्य 7.3.84गुणः 1.1.51 7.2.70 इट् 8.3.59 ष्	6.4.72आट् 6.1.90 वृद्धिः 3.1.33 स्य 7.3.84गुणः 1.1.51 7.2.70 इट् 8.3.59 ष्	3.1.33तास् 7.3.84गुणः 1.1.51	3.4.104 यास् कित् no गुणः 7.4.29गुणः 1.1.51	लिट्	6.4.72आट् 6.1.90 वृद्धिः 3.1.44सिच् 8.3.59 ष्

लिट् 6.1.8 द्वे 7.4.70 दीर्घः 6.1.101 **iii/1 i/1** 7.2.115 वृद्धिः 7.4.66 **ii/1** 7.2.66 इट् 7.3.84 गुणः 1.1.51 **Rest** 1.2.5 कित् no गुणः 7.4.11 गुणः 1.1.51 **i/2 i/3** 7.2.13 7.2.35 इट्

937 गृ P अनिट्		**P** Root 900							7.4.62 ज् instead of 8.4.54	
938 घृ P अनिट्		Root 937								
939 ध्वृ P अनिट्		Root 807								
940 स्रु P अनिट्	Root 236	Root 236	Root 236	Root 236	Root 236	Root 236	Root 236	Root 236	लिट्	लुङ्

लिट् Root 236 **ii/2 i/2 i/3** 7.2.13 अनिट् only ii/1 without 7.2.61

	लुङ् 6.4.71 अट् 3.1.48 चङ् 6.1.11 द्वे 7.4.60 शेषः 6.4.77									
941 षु P अनिट्		6.1.64 स् । Root 236. लोट् without 8.4.2								
942 श्रु P अनिट्	3.1.74 श्रु iii/1 ii/1 i/1 7.3.84गुणः 8.4.1 ण् **i/2 i/3** 6.4.107 option लोपः	6.4.71 अट् 3.1.74 श्रु iii/1 ii/1 i/1 7.3.84गुणः 8.4.1 ण् **i/2 i/3** 6.4.107 option लोपः	3.1.74 श्रु 8.4.1 ण् **iii/1 i/1** **i/2 i/3** 7.3.84गुणः	3.1.74 श्रु 8.4.1 ण्	Root 236	Root 236	Root 236	Root 236	Root 236 7.4.62 च् ii/1 i/2 i/3 7.2.13 अनिट्	Root 236
943 ध्रु P अनिट्		Root 236								
944 दु P अनिट्		Root 236. लोट् without 8.4.2								
945 द्रु P अनिट्		Root 940								
946 जि P अनिट्		Root 236. लोट् without 8.4.2								
947 ज्रि P अनिट्		Root 236								

948 Now Atmanepada. Tag (ङ्) ङित् ।

948 ष्मिङ् A अनिट्		Root 959							7.4.60शेषः 8.3.59 ष्	
949 गुङ् A अनिट्		Root 959							7.4.62 ज्	
950 गाङ् A अनिट्	6.1.101	6.4.71अट् 6.1.101	6.1.101	6.1.101	3.1.33 स्य	6.4.71अट् 3.1.33 स्य	3.1.33तास्	3.4.102 सीय्	लिट्	6.4.71अट् 3.1.44सिच्
	लिट् 6.1.8 द्वे 6.4.64 लोपः 7.4.62 ज् 7.4.59 **ii/1 ii/3 i/2 i/3** 7.2.13 7.2.35 इट् ।									
951 कुङ् A अनिट्		Root 959							7.4.62 ज्	
952 घुङ् A अनिट्		Root 959							7.4.62 झ् 8.4.54 ज्	
953 उङ् A अनिट्	Root 959	6.4.72आट् 6.1.90 वृद्धिः Root 959	Root 959	Root 959	Root 959	6.4.72आट् 6.1.90 वृद्धिः Root 959	Root 959	Root 959	Root 959 6.1.101	6.4.72आट् 6.1.90 वृद्धिः Root 959
954 ङुङ् A अनिट्		Root 959							7.4.62 ज्	
955 च्युङ् A अनिट्		Root 959							7.4.60शेषः	
956 ज्युङ् A अनिट्		Root 959							7.4.60शेषः	
957 प्रुङ् A अनिट्		Root 959							7.4.60शेषः	
958 प्लुङ् A अनिट्		Root 959							7.4.60शेषः	
959 रुङ् A अनिट्	7.3.84गु णः 6.1.78 sandhi	6.4.71अट् 7.3.84गुणः 6.1.78 sandhi	7.3.84गुणः 6.1.78 sandhi	7.3.84गुणः 6.1.78 sandhi	3.1.33 स्य 7.3.84गुणः 8.3.59 ष्	6.4.71अट् 3.1.33 स्य 7.3.84गुणः 8.3.59 ष्	3.1.33तास् 7.3.84गुणः	3.4.102 सीय् 7.3.84गुणः 8.3.59 ष् **ii/3** 8.3.78 ढ्	1.2.5 कित् no गुणः 6.1.8 द्वे 6.4.77 **ii/1 ii/3** **i/2 i/3** 7.2.13 7.2.35 इट् ii/3 option 8.3.78 ढ्	6.4.71अट् 3.1.44सिच् 7.3.84गुणः 8.3.59 ष् **ii/3** 8.3.78 ढ्

960 धृङ् A अनिट्	7.3.84गुणः 1.1.51	6.4.71अट् 7.3.84गुणः 1.1.51	7.3.84गुणः 1.1.51	7.3.84गुणः 1.1.51	3.1.33 स्य 7.3.84गुणः 1.1.51 7.2.70 इट् 8.3.59 ष्	6.4.71अट् 3.1.33 स्य 7.3.84गुणः 1.1.51 7.2.70 इट् 8.3.59 ष्	3.1.33तास् 7.3.84गुणः 1.1.51	3.4.102 सीय् 1.2.12कित् no गुणः 8.3.59 ष् **ii/3** 8.3.78 ढ्	लिट्	लुङ्

लिट् 1.2.5 कित् no गुणः 6.1.8 द्वे 7.4.66 उरत् 6.1.77 यण् 8.4.54 द् **ii/1 ii/3 i/2 i/3** 7.2.13 7.2.35 इट् **ii/3** option 8.3.78 ढ् ।
लुङ् 6.4.71अट् 3.1.44 सिच् 1.2.12 कित् no गुणः **iii/I ii/1** 8.2.27 स् लोपः **ii/3** 8.2.25 स् लोपः 8.3.78 ढ् **Rest** 8.3.59 ष्

961 मेङ् A अनिट्	6.1.78अय्	6.4.71अट् 6.1.78अय्	6.1.78अय्	6.1.78अय्	6.1.45 आ 3.1.33 स्य	6.1.45 आ 6.4.71अट् 3.1.33 स्य	6.1.45 आ 3.1.33तास्	6.1.45 आ 3.4.102 सीय्	लिट्	6.1.45 आ 6.4.71अट् 3.1.44सिच्

लिट् 6.1.45 आ 6.1.8 द्वे 6.4.64 लोपः 7.4.59 ह्रस्वः **ii/1 ii/3 i/2 i/3** 7.2.13 7.2.35 इट् ।

962 देङ् A अनिट्	Root 961	Root 961	Root 961	Root 961	Root 961	Root 961	Root 961	Root 961	लिट्	Root 961 **ii/3** 8.3.78 ढ्

लिट् 6.1.45 आ 7.4.9 दिगि no reduplication by paribhasha. 6.4.82
ii/1 ii/3 i/2 i/3 7.2.13 7.2.35 इट् **ii/3** option 8.3.79 ढ्

963 श्यैङ् A अनिट्	6.1.78आय्	6.4.71अट् 6.1.78आय्	6.1.78आय्	6.1.78आय्	Root 961	Root 961	Root 961	Root 961	Root 961 7.4.60 **ii/3** option 8.3.79 ढ्	Root 961
964 प्यैङ् A अनिट्		Root 963								
965 त्रैङ् A अनिट्		Root 963								
966 पूङ् A सेट्	Root 959	Root 959	Root 959	Root 959	3.1.33 स्य 7.3.84गुणः 7.2.35 इट् 6.1.78 8.3.59 ष्	6.4.71अट् 3.1.33 स्य 7.3.84गुणः 7.2.35 इट् 6.1.78 8.3.59 ष्	3.1.33तास् 7.3.84गुणः 7.2.35 इट् 6.1.78	3.4.102 सीय् 7.3.84गुणः 7.2.35 इट् 6.1.78 8.3.59 ष् **ii/3** option 8.3.79 ढ्	लिट्	6.4.71अट् 3.1.44सिच् 7.3.84गुणः 7.2.35 इट् 6.1.78 8.3.59 ष् **ii/3** option 8.3.79 ढ्

लिट् 1.2.5 कित् no गुणः 6.1.8 द्वे 7.4.59 ह्रस्वः 6.4.77 **ii/1 ii/3 i/2 i/3** 7.2.13 7.2.35 इट् **ii/3** option 8.3.79 ढ् ।

967 मूङ् A सेट्		Root 966								
968 डीङ् A सेट्		Root 966							लिट्	

लिट् 1.2.5 कित् no गुणः । 6.1.8 द्वे 7.4.59 ह्रस्वः 6.4.82
ii/1 ii/3 i/2 i/3 7.2.13 7.2.35 इट् । **ii/3** option 8.3.78 ढ् ।

969 Now Parasmaipada.

969 तॄ P सेट्	Root 807	Root 807	Root 807	Root 807	3.1.33 स्य 7.3.84गुणः 1.1.51 7.2.35 इट् 8.3.59 ष् 7.2.38 option	6.4.71अट् 3.1.33 स्य 7.3.84गुणः 1.1.51 7.2.35 इट् 8.3.59 ष् 7.2.38	3.1.33तास् 7.3.84गुणः 1.1.51 7.2.35 इट् 7.2.38 option	3.4.104 यास् कित् no गुणः इट् 7.1.100 इ 1.1.51 8.2.77 दीर्घः	लिट्	Root 807 7.2.35 इट्

					दीर्घः	option दीर्घः	दीर्घः			

लिट् 6.1.8 द्वे 7.4.60 शेषः **ii/1 i/2 i/3** 7.2.13 7.2.35 इट् **Rest** no इट् since no वलादिः affix.
iii/1 i/1 7.2.115 वृद्धिः 1.1.51 **रपरः** । **i/1** 7.1.91 वा optional vriddhi. **ii/1** 7.3.84 गुणः 1.1.51 **रपरः** । 6.4.122 ए ।
dual plural 1.2.5 कित् thus no गुणः by 7.3.84 but गुणः by 7.4.11, 6.4.122 ए ।

970 Now Atmanepada. Tag (ङ्) ङित् ।

970 गुप A सेट्	3.1.5 सन् 1.2.10कित् no गुणः 6.1.9 द्वे 7.4.60शेषः 7.4.62 ज् 3.2.123 लट् 3.1.68 शप् 6.1.97	6.4.71 अट् 3.1.5 सन् 1.2.10कित् no गुणः 6.1.9 द्वे 7.4.60शेषः 7.4.62 ज् 3.2.111 लङ् 3.1.68 शप्	3.1.5 सन् 1.2.10कित् no गुणः 6.1.9 द्वे 7.4.60शेषः 7.4.62 ज् 3.3.162 लोट् 3.1.68 शप् 6.1.97	3.1.5 सन् 1.2.10कित् no गुणः 6.1.9 द्वे 7.4.60शेषः 7.4.62 ज् 3.3.161 विधिलिङ् 3.1.68 शप् 6.1.97	3.1.5 सन् 1.2.10कित् no गुणः 6.1.9 द्वे 7.4.60शेषः 7.4.62 ज् 3.3.13 लृट् 3.1.33 स्य 7.2.35 इट् 8.3.59 ष्	6.4.71 अट् 3.1.5 सन् 1.2.10कित् no गुणः 6.1.9 द्वे 7.4.60शेषः 7.4.62 ज् 3.3.139 लृङ् 3.1.33 स्य 7.2.35 इट् 8.3.59 ष्	3.1.5 सन् 1.2.10कित् no गुणः 6.1.9 द्वे 7.4.60शेषः 7.4.62 ज् 3.3.15 लुट् 3.1.33तास् 7.2.35 इट्	3.1.5 सन् 1.2.10कित् no गुणः 6.1.9 द्वे 7.4.60शेषः 7.4.62 ज् 3.3.173 आशीर्लिङ् 3.4.102 सीय् 7.2.35 इट् 8.3.59 ष्	3.1.5 सन् 1.2.10कित् no गुणः 6.1.9 द्वे 7.4.60शेषः 7.4.62 ज् 3.2.115 लिट् 3.1.35आम् 3.1.40 कृ **ii/3** 8.3.78 ढ्	6.4.71 अट् 3.1.5 सन् 1.2.10कित् no गुणः 6.1.9 द्वे 7.4.60शेषः 7.4.62 ज् 3.2.110 लुङ् 3.1.44सिच् 7.2.35 इट् 8.3.59 ष्
971 तिज A सेट्		Root 970 । 8.2.30 ग् 8.4.55 क् 8.3.59 ष्								
972 मान A सेट्		3.1.6 सन् । Root 970 । 7.4.59 ह्रस्वः 7.4.79 इ 3.1.6 दीर्घः 8.3.24 ं								
973 बध A सेट्		Root 972 । 8.2.37 भ् 8.4.55 त् । without 7.4.59, 8.3.24								
974 रभ A अनिट्	Root 8	Root 8	Root 8	Root 8	3.1.33 स्य 8.4.55 प्	6.4.71अट् 3.1.33 स्य 8.4.55 प्	3.1.33तास् 8.2.40 ध् 8.4.53 ब्	3.4.102 सीय् iii/1 iii/2 ii/1 ii/2 3.4.107सुट्	Root 8	लुङ्

लुङ् 6.4.71 अट् 3.1.44 सिच् । **iii/1 ii/1** 8.2.26 स् लोपः । 8.2.40 ध् 8.4.53 ब् ।
ii/3 8.2.25 स् लोपः । 8.4.53 ब् । **Rest** 8.4.55 प् ।

975 डुलभष् A अनिट्		Root 974								
976 ष्वञ्ज A अनिट्	6.1.64 स् Root 853 6.4.25 ञ् लोपः	6.1.64 स् Root 853 6.4.25 ञ् लोपः	6.1.64 स् Root 853 6.4.25 ञ् लोपः	6.1.64 स् Root 853 6.4.25 ञ् लोपः	6.1.64 स् Root 853 8.2.30 ग् 8.4.55 क् 8.4.58 ङ्	6.1.64 स् Root 853 8.2.30 ग् 8.4.55 क् 8.4.58 ङ्	6.1.64 स् Root 853 8.2.30 ग् 8.4.55 क्	6.1.64 स् Root 853 8.2.30 ग् 8.4.55 क् 8.4.58 ङ्	6.1.64 स् Root 17 option 1.2.6 Vartika hence 6.4.24 ञ् लोपः	6.1.64 स् Root 853 8.2.30 ग् 8.4.55 क् 8.4.58 ङ्
977 हद A अनिट्	Root 8	Root 8	Root 8	Root 8	Root 974	Root 974	3.1.33तास् 8.4.55 त्	Root 974	Root 17 7.4.62 झ् 8.4.54 ज्	लुङ्

लुङ् 6.4.71 अट् 3.1.44 सिच् । **iii/1 ii/1** 8.2.26 स् लोपः । 8.4.55 त् । **ii/3** 8.2.25 स् लोपः । **Rest** 8.4.55 त् ।

978 Now Parasmaipada. अनिट् except for Root 978.

978 ञिष्विदा P सेट् 6.1.64 स् । Root 39 । लिट् 8.3.59 ष्

979 स्कन्दिर् P अनिट्	Root 46	Root 46	Root 46	Root 46	Root 715	Root 715	Root 715 8.4.65 option झर् लोपः	Root 46 6.4.24 न् लोपः	लिट्	लुङ्

लिट् Root 46 7.4.61 (not 7.4.60) 7.4.62 च् । **ii/1** पक्षे अनिट् 8.4.65 option झर् लोपः ।
लुङ् 6.4.71 अट् 3.1.44 सिच् 7.2.3 वृद्धिः 3.1.57 option अङ् 6.4.24 न् लोपः ।

980 यभ P अनिट्	Root 715	Root 715	Root 715	Root 715	Root 715 8.4.55 प् instead of 7.4.49	Root 715 8.4.55 प् instead of 7.4.49	Root 715 8.2.40 ध् 8.4.53 ब्	Root 715	Root 51 **ii/1** 7.2.62 7.2.63 पक्षे अनिट् 8.2.40 ध् 8.4.53 ब्	Root 985 **iii/2 ii/2** **ii/3** 8.2.26 स् लोपः 8.2.40 ध् 8.4.53 ब् **Rest** 8.4.55 प्
981 णम P अनिट्	6.1.65 न् Root 715	6.1.65 न् Root 715	6.1.65 न् Root 715	6.1.65 न् Root 715	6.1.65 न् Root 715 8.3.24 ं instead of 7.4.49	6.1.65 न् Root 715 8.3.24 ं instead of 7.4.49	6.1.65 न् Root 715 8.3.24 ं 8.4.58 न्	6.1.65 न् Root 715	6.1.65 न् Root 985 **ii/1** Root 985 8.3.24 ं 8.4.58 न्	लुङ्

लुङ् 6.4.71 अट् 3.1.44 सिच् 7.2.73 इट् 8.3.24 ं ।

982 गमॢ P अनिट्	7.3.77गच्छ 6.1.73 त् 8.4.40 च्	7.3.77गच्छ 6.1.73 त् 8.4.40 च् 6.4.71 अट्	7.3.77गच्छ 6.1.73 त् 8.4.40 च्	7.3.77गच्छ 6.1.73 त् 8.4.40 च्	3.1.33 स्य 7.2.58 इट् 8.3.59 ष्	6.4.71 अट् 3.1.33 स्य 7.2.58 इट् 8.3.59 ष्	3.1.33तास् 8.3.24 ं 8.4.58 न्	3.4.104 यास् **ii/1** 6.1.68 स् लोपः	लिट्	6.4.71 अट् 3.1.55अङ्

लिट् 6.1.8 द्वे dual plural 6.4.98 उपधा लोपः । **ii/1 Root 52** पक्षे अनिट् 7.2.62 7.2.63 8.3.24 ं 8.4.58 न् ।

983 सृपॢ P अनिट्	Root 430	Root 430	Root 430	Root 430	3.1.33 स्य 7.3.86गुणः 6.1.59 option अम् 6.1.77 यण्	6.4.71 अट् 7.3.86गुणः 3.1.33 स्य 6.1.59 option अम् 6.1.77 यण्	3.1.33तास् 7.3.86गुणः 6.1.59 option अम् 6.1.77 यण्	Root 430	Root 430	6.4.71 अट् 3.1.55अङ् no guna

लिट् Q. ii/1 no पक्षे अनिट् why? A. पक्षे अनिट् happens only by 7.2.62 and 7.2.63 combination. For these sutras to apply, Root must have vowel अ ।

984 यम P अनिट्	Root 982	Root 982	Root 982	Root 982	3.1.33 स्य 8.3.24 ं	6.4.71 अट् 3.1.33 स्य 8.3.24 ं	Root 982	Root 982	Root 985 **ii/1** Root 985 8.3.24 ं 8.4.58 न्	**Root 981** (no 6.1.65)
985 तप P अनिट्	Root 51	Root 51	Root 51	Root 51	3.1.33 स्य	6.4.71 अट् 3.1.33 स्य	3.1.33तास्	Root 51	Root 51 **ii/1** पक्षे अनिट् 7.2.62 7.2.63	लुङ्

लुङ् 6.4.71 अट् 3.1.44 सिच् 7.2.3 वृद्धिः **iii/2 ii/2 ii/3** 8.2.26 स् लोपः **Rest** 8.3.59 ष् ।

986 त्यज P अनिट्	Root 51	Root 51	Root 51	Root 51	3.1.33 स्य 8.2.30 ग्	6.4.71 अट् 3.1.33 स्य	3.1.33तास् 8.2.30 ग्	Root 51	लिट्	लुङ्

					8.3.59 ष् 8.4.55 क्	8.2.30 ग् 8.3.59 ष् 8.4.55 क्	8.4.55 क्			

लिट् **Root 50** (no 7.4.62 8.4.54) **ii/1** पक्षे अनिट् 7.2.62 7.2.63, 8.2.30 ग् 8.4.55 क् ।
लुङ् Root 985 8.2.30 ग् 8.4.55 क् **iii/2 ii/2 ii/3** 8.2.26 स् लोपः **Rest** 8.3.59 ष् ।

987 षञ्ज P अनिट्	6.1.64 स् 6.4.25 न् लोपः	6.1.64 स् 6.4.25 न् लोपः 6.4.71 अट्	6.1.64 स् 6.4.25 न् लोपः	6.1.64 स् 6.4.25 न् लोपः	3.1.33 स्य 8.2.30 ग् 8.3.59 ष् 8.4.55 क् 8.3.24 ं 8.4.58 ङ्	6.4.71 अट् 3.1.33 स्य 8.2.30 ग् 8.3.59 ष् 8.4.55 क् 8.3.24 ं 8.4.58 ङ्	3.1.33तास् 8.2.30 ग् 8.4.55 क् 8.3.24 ं 8.4.58 ङ्	3.4.104 यास् 6.4.24 न् लोपः	लिट्	लुङ्

लिट् Root 50 (no 7.4.62 8.4.54) 6.1.64 स् **ii/1** पक्षे अनिट् 7.2.62 7.2.63 8.2.30 ग् 8.4.55 क् ।
लुङ् 6.1.64 स् 6.4.71 अट् 3.1.44 सिच् 7.2.3 वृद्धिः 8.2.30 ग् 8.4.55 क् 8.3.24 ं 8.4.58 ङ् ।
iii/2 ii/2 ii/3 8.2.26 स् लोपः **Rest** 8.3.59 ष् ।

988 दृशिर् P अनिट्	7.3.78**पश्य** 6.1.97	7.3.78**पश्य** 6.1.97 6.4.71 अट्	7.3.78**पश्य** 6.1.97	7.3.78**पश्य** 6.1.97	3.1.33 स्य 6.1.58अम् 6.1.77यण् 8.2.36 ष् 8.2.41 क् 8.3.59 ष्	6.4.71 अट् 3.1.33 स्य 6.1.58अम् 6.1.77यण् 8.2.36 ष् 8.2.41 क् 8.3.59 ष्	3.1.33तास् 6.1.58अम् 6.1.77यण् 8.4.41 ट्	Root 430	लिट्	लुङ्

लिट् Root 430 **ii//1** 7.2.65 पक्षे अनिट् 6.1.58 अम् 6.1.8 द्वे 7.4.60 शेषः 7.4.66 उरत् 6.1.77 यण् 8.2.36 ष् 8.4.41 ठ्
लुङ् 6.4.71 अट् 3.1.44 सिच् 6.1.58 अम् 7.2.3 वृद्धिः 6.1.77 यण् 8.2.36 ष् ।
iii/2 ii/2 ii/3 8.2.26 स् लोपः 8.4.41 ट् **Rest** 8.2.41 क् 8.3.59 ष् ।
लुङ् पक्षे 3.1.57 अङ् 6.4.71 अट् 7.4.16 गुणः ।

989 दंश P अनिट्	6.4.25 न् लोपः	6.4.25 न् लोपः 6.4.71 अट्	6.4.25 न् लोपः	6.4.25 न् लोपः	3.1.33 स्य 8.2.36 ष् 8.2.41 क् 8.3.59 ष् 8.3.24 ं 8.4.58 ङ्	6.4.71 अट् 3.1.33 स्य 8.2.36 ष् 8.2.41 क् 8.3.59 ष् 8.3.24 ं 8.4.58 ङ्	3.1.33तास् 8.2.36 ष् 8.3.24 ं 8.4.41 ट्	3.4.104 यास् 6.4.24 न् लोपः **ii/1** 6.1.68 स् लोपः	लिट्	लुङ्

लिट् Root 50 (no 7.4.62 8.4.54) **ii/1** पक्षे अनिट् 7.2.62 7.2.63 8.2.36 ष् 8.3.24 ं 8.4.41 ठ् ।
लुङ् 3.1.44 सिच् 7.2.3 वृद्धिः 8.2.36 ष् 8.3.59 ष् ।
iii/2 ii/2 ii/3 8.2.26 स् लोपः 8.3.24 ं 8.4.41 ट् । **Rest** 8.2.41 क् 8.3.59 ष् 8.3.24 ं 8.4.58 ङ् ।

990 कृष P अनिट्	Root 430	Root 430	Root 430	Root 430	Root 983 8.2.41 क् 8.3.59 ष्	Root 983 8.2.41 क् 8.3.59 ष्	Root 983 8.4.41 ट्	Root 430	Root 430 7.4.62 च्	लुङ्

लिट् Q. ii/1 no पक्षे अनिट् why? A. पक्षे अनिट् happens only by 7.2.62 and 7.2.63 combination. For these sutras to apply, Root must have vowel अ ।
लुङ् 6.4.71 अट् 3.1.45 क्स 8.2.41 क् 8.3.59 ष् ।
3.1.44 Vartika option सिच् 7.2.3 वृद्धिः 8.2.41 क् 8.3.59 ष् । **iii/2 ii/2 ii/3** 8.2.26 स् लोपः 8.4.41 ट् ।
3.1.44 Vartika option सिच् 7.2.3 6.1.59 option अम् 7.2.3 वृद्धिः 8.2.41 क् 8.3.59 ष् । **iii/2 ii/2 ii/3** 8.2.26 स् लोपः 8.4.41 ट् ।

991 दह P अनिट्	Root 715	Root 715	Root 715	Root 715	3.1.33 स्य 8.2.32 घ् 8.4.55 क्	6.4.71 अट् 3.1.33 स्य 8.2.32 घ्	3.1.33तास् 8.2.32 घ् 8.4.53 ग्	Root 50	लिट्	लुङ्

					8.2.37 ध् 8.3.59 ष्	8.4.55 क् 8.2.37 ध् 8.3.59 ष्	8.2.40 ध्			

लिट् Root 51 **ii/1** पक्षे अनिट् 7.2.62 7.2.63 8.2.32 घ् 8.4.53 ग् 8.2.40 ध् ।

लुङ् 6.4.71 अट् 3.1.44 सिच् 7.2.3 वृद्धिः 8.2.32 घ्

iii/2 ii/2 ii/3 8.2.26 स् लोपः 8.2.40 ध् 8.4.53 ग् । **Rest** 8.4.55 क् 8.2.37 ध् 8.3.59 ष् ।

992 मिह P अनिट्	Root 39	Root 39	Root 39	Root 39	3.1.33 स्य 7.3.86गुणः 8.2.31 ढ् 8.2.41 क् 8.3.59 ष्	6.4.71 अट् 3.1.33 स्य 7.3.86गुणः 8.2.31 ढ् 8.2.41 क् 8.3.59 ष्	3.1.33तास् 7.3.86गुणः 8.2.31 ढ् 8.2.40 ध् 8.4.41 ढ् 8.3.13 ढ् लोपः	Root 39	Root 39	3.1.45 क्स no guna 8.2.31 ढ् 8.2.41 क्

लिट् Q. ii/1 no पक्षे अनिट् why? A. पक्षे अनिट् happens only by 7.2.62 and 7.2.63 combination. For these sutras to apply, Root must have vowel अ ।

993 कित P सेट् Root 970 with Parasmaipada affixes. लिट् **i/1** 7.1.91 option

994 Now Ubhayepada. Tag (अँ) अदित् ।

994 दान U सेट् P Root 972 with Parasmaipada affixes. लिट् **i/1** 7.1.91 option
A Root 972

995 शान U सेट् Root 994

996 डुपचष् U अनिट्	Root 51	Root 51	Root 51	Root 51	3.1.33 स्य 8.2.30 क् 8.3.59 ष्	6.4.71 अट् 3.1.33 स्य 8.2.30 क् 8.3.59 ष्	3.1.33तास् 8.2.30 क्	Root 51	Root 51 **ii/1** पक्षे अनिट् 7.2.62 7.2.63 8.2.30 क्	Root 985 8.2.30 क्
A	Root 8	Root 8	Root 8	Root 8	3.1.33 स्य 8.2.30 क् 8.3.59 ष्	6.4.71 अट् 3.1.33 स्य 8.2.30 क् 8.3.59 ष्	3.1.33तास् 8.2.30 क्		Root 8	लुङ्

3.4.102 सीय् 8.2.30 क् 8.3.59 ष् **iii/1 iii/2 ii/1 ii/2** 3.4.107सुट्

लुङ् 6.4.71 अट् 3.1.44 सिच् 8.2.30 क् **iii/1 ii/1** 8.2.26 स् लोपः । **Rest** 8.3.59 ष् ।

997 षच U सेट् P 6.1.64 स् । Root 51
A 6.1.64 स् । Root 8

998 भज U अनिट्	Root 51	Root 51	Root 51	Root 51	Root 986	Root 986	Root 986	Root 51	लिट्	Root 986

लिट् Root 51 8.4.54 ब् **ii/1** option अनिट् 7.2.62 7.2.63 8.2.30 ग् 8.4.55 क् ।

A	Root 8	Root 8	Root 8	Root 8	3.1.33 स्य 8.2.30 ग् 8.4.55 क् 8.3.59 ष्	6.4.71 अट् 3.1.33 स्य 8.2.30 ग् 8.4.55 क् 8.3.59 ष्	3.1.33तास् 8.2.30 ग् 8.4.55 क्	3.4.102 सीय् 8.2.30 ग् 8.4.55 क् 8.3.59 ष्	Root 8	लुङ्

लुङ् 6.4.71 अट् 3.1.44 सिच् 8.2.30 क् **iii/1 ii/1** 8.2.26 स् लोपः । **ii/3** 8.2.25 स् लोपः । **Rest** 8.3.59 ष् ।

999 रञ्ज U अनिट्	6.4.26 न् लोपः	6.4.26 न् लोपः 6.4.71 अट्	6.4.26 न् लोपः	6.4.26 न् लोपः	3.1.33 स्य 8.2.30 ग् 8.4.55 क् 8.3.59 ष् 8.3.24 ं 8.4.58 ङ्	6.4.71 अट् 3.1.33 स्य 8.2.30 ग् 8.4.55 क् 8.3.59 ष् 8.3.24 ं 8.4.58 ङ्	3.1.33तास् 8.2.30 ग् 8.4.55 क् 8.3.24 ं 8.4.58 ङ्	3.4.104 यास् 6.4.24 न् लोपः	Root 42 **ii/1** पक्षे अनिट् 7.2.62 7.2.63 8.2.30 ग् 8.4.55 क्	लुङ्
	लुङ् 6.4.71 अट् 3.1.44 सिच् 8.2.30 ग् 8.4.55 क् 8.3.24 ं 8.4.58 ङ् । **iii/2 ii/2 ii/3** 8.2.26 स् लोपः । **Rest** 8.3.59 ष् ।									
A	6.4.26 न् लोपः	6.4.26 न् लोपः 6.4.71 अट्	6.4.26 न् लोपः	6.4.26 न् लोपः	3.1.33 स्य 8.2.30 ग् 8.4.55 क् 8.3.59 ष् 8.3.24 ं 8.4.58 ङ्	6.4.71 अट् 3.1.33 स्य 8.2.30 ग् 8.4.55 क् 8.3.59 ष् 8.3.24 ं 8.4.58 ङ्	3.1.33तास् 8.2.30 ग् 8.4.55 क् 8.3.24 ं 8.4.58 ङ्	3.4.102 सीय् 8.2.30 ग् 8.4.55 क् 8.3.59 ष् 8.3.24 ं 8.4.58 ङ्	Root 11 (no 7.1.58)	लुङ्
	लुङ् 6.4.71 अट् 3.1.44 सिच् **iii/1 ii/1** 8.2.26 स् लोपः । **ii/3** 8.2.25 स् लोपः 8.4.53 ब् ।									
1000 शप U अनिट्	Root 51	Root 51	Root 51	Root 51	Root 985	Root 985	Root 985	Root 985	Root 51	Root 985
	लिट् **ii/1** पक्षे अनिट् 7.2.62 7.2.63 6.1.8 7.4.60									
A	Root 8	Root 8	Root 8	Root 8	3.1.33 स्य	6.4.71 अट् 3.1.33 स्य	3.1.33तास्	3.4.102 सीय्	Root 8	लुङ्
	लुङ् 6.4.71 अट् 3.1.44 सिच् 8.2.30 क् 8.3.24 ं 8.4.58 ङ् । **iii/1 ii/1** 8.2.26 स् लोपः । **ii/3** 8.2.25 स् लोपः । **Rest** 8.3.59 ष् ।									
1001 त्विष U अनिट्	Root 39	Root 39	Root 39 i/1 8.4.2ण्	Root 39	Root 687	Root 687	Root 687	Root 39	Root 39	Root 687
	लिट् Q. ii/1 no पक्षे अनिट् why? A. पक्षे अनिट् happens only by 7.2.62 and 7.2.63 combination. For these sutras to apply, Root must have vowel अ ।									
A	Root 16	Root 16	Root 16	Root 16	Root 362 8.2.41 क् 8.3.59 ष्	Root 362 8.2.41 क् 8.3.59 ष्	Root 362 8.4.41 ट्	Root 362	Root 16	लुङ्
	लुङ् 6.4.71 अट् 3.1.45 क्स no guna 8.2.41 क् 8.3.59 ष् ।									

Begin यजादिः अन्तर्गणः । 6.1.15 वचिस्वपियजादीनां किति ।

By 6.1.15 Samprasaranam happens for Parasmaipada आशीर्लिङ् and Parasmaipada and Atmanepada लिट् for Root semivowel for कित् affixes. By 6.1.17 for लिट् Samprasaranam happens for reduplicated portion also. Thus for लिट् for Parasmaipada **singular** affixes that are not कित् , Samprasaranam happens only for reduplicated portion by 6.1.17, whereas for **dual plural** affixes that are कित् Samprasaranam happens for Root vowel by 6.1.15 and for reduplicated portion by 6.1.17

1002 यज U अनिट्	Root 51	Root 51	Root 51	Root 51	3.1.33 स्य 8.2.36 ष् 8.2.41 क् 8.3.59 ष्	6.4.71 अट् 3.1.33 स्य 8.2.36 ष् 8.2.41 क् 8.3.59 ष्	3.1.33तास् 8.2.36 ष् 8.4.41 ट्	3.4.104 यास् कित् 6.1.15 इ 6.1.108	लिट्	लुङ्
	लिट् 6.1.8 द्वे 6.1.17 इ 6.1.108 7.4.60 शेषः । **iii/1 i/1** 7.2.116 वृद्धिः । **i/1** 7.1.91 option **ii/1** पक्षे अनिट् 7.2.62 7.2.63 8.2.36 ष् 8.4.41 ठ् । **dual plural** 1.2.5 कित् 6.1.15 इ 6.1.108 6.1.101 ई । **ii/1 i/2 i/3** 7.2.13 7.2.35 इट् । लुङ् Root 985 8.2.36 ष् 8.2.41 क् । **iii/2 ii/2 ii/3** 8.2.26 स् लोपः । **Rest** 8.3.59 ष् ।									
A	Root 17	Root 17	Root 17	Root 17	3.1.33 स्य	6.4.71 अट्	3.1.33तास्	3.4.102	लिट्	लुङ्

					8.2.36 ष् 8.2.41 क् 8.3.59 ष्	3.1.33 स्य 8.2.36 ष् 8.2.41 क् 8.3.59 ष्	8.2.36 ष् 8.4.41 ट्	सीय् 8.2.36 ष् 8.2.41 क् 8.3.59 ष्		

लिट् 6.1.15 इ 6.1.108 6.1.8 द्वे 1.2.5 कित् 6.1.17 इ 6.1.108 6.1.101 ई 7.4.60 **ii/1 ii/3 i/2 i/3** 7.2.13 7.2.35 इट् ।
लुङ् 6.4.71 अट् 3.1.44 सिच् 8.2.36 ष् **iii/1 ii/1** 8.2.26 स् लोपः 8.4.41 । **ii/3** 8.2.25 स् लोपः 8.4.41 ढ् 8.4.53 ड् ।

1003 डुवपँ वप् U अनिट्	Root 51	Root 51	Root 51	Root 51	Root 985	Root 985	Root 985	3.4.104 यास् कित् 6.1.15 उ 6.1.108	लिट्	Root 985

लिट् 6.1.8 द्वे 6.1.17 उ 6.1.108 7.4.60 शेषः **iii/1 i/1** 7.2.116 वृद्धिः **i/1** 7.1.91 option **ii/1** पक्षे अनिट् 7.2.62 7.2.63 **dual plural** 1.2.5 कित् 6.1.15 उ 6.1.108 6.1.101 ऊ । **ii/1 i/2 i/3** 7.2.13 7.2.35 इट् ।

A	Root 17	Root 17	Root 17	Root 17	3.1.33 स्य	6.4.71 अट् 3.1.33 स्य	3.1.33तास्	3.4.102 सीय्	लिट्	लुङ्

लिट् 6.1.8 द्वे 1.2.5 कित् 6.1.15 उ 6.1.108 6.1.17 उ 6.1.108 6.1.101 ऊ 7.4.60 **ii/1 ii/3 i/2 i/3** 7.2.13 7.2.35 इट् ।
लुङ् 6.4.71 अट् 3.1.44 सिच् **iii/1 ii/1** 8.2.26 स् लोपः **ii/3** 8.2.25 स् लोपः 8.4.53 ब् ।

1004 वह U अनिट्	Root 51	Root 51	Root 51	Root 51	3.1.33 स्य 8.2.31 ढ् 8.2.41 क् 8.3.59 ष्	6.4.71 अट् 3.1.33 स्य 8.2.31 ढ् 8.2.41 क् 8.3.59 ष्	3.1.33तास् 8.2.31 ढ् 8.2.40 ध् 8.4.41 ढ् 8.3.13 ढ् लोपः 6.3.112ओ	3.4.104 यास् कित् 6.1.15 उ 6.1.108	Root 1003	लुङ्

लिट् **ii/1** पक्षे अनिट् 7.2.62 7.2.63 6.1.17 उ 6.1.108 8.2.31 ढ् 8.2.40 ध् 8.4.41 ढ् 8.3.13 ढ् लोपः 6.3.112 ओ ।
लुङ् 6.4.71 अट् 3.1.44 सिच् 8.2.31 ढ् **iii/2 ii/2 ii/3** 8.2.26 स् लोपः 8.2.40 ध् 8.4.41 ढ् 8.3.13 ढ् लोपः 6.3.112 ओ ।
Rest 8.2.41 क् 8.3.59 ष् ।

A	Root 17	Root 17	Root 17	Root 17	3.1.33 स्य 8.2.31 ढ् 8.2.41 क् 8.3.59 ष्	6.4.71 अट् 3.1.33 स्य 8.2.31 ढ् 8.2.41 क् 8.3.59 ष्	3.1.33तास् 8.2.31 ढ् 8.2.40 ध् 8.4.41 ढ् 8.3.13 ढ् लोपः 6.3.112ओ	3.4.102 सीय् 8.2.31 ढ् 8.2.41 क् 8.3.59 ष्	लिट्	लुङ्

लिट् 6.1.8 द्वे 1.2.5 कित् 6.1.15 उ 6.1.108 6.1.17 उ 6.1.108 6.1.101 ऊ 7.4.60 शेषः । **ii/1 ii/3 i/2 i/3** 7.2.13 7.2.35 इट् । **ii/3** option 8.3.79 ढ् ।
लुङ् 6.4.71 अट् 3.1.44 सिच् **iii/1 ii/1** 8.2.26 स् लोपः **ii/3** 8.2.25 स् लोपः **iii/1 ii/1 ii/3** 8.2.31 ढ् 8.2.40 ध् 8.4.41 ढ् 8.3.13 ढ् लोपः 6.3.112 ओ । **Rest** 8.2.31 ढ् 8.2.41 क् 8.3.59 ष् ।

1005 वस P अनिट्	Root 51	Root 51	Root 51	Root 51	**P** Root 1003	**P** Root 1003	**P** Root 1003	**P** Root 1003 8.3.60 ष्	**P** Root 1003 dual plural 8.3.60 ष्	**P** Root 1003 7.4.49 त्
1006 वेञ् U अनिट्	Root 902	Root 902	Root 902	Root 902	Root 902	Root 902	Root 902	आशीर्लिङ्	लिट्	6.4.71 अट् 3.1.44सिच् 6.1.45 आ

आशीर्लिङ् 3.4.104 यास् कित् 6.1.15 उ 6.1.108 7.4.25 दीर्घः ।

लिट् वे 6.1.40→no samprasaranam iii/1 has two forms ववौ । उवाय ।

iii/1 वे+णल्→वे+अ→6.1.45→वा+अ→6.1.8→वा वा अ→7.1.34 →वा वा औ→7.4.59→व वा औ→6.1.88→व व् औ=ववौ

लिट् पक्षे 2.4.41 वय्→samprasaranam of reduplicated portion by 6.1.17 (6.1.16 applies only for कित्)

iii/1 वय्+णल्→वय्+अ→6.1.8→वय् वय् अ→6.1.17 6.1.38→उअय् वय् अ→6.1.108→उय् वय् अ→7.2.116→

उय् वाय् अ→ 7.2.116→उ वाय् अ = उवाय । Here 6.1.38 prevents 6.1.17 from doing व**य्** वय् अ→6.1.17→उअ**इ**

----

iii/2 has three forms ववतुः । ऊयतुः । ऊवतुः । पक्षे 6.1.39 व् only for कित् affixes, i.e for **dual plural**. Here 6.4.126 overrides ए of 6.4.120.

लिट् वे 6.1.40

iii/2 वे+अतुस्→वे+अतुः→6.1.45→वा+अतुः→6.1.8→वा वा अतुः→6.4.64 →वा व् अतुः→7.4.59→व व् अतुः = ववतुः ।

लिट् पक्षे 2.4.41 वय्→samprasaranam

iii/2 वय्+अतुस्→वय्+अतुः→6.1.8→वय् वय् अतुः→6.1.17→उअय् वय् अतुः →6.1.108 →उय् वय् अतुः→7.4.59→

उ वय् अतुः →6.1.16→उ उअय् अतुः →6.1.108→उ उय् अतुः →6.1.101→ऊयतुः ।

लिट् पक्षे 2.4.41 वय्→samprasaranam→पक्षे 6.1.39 व्

iii/2 वय्+अतुस्→वय्+अतुः→6.1.8→वय् वय् अतुः→6.1.17→उअय् वय् अतुः →6.1.108 →उय् वय् अतुः→7.4.59→

उ वय् अतुः →6.1.16→उ उअय् अतुः →6.1.108→उ उय् अतुः →6.1.39→उ उव् अतुः →6.1.101 = ऊवतुः ।

----

ii/1 has three forms वविथ । पक्षे अनिट् by 7.2.61 and 7.2.63 combination ववाथ ।

वविथ । पक्षे 2.4.41 वय् gives उवयिथ । no पक्षे अनिट् by 7.2.62 and 7.2.63 combination.

Q. लिट् For Root वय् **ii/1** पक्षे अनिट् does not happen by 7.2.62 and 7.2.63 combination. Why not?

A. According to Kashika Vritti, 7.2.62 applies only to Roots in Upadesha = Original enunciation = Dhatupatha. Here वय् is not from Dhatupatha so it does not apply and hence no पक्षे अनिट् ।

A	Root 961	Root 961	Root 961	Root 961	Root 961	Root 961	Root 961	3.4.102 सीयु 6.1.45 आ	लिट्	6.4.71 अट् 3.1.44सिच् 6.1.45 आ

लिट् 6.1.40 सम्प्रसारणम् न 6.1.45 आ 6.1.8 द्वे 6.4.64 आ लोपः 7.4.59 ह्रस्वः **ii/1 i/2 i/3** 7.2.13 7.2.35 इट् **ii/3** option 8.3.79 ढ् ।

लिट् पक्षे 2.4.41 वय् 1.2.5 कित् 6.1.8 द्वे 6.1.16 उ 6.1.108 6.1.17 उ 6.1.108 7.4.60 शेषः 6.1.101 ऊ **ii/1 ii/3 i/2 i/3** 7.2.13 7.2.35 इट् **ii/3** option 8.3.79 ढ् ।

लिट् पक्षे 2.4.41 वय् 1.2.5 कित् पक्षे 6.1.39 व् 6.1.8 द्वे 6.1.16 उ 6.1.108 6.1.17 उ 6.1.108 7.4.60 शेषः 6.1.101 ऊ **ii/1 ii/3 i/2 i/3** 7.2.13 7.2.35 इट् **ii/3** option 8.3.79 ढ् ।

1007 व्येञ् U अनिट्	Root 902	Root 902	Root 902	Root 902	Root 902	Root 902	Root 902	3.4.104 यास् कित् 6.1.15 इ 6.1.108 6.4.2दीर्घः	लिट्	लुङ्

लिट् 6.1.8 द्वे 6.1.17 इ 6.1.108 7.4.60 शेषः **iii/1 i/1** 7.2.115 वृद्धिः 6.1.78 **i/1** 7.1.91 option **ii/1** पक्षे अनिट् 7.2.62 7.2.63 **dual plural** 1.2.5 कित् 6.1.15 इ 6.1.108 6.4.82 य् । **ii/1 i/2 i/3** 7.2.13 7.2.35 इट् ।

Sutra 6.4.82 will apply if following affix is vowel and preceding is not conjunct. Thus it applies to:

In iii/2 iii/3 ii/2 ii/3, लिट् affixes are vowel, and preceding has been made non-conjunct by 6.1.15

In i/2 i/3 due to following इट् augment, and preceding has been made non-conjunct by 6.1.15

Sutra 6.4.82 does not apply to singular since 6.1.15 does not apply and preceding remains conjunct.

लुङ् 6.4.71 अट् 3.1.44 सिच् **iii/2 ii/i** 7.3.96 ईट् 8.2.28 स् लोपः । **Rest** 8.3.59 ष् ।

A	Root 961	Root 961	Root 961	Root 961	Root 961	Root 961	Root 961	3.4.102 सीयु 6.1.45 आ	लिट्	6.4.71 अट् 3.1.44सिच् 6.1.45 आ

Sutra 6.1.45 आ does not apply if Samprasaranam happens.

लिट् 1.2.5 कित् 6.1.8 द्वे 6.1.15 इ 6.1.108 6.1.17 इ 6.1.108 6.4.2 दीर्घः 7.4.60 शेषः 6.4.82 य् । **ii/1 ii/3 i/2 i/3**

7.2.13 7.2.35 इट् । **ii/3** option 8.3.79 ढ् ।

1008 ह्वेञ् U अनिट्	Root 902	Root 902	Root 902	Root 902	Root 902	Root 902	Root 902	3.4.104 यास् कित् 6.1.15 उ 6.1.108 6.4.2दीर्घः	लिट्	6.4.71 अट् 3.1.53अङ्

लिट् 6.1.8 द्वे 6.1.17 उ 6.1.108 7.4.60 शेषः 7.4.62 झ् 8.4.54 ज् 6.4.2 दीर्घः ।
iii/1 i/1 7.2.115 वृद्धिः 6.1.78 **i/1** 7.1.91 option **ii/1** पक्षे अनिट् 7.2.61 7.2.63 **dual plural** 1.2.5 कित् 6.1.33 उ 6.1.108 6.4.77 **ii/1 i/2 i/3** 7.2.13 7.2.35 इट् ।

A	Root 961	Root 961	Root 961	Root 961	Root 961	Root 961	Root 961	Root 1007	लिट्	6.4.71 अट् 3.1.53अङ् पक्षे सिच् 3.1.54

लिट् 1.2.5 कित् 6.1.8 द्वे 6.1.33 उ 6.1.108 6.1.17 उ 6.1.108 6.4.2 दीर्घः 7.4.60 शेषः 7.4.62 झ् 8.4.54 ज् 6.4.77 **ii/1 ii/3 i/2 i/3** 7.2.13 7.2.35 इट् । **ii/3** option 8.3.79 ढ् ।

1009 Now Parasmaipada. Tag (अँ) अदित् ।

1009 वद P* सेट्	Root 51	Root 51	Root 51	Root 51	Root 51	Root 51	Root 51	Root 51 6.1.15 उ 6.1.108	Root 1003 **ii/1** no अनिट् option	Root 51 7.2.3वृद्धिः
1.3.47 A	Root 17	Root 17	Root 17	Root 17	Root 17	Root 17	Root 17	Root 17	Root 1003	Root 17
1010 टुओश्वि P सेट्	Root 236	Root 236	Root 236 (no 8.4.2)	Root 236	3.1.33 स्य 7.2.35 इट् 7.3.84गुणः 6.1.78 8.3.59 ष्	6.4.71 अट् 3.1.33 स्य 7.2.35 इट् 7.3.84गुणः 6.1.78 8.3.59 ष्	3.1.33तास् 7.2.35 इट् 7.3.84गुणः 6.1.78	3.4.104 यास् कित् 6.1.15 उ 6.1.108 6.4.2दीर्घः	Root 236 (no 7.4.62)	लुङ्

लिट् 6.1.30 उ option 6.1.8 द्वे 6.1.108 7.4.60 शेषः 6.4.2 दीर्घः **iii/1 i/1** 6.1.17 उ 7.2.115 वृद्धिः 6.1.78 **i/1** 7.1.91 option 7.3.84 गुणः 6.1.78 **ii/1 i/2 i/3** 7.2.13 7.2.35 इट् । **dual plural** 1.2.5 कित् 6.1.15 उ 6.4.77
लुङ् 3.1.44 सिच् 6.4.71 अट् 7.2.35 इट् 7.3.84 गुणः 6.1.78 **iii/1 ii/1** 7.3.96 ईट् 8.2.28 स् लोपः 6.1.101 **Rest** 8.3.59
लुङ् पक्षे 3.1.58 अङ् 6.4.71 अट् 7.4.18 अ ।
लुङ् पक्षे 3.1.49 चङ् 6.1.11 द्वे 6.4.71 अट् 6.4.77

End यजादिः ।

॥ इति शब्विकरणा भ्वादयः ॥

2c AdAdi 1011 to 1082 (72 Roots)

3.1.68 कर्तरि शप् । 2.4.72 अदिप्रभृतिभ्यः शपः । इति शप् लुक् । Gana Vikarana शप् लुक् = “dropped“ Stem Constructor for 2c group Roots for Sarvadhatuka Affixes 1 लट् 2 लङ् 3 लोट् 4 विधिलिङ् । Cannot do Guna since it has been dropped.

In the case of 1c भ्वादिः Roots, the शप् affix was primarily responsible for causing गुणः to Roots having relevant इक् vowel. In the case of 2c अदादिः Roots, the शप् affix gets dropped and is no longer the cause for गुणः । However the पित् affixes shall cause गुणः ।
e.g. In the case of लट् and लङ् Parasmaipada, the तिप् सिप् मिप् affixes.
e.g. In the case of लोट् Parasmaipada, the तिप् and modified आनिप् आवप् आमप् affixes. सिप् changes to हि by 3.4.87 सेर्ह्यपिच्च and becomes अपित् so no guna by ii/1.
e.g. In the case of लोट् Atmanepada, the modified आनिप् आवप् आमप् affixes.

<u>Summary of GUNA for the ten Lakaras</u> 1 लट् 2 लङ् 3 लोट् 4 विधिलिङ् 5 लृट् 6 लृङ् 7 लुट् 8 आशीर्लिङ् 9 लिट् 10 लुङ्
By GUNA Sutras
7.3.84 सार्वधातुकार्धधातुकयोः for Roots with Final इक् vowel.
7.3.86 पुगन्तलघूपधस्य च for Roots with penultimate short इक् vowel.

- 1 लट् 2 लङ् 3 लोट् = GUNA by पित् Sarvadhatuka Affixes.
- 4 विधिलिङ् = NO GUNA since no पित् Sarvadhatuka Affixes.
- 5 लृट् 6 लृङ् 7 लुट् = GUNA by all Ardhadhatuka Affixes.
- 8 आशीर्लिङ् = GUNA by all Atmanepada Ardhadhatuka Affixes.
- 8 आशीर्लिङ् = NO GUNA by Parasmaipada Ardhadhatuka Affixes by 3.4.104 किदाशिषि
- 9 लिट् = GUNA/Vriddhi by singular Parasmaipada Ardhadhatuka Affixes.
- 9 लिट् = NO GUNA for dual and plural Parasmaipada Ardhadhatuka Affixes, by 1.2.5 असंयोगाल्लिट् कित् for Roots ending in simple consonant.
- 9 लिट् = NO GUNA for Atmanepada Ardhadhatuka Affixes, by 1.2.5 असंयोगाल्लिट् कित् for Roots ending in simple consonant.
- 9 लिट् = vowel change for Atmanepada Ardhadhatuka Affixes, by 6.4.77 अचि श्नुधातुभ्रुवां य्वोरियङुवङौ for Roots ending in conjunct consonant.
- 10 लुङ् = GUNA will vary for each Root. Vikarana सिच् shall cause GUNA. Vikarana अङ् / क्स NO GUNA.

<u>Summary of इट् Augment for the ten Lakaras</u> 1 लट् 2 लङ् 3 लोट् 4 विधिलिङ् 5 लृट् 6 लृङ् 7 लुट् 8 आशीर्लिङ् 9 लिट् 10 लुङ्
By इट् Sutras
7.2.35 आर्धधातुकस्येड् वलादेः for Ardhadhatuka Affixes with initial वल् letter.
7.2.13 कृसृभृवृस्तुद्रुस्रुश्रुवो लिटि for लुङ् Ardhadhatuka Affixes with initial वल् letter.

- 1 लट् 2 लङ् 3 लोट् 4 विधिलिङ् = NO इट् by Sarvadhatuka Affixes
- 5 लृट् 6 लृङ् 7 लुट् = इट् by Ardhadhatuka Affixes
- 8 आशीर्लिङ् = NO इट् by Parasmaipada Ardhadhatuka Affixes by 3.4.104 किदाशिषि
- 8 आशीर्लिङ् = इट् by Atmanepada Ardhadhatuka Affixes.
- 9 लिट् = NO इट् by Parasmaipada Ardhadhatuka Affixes iii/1 , iii/2 , iii/3 , ii/2 , ii/3 , i/1.
- 9 लिट् = इट् by Parasmaipada Ardhadhatuka Affixes ii/1 , i/2 , i/3 by 7.2.13 कृसृभृवृस्तुद्रुस्रुश्रुवो लिटि
- 9 लिट् = NO इट् by Atmanepada Ardhadhatuka Affixes iii/1 , iii/2 , iii/3 , ii/2 , i/1.
- 9 लिट् = इट् by Atmanepada Ardhadhatuka Affixes ii/1 , ii/3 , i/2 , i/3 by 7.2.13 कृसृभृवृस्तुद्रुस्रुश्रुवो लिटि
- 10 लुङ् = इट् will vary for each Root. Vikarana सिच् shall take इट् augment. Vikarana अङ् / क्स NO इट् augment.

<u>Summary of अट् Augment for the Lakaras</u> लङ् लृङ् लुङ्

अट् Augment by 6.4.71 लुङ्लङ्लृङ्क्ष्वडुदात्तः for लङ् लृङ् लुङ् for all consonant beginning Roots in Dhatupatha. This is not mentioned explicitly in the *conjugation matrix* to conserve space and make the text lucid.
आट् Augment by 6.4.72 आडजादीनाम् and Vriddhi by 6.1.90 आटश्च for लङ् लृङ् लुङ् for all vowel beginning Roots in Dhatupatha.

1011 Now Parasmaipada. अनिट् । Tag (अँ) अदित् ।

Root	Present Tense 1 लट्	Past Tense 2 लङ्	Imperative Mood 3 लोट्	Potential Mood 4 विधि	Future Tense 5 लृट्	Conditional Mood 6 लृङ्	Periphrastic Future 7 लुट्	Benedictive Mood 8 आशीर्	Perfect Past 9 लिट्	Aorist Past 10 लुङ्
1011 अदँ अद् P अनिट्	iii/1 iii/2 ii/1 ii/2 ii/3 8.4.55 त्	6.4.72 6.1.90 iii/2 ii/2 ii/3 8.4.55 त्	iii/1 iii/2 ii/2 ii/3 8.4.55 त्	Simple	8.4.55 त्	6.4.72 6.1.90 8.4.55 त्	8.4.55 त्	8.2.29	लिट्	2.4.37 घस् 3.1.55अङ्
	लिट् 6.1.8 7.4.60 7.2.35 इट् ii/1 i/2 i/3 Option अद् 7.4.70 2.4.40 घस् Option 7.4.62 झ् 8.4.54 ज् iii/1 i/1 7.2.116 i/1 Option 7.1.91 dual plural 8.3.60 ष् 8.4.55 क्									
1012 हनँ हन् P* अनिट्*	iii/1 iii/3 8.4.24 8.4.58 ii/1 8.4.24 ◌ं iii/2 ii/2 ii/3 6.4.37 iii/3 6.4.98 ह् 7.3.54 घ्	iii/1 ii/1 6.1.68 iii/2 ii/2 ii/3 6.4.37 iii/3 6.4.98 ह् 7.3.54 घ् 8.2.23	iii/1 iii/3 8.4.24 8.4.58 ii/1 6.4.36 ज् iii/2 ii/2 ii/3 6.4.37 iii/3 6.4.98 ह् 7.3.54 घ्	Simple	7.2.70 इट् 8.3.59 ष्	7.2.70 इट् 8.3.59 ष्	8.4.24 8.4.58	2.4.42 वध 6.4.48 8.2.29	6.1.8 7.4.60 7.4.62 7.3.55 8.4.54 iii/1 i/1 7.2.116 ii/1 Option अनिट् 7.2.62 dual plural 6.4.98	2.4.42 वध 3.1.44सिच् 6.4.48 **iii/1 ii/1** 7.3.96 ईट् 8.2.28 स् लोपः **Rest** 8.3.59 ष्

1013 Now Ubhayepada. अनिट् । Tag (अँ) अदित् ।

Root	Present Tense	Past Tense	Imperative Mood	Potential Mood	Future Tense	Conditional Mood	Periphrastic Future	Benedictive Mood	Perfect Past	Aorist Past
1013 द्विषँ द्विष् U अनिट्	ii/1 8.2.41 क् 8.3.59 ष् P Singular 7.3.86गुणः iii/2 ii/2 ii/3 8.4.41 A ii/3 8.4.41 8.4.53 ढ्	P Singular 7.3.86गुणः iii/3 जुस् Option iii/1 ii/1 6.1.68 8.2.39 ड् 8.4.56 ट् Option A ii/3 8.4.41 ढ्	P iii/1 i/1 i/2 i.3 7.3.86गुणः i/1 8.4.2 ii/1 3.4.87 6.4.101धि 8.4.41 ढि 8.4.53 ड् A ii/1 8.2.41 क्	Simple	7.3.86गुणः 8.2.41 क् 8.3.59 ष्	7.3.86गुणः 8.2.41 क् 8.3.59 ष्	7.3.86गुणः 8.4.41 ट्	P 3.4.104 No guna 8.2.29 A 1.2.11 no guna 8.2.41 क् 8.3.59 ष्	6.1.8 7.4.60 P 7.2.35 इट् ii/1 i/2 i/3 Singular 7.3.86गुणः dual plural 1.2.5 कित् A 1.2.5 कित्	3.1.45 क्स No guna

		8.4.53 ड्	8.3.59 ष् ii/3 8.4.41 ढ् 8.4.53 ड्							
1014 दुहँ दुह् U अनिट्	ii/1 8.2.32 घ् 8.2.37 ध् 8.3.59 ष् 8.4.55 क् P Singular 7.3.86गुणः iii/2 ii/2 ii/3 8.2.32 घ् 8.2.40 ध् 8.4.53 ग् A ii/3 8.4.41 8.4.53 ढ्	P Singular 7.3.86गुणः iii/1 ii/1 6.1.68 8.2.32 घ् 8.2.37 ध् 8.2.39 ग् 8.4.56 क् Option iii/2 ii/2 ii/3 8.2.32 घ् 8.2.40 ध् 8.4.53 ग् A iii/1 ii/1 8.2.32 घ् 8.2.40 ध् 8.4.53 ग् ii/3 8.2.32 घ् 8.2.37 ध् 8.4.53 ग्	P iii/1 i/1 i/2 i.3 7.3.86गुणः iii/1 iii/2 ii/1 ii/2 ii/3 8.2.32 घ् 8.2.40 ध् 8.4.53 ग् A iii/1 8.2.32 घ् 8.2.40 ध् 8.4.53 ग् ii/1 8.2.32 घ् 8.2.37 ध् 8.3.59 ष् 8.4.55 क् ii/3 8.2.32 घ् 8.2.37 ध् 8.4.53 ग्	Simple	7.3.84गुणः 8.2.32 घ् 8.2.37 ध् 8.3.59 ष् 8.4.55 क्	7.3.84गुणः 8.2.32 घ् 8.2.37 ध् 8.3.59 ष् 8.4.55 क्	7.3.84गुणः 8.2.32 घ् 8.2.40 ध् 8.4.53 ग्	P 3.4.104 No guna 8.2.29 A 1.2.11 no guna 8.2.32 घ् 8.2.37 ध् 8.3.59 ष् 8.4.55 क्	6.1.8 7.4.60 P 7.2.35 इट् ii/1 i/2 i/3 Singular 7.3.84गुणः dual plural 1.2.5 कित् A 1.2.5 कित् ii/3 Option 8.3.79 ढ्	3.1.45 क्स No guna 8.2.32 घ् 8.2.37 ध् 8.3.59 ष् 8.4.55 क् A iii/1 ii/1 7.3.73 Option 8.2.32 घ् 8.2.40 ध् 8.4.53 ग् ii/3 7.3.73 Option 8.2.32 घ् 8.2.37 ध् 8.4.53 ग् i/2 7.3.73 Option
1015 दिहँ दिह् U अनिट्			Root 1014							
1016 लिहँ लिह् U अनिट्	ii/1 8.2.31 ढ् 8.2.41 क् 8.3.59 ष् P Singular 7.3.86गुणः iii/2 ii/2 ii/3 8.2.31 ढ् 8.2.40 घ् 8.4.41 ढ् 8.3.13	P Singular 7.3.86गुणः iii/1 ii/1 6.1.68 8.2.31 ढ् 8.2.39 ड् 8.4.56 ट् Option iii/2 ii/2 ii/3 8.2.31 ढ् 8.2.40 घ्	P iii/1 i/1 i/2 i.3 7.3.86गुणः iii/2 ii/I ii/2 ii/3 8.2.31 ढ् 8.2.40 घ् 8.4.41 ढ् 8.3.13 6.3.111 A iii/1 ii/3	Root 1014	7.3.84गुणः 8.2.31 ढ् 8.2.41 क् 8.3.59 ष्	7.3.84गुणः 8.2.31 ढ् 8.2.41 क् 8.3.59 ष्	7.3.84गुणः 8.2.31 ढ् 8.2.40 घ् 8.4.41 ढ् 8.3.13	Root 1014	Root 1014	3.1.45 क्स No guna 8.2.31 ढ् 8.2.41 क् 8.3.59 ष् A iii/1 ii/1 ii/3 7.3.73 Option 8.2.31 ढ् 8.2.40 घ्

	6.3.111 A iii/1 ii/3 8.2.31 ढ् 8.2.40 घ् 8.4.41 ढ् 8.3.13 6.3.111	8.4.41 ढ् 8.3.13 6.3.111 A iii/1 ii/1 ii/3 8.2.31 ढ् 8.2.40 घ् 8.4.41 ढ् 8.3.13 6.3.111	8.2.31 ढ् 8.2.40 घ् 8.4.41 ढ् 8.3.13 6.3.111 ii/1 8.2.31 ढ् 8.2.41 क् 8.3.59 ष्							8.4.41 ढ् 8.3.13 6.3.111 i/2 7.3.73 Option

1017 Now Atmanepada. सेट् । ईँ is only for Enunciation, not a Tag. Tag (ङ्) ङित् ।

1017 चक्षिङ् चक्ष् A* सेट्* ख्याञ् ख्या U ञित्	iii/1 8.2.29 8.4.41 ii/1 8.2.29 8.2.41 क् 8.3.59 ष् ii/3 8.2.29 8.4.41 ढ् 8.4.53 ड्	iii/1 8.2.29 8.4.41 ii/1 8.2.29 8.4.41 ठ् ii/3 8.2.29 8.4.41 ढ् 8.4.53 ड्	iii/1 8.2.29 8.4.41 ii/1 8.2.29 8.2.41 क् 8.3.59 ष् ii/3 8.2.29 8.4.41 ढ् 8.4.53 ड्	Simple	2.4.54 ख्याञ् 2.4.54 Vartika क्शाञ् Option Since ञित् hence Parasmai pada also	2.4.54 ख्याञ् 2.4.54 Vartika क्शाञ् Option Since ञित् hence Parasmai pada also	2.4.54 ख्याञ् 2.4.54 Vartika क्शाञ् Option Since ञित् hence Parasmai pada also	2.4.54 ख्याञ् 2.4.54 Vartika क्शाञ् Option Since ञित् hence Parasmai pada also 6.4.68 ए Option in Parasmai pada	लिट्	लुङ्

लिट् 2.4.54 ख्याञ् 6.1.8 7.4.60 7.4.62 छ्ठ 8.4.54 च्
A
7.2.35 इट् ii/1 ii/3 i/2 i/3 6.4.64 2.4.55 पक्षे चक्ष् Since ञित् hence Parasmaipada also
ii/1 i/2 i/3 7.2.35 इट् iii/1 i/1 7.1.34 ii/1 Option 7.2.61 7.2.63 dual plural 6.4.64
2.4.54 Vartika क्शाञ् Option
लुङ् A 2.4.54 ख्याञ् 3.1.52 अङ् 2.4.54 Vartika क्शाञ् Option 3.1.44 सिच्
Since ञित् hence Parasmaipada also
2.4.54 ख्याञ् 3.1.52 अङ्
2.4.54 Vartika क्शाञ् Option 3.1.44 सिच् **iii/1 ii/1** 7.3.96 ईट् 8.2.28 स् लोपः **Rest** 8.3.59 ष्

1018 Now Atmanepada. सेट् । Tag (अँ) अदित् ।

1018 ईरँ ईर् A सेट्	ii/2 8.3.59 ष्	6.4.72 6.1.90	ii/2 8.3.59 ष्	Simple	7.2.35 इट् 8.3.59 ष्	6.4.72 6.1.90 7.2.35 इट् 8.3.59 ष्	7.2.35 इट्	7.2.35 इट् 8.3.59 ष् ii/3 Option 8.3.79 ढ्	3.1.36आम् 3.1.40 कृ	6.4.72 6.1.90 3.1.44सिच् 8.3.59 ष् ii/3 Option 8.3.79 ढ्

1019 ईडँ ईड् A सेट्	iii/1 8.4.41 ट् 8.4.55 ट् ii/1 7.2.78 इट् 8.3.59 ष् ii/3 7.2.78 इट्	6.4.72 6.1.90 iii/1 8.4.41 ट् 8.4.55 ट् ii/1 8.4.41 ट् 8.4.55 ठ् ii/3 8.4.41 ढ्	iii/1 8.4.41 ट् 8.4.55 ट् ii/1 7.2.78 इट् 8.3.59 ष् ii/3 7.2.78 इट्	Root 1018	Root 1018	Root 1018	Root 1018	Root 1018 (no 8.3.79)	Root 1018	Root 1018 (no 8.3.79)
1020 ईशँ ईश् A सेट्	iii/1 8.2.36 ष् 8.4.41 ट् ii/1 7.2.77 इट् 8.3.59 ष् ii/3 7.2.78 इट्	6.4.72 6.1.90 iii/1 8.2.36 ष् 8.4.41 ट् ii/1 8.2.36 ष् 8.4.55 ठ् ii/3 8.4.41 ढ्	iii/1 8.2.36 ष् 8.4.41 ट् ii/1 7.2.77 इट् 8.3.59 ष् ii/3 7.2.78 इट्	Root 1018	Root 1018	Root 1018	Root 1018	Root 1018 (no 8.3.79)	Root 1018	Root 1018 (no 8.3.79)
1021 आसँ आस् A सेट्	Root 1023	6.4.72 6.1.90 Root 1023	Root 1023	Root 1023	Root 1023	6.4.72 6.1.90 Root 1023	Root 1023	Root 1023	3.1.37आम् 3.1.40 कृ	6.4.72 6.1.90 Root 1023
1022 आङः शासुँ शास् A सेट्	Root 1023	Root 1023	Root 1023	Root 1023	Root 1023	Root 1023	Root 1023	Root 1023	Root 1023 7.4.59	Root 1023
1023 वसँ वस् A सेट्	Simple	Simple	Simple	Simple	7.2.35 इट् 8.3.59 ष्	7.2.35 इट् 8.3.59 ष्	7.2.35 इट्	7.2.35 इट् 8.3.59 ष्	6.1.8 7.4.60 7.2.35 इट् ii/1 ii/3 i/2 i/3	3.1.44सिच् 8.3.59 ष्

1024 Now Atmanepada. सेट् । Tag (इँ) इदित् ।

1024 कसिँ कंस् A सेट्	6.1.58 नुम् 8.3.24 ं Root 1023 ii/3 8.4.58	6.1.58 नुम् 8.3.24 ं Root 1023 ii/3 8.4.58	6.1.58 नुम् 8.3.24 ं Root 1023 ii/3 8.4.58	6.1.58 नुम् 8.3.24 ं Root 1023	6.1.58 नुम् 8.3.24 ं Root 1023	6.1.58 नुम् 8.3.24 ं Root 1023	6.1.58 नुम् 8.3.24 ं Root 1023	6.1.58 नुम् 8.3.24 ं Root 1023	6.1.58 नुम् 8.3.24 ं Root 1023	6.1.58 नुम् 8.3.24 ं Root 1023
1025 णिसिँ निंस् A सेट्	6.1.65 न् 6.1.58 नुम् 8.3.24 ं Root 1023 ii/3 8.4.58	6.1.65 न् 6.1.58 नुम् 8.3.24 ं Root 1023 ii/3 8.4.58	6.1.65 न् 6.1.58 नुम् 8.3.24 ं Root 1023 ii/3 8.4.58	6.1.65 न् 6.1.58 नुम् 8.3.24 ं Root 1023	6.1.65 न् 6.1.58 नुम् 8.3.24 ं Root 1023	6.1.65 न् 6.1.58 नुम् 8.3.24 ं Root 1023	6.1.65 न् 6.1.58 नुम् 8.3.24 ं Root 1023	6.1.65 न् 6.1.58 नुम् 8.3.24 ं Root 1023	6.1.65 न् 6.1.58 नुम् 8.3.24 ं Root 1023	6.1.65 न् 6.1.58 नुम् 8.3.24 ं Root 1023
1026 णिजिँ निञ्ज् A सेट्			6.1.65 न् Root 1028							

1027 शिजिँ शिञ्ज् A सेट्			Root 1028							
1028 पिजिँ पिञ्ज् A सेट्	6.1.58 नुम् iii/1 ii/1 8.2.30 ग् 8.4.55 क् 8.3.24 ं 8.4.58 ङ् ii/1 8.3.59 ष् iii/2 iii/3 ii/2 ii/3 i/1 8.3.24 ं 8.4.58 ञ् ii/3 8.2.30 ग्	6.1.58 नुम् iii/1 ii/1 8.2.30 ग् 8.4.55 क् 8.3.24 ं 8.4.58 ङ् iii/2 iii/3 ii/2 ii/3 i/1 8.3.24 ं 8.4.58 ञ् ii/3 8.2.30 ग्	6.1.58 नुम् iii/1 ii/1 8.2.30 ग् 8.4.55 क् 8.3.24 ं 8.4.58 ङ् ii/1 8.3.59 ष् iii/2 iii/3 ii/2 ii/3 i/1 8.3.24 ं 8.4.58 ञ् ii/3 8.2.30 ग्	6.1.58 नुम् 8.3.24 ं 8.4.58 ञ् Root 1023	6.1.58 नुम् 8.3.24 ं 8.4.58 ञ् Root 1023	6.1.58 नुम् 8.3.24 ं 8.4.58 ञ् Root 1023	6.1.58 नुम् 8.3.24 ं 8.4.58 ञ् Root 1023	6.1.58 नुम् 8.3.24 ं 8.4.58 ञ् Root 1023	6.1.58 नुम् 8.3.24 ं 8.4.58 ञ् Root 1023	6.1.58 नुम् 8.3.24 ं 8.4.58 ञ् Root 1023

1029 Now Atmanepada. सेट् । Tag (ईँ) ईदित् ।

1029 वृजीँ वृज् A सेट्	iii/1 ii/1 8.2.30 ग् 8.4.55 क् ii/1 8.3.59 ष् ii/3 8.2.30 ग्	iii/1 ii/1 8.2.30 ग् 8.4.55 क् ii/3 8.2.30 ग्	iii/1 ii/1 8.2.30 ग् 8.4.55 क् ii/1 8.3.59 ष् ii/3 8.2.30 ग् i/1 i/2 i/3 7.3.86गुणः	Simple	7.3.86गुणः 7.2.35 इट् 8.3.59 ष्	7.3.86गुणः 7.2.35 इट् 8.3.59 ष्	7.3.86गुणः 7.2.35 इट्	7.3.86गुणः 7.2.35 इट् 8.3.59 ष्	6.1.8 7.4.60 7.4.66 7.2.35 इट् ii/1 ii/3 i/2 i/3	3.1.44सिच् 7.3.86गुणः 7.2.35 इट् 8.3.59 ष्
1030 पृचीँ पृच् A सेट्			Root 1029							

1047 Now Atmanepada. वेट् । Tag (ङ्) ङित् ।

1031 षूङ् सू A वेट्	6.1.64 स् iii/2 iii/3 ii/2 i/1 6.4.77उव्	6.1.64 स् iii/2 iii/3 ii/2 i/1 6.4.77उव्	6.1.64 स् iii/2 iii/3 ii/2 i/1 i/2 i/3 6.4.77उव् ii/1 8.3.59	6.1.64 स् 6.4.77उव्	6.1.64 स् 7.3.84गुणः 7.2.35 इट् 6.1.78 8.3.59 ष् पक्षे अनिट् 7.2.44 7.3.84गुणः 8.3.59 ष्	6.1.64 स् 7.3.84गुणः 7.2.35 इट् 6.1.78 8.3.59 ष् पक्षे अनिट् 7.2.44 7.3.84गुणः 8.3.59 ष्	6.1.64 स् 7.3.84गुणः 7.2.35 इट् 6.1.78 पक्षे अनिट् 7.2.44 7.3.84गुणः	6.1.64 स् 7.3.84गुणः 7.2.35 इट् 6.1.78 8.3.59 ष् ii/3 8.3.79 Option पक्षे अनिट् 7.2.44 7.3.84गुणः	6.1.64 स् 6.1.8 7.4.59 6.4.77उव् 8.3.59 ष् 7.2.35 इट् ii/1 ii/3 i/2 i/3 ii/3 8.3.79 Option	6.1.64 स् 3.1.44सिच् 7.3.84गुणः 7.2.35 इट् 8.3.59 ष् 6.1.78 ii/3 8.3.79 Option पक्षे अनिट् 7.2.44

								8.3.59 ष् ii/3 8.3.78		3.1.44सिच् 7.3.84गुणः 8.3.59 ष् ii/3 8.3.78
1032 शीङ् शी A सेट्	7.4.21गुणः iii/2 ii/2 6.1.78 iii/3 7.1.6	7.4.21गुणः iii/2 ii/2 i/1 6.1.78 iii/3 7.1.6	7.4.21गुणः iii/2 ii/2 i/2 i/3 6.1.78 iii/3 7.1.6	7.4.21गुणः 6.1.78	7.3.84गुणः 7.2.35 इट् 6.1.78 8.3.59 ष्	7.3.84गुणः 7.2.35 इट् 6.1.78 8.3.59 ष्	7.3.84गुणः 7.2.35 इट् 6.1.78	7.3.84गुणः 7.2.35 इट् 6.1.78 8.3.59 ष् ii/3 8.3.79 Option	6.1.8 7.4.59 6.4.82 7.2.35 इट् ii/1 ii/3 i/2 i/3 ii/3 8.3.79 Option	3.1.44सिच् 7.3.84गुणः 7.2.35 इट् 8.3.59 ष् 6.1.78 ii/3 8.3.79 Option

1033 Now Parasmaipada. सेट् ।

1033 यु यु P सेट्	singular 7.3.89वृद्धि iii/3 6.4.77	iii/1 ii/1 7.3.89वृद्धि iii/3 6.4.77	iii/1 7.3.89वृद्धि iii/3 6.4.77 i/1 i/2 i/3 7.3.84गुणः 6.1.78	Simple	7.3.84गुणः 7.2.35 इट् 6.1.78 8.3.59 ष्	7.3.84गुणः 7.2.35 इट् 6.1.78 8.3.59 ष्	7.3.84गुणः 7.2.35 इट् 6.1.78	3.4.104 गुणः इट् न 7.4.25दीर्घ 8.2.29	लिट्	3.1.44सिच् 7.2.1वृद्धिः 7.2.35 इट् 8.3.59 ष् 6.1.78 8.2.28
	लिट् 6.1.8 ii/1 i/2 i/3 7.2.35 इट् iii/1 i/1 7.2.115 6.1.78 ii/1 6.1.78 iii/2 ii/2 i/2 i/3 6.4.77 i/1 7.1.91 Option									
1034 रु रु P सेट्	Root 1033 Option 7.3.95 ईट्	Root 1033 Option 7.3.95 ईट्	Root 1033 Option 7.3.95 ईट्	Root 1033 Option 7.3.95 ईट्	Root 1033	Root 1033	Root 1033	Root 1033	Root 1033	Root 1033
1035 णु नु P सेट्			i/1 8.4.2 6.1.65 स् Root 1033							

1036 Now Parasmaipada. सेट् । Tag (टु) ट्वित् ।

1036 टुक्षु क्षु P सेट्		Root 1033	i/1 8.4.2						7.4.62 च्	

1037 Now Parasmaipada. सेट् ।

1037 क्ष्णु क्ष्णु P सेट्		Root 1033	i/1 8.4.2						7.4.62 च्	
1038 ष्णु स्नु P सेट्	6.1.65 स् Root 1033	6.1.65 स् Root 1033	6.1.65 स् Root 1033	6.1.65 स् Root 1033	6.1.65 स् Root 1033	6.1.65 स् Root 1033	6.1.65 स् Root 1033	6.1.65 स् Root 1033	6.1.65 स् Root 1033 8.3.59 ष् 8.4.1 ण्	6.1.65 स् Root 1033

1039 Now Ubhayepada. सेट् । Tag (ञ्) ञित् ।

3.1.36 इजादेश्च गुरुमतोऽनृच्छः । वा॰ ऊर्णोतेश्च प्रतिषेधो वक्तव्यः । प्रोर्णुनाव । A Vartika prohibits Root ऊर्णुञ् here. Also it hints that Root ऊर्णुञ् changes to नुञ् for लिट् ।

1039 ऊर्णुञ् ऊर्णु U सेट् नुञ् लिटि	P singular 7.3.84गुणः पक्षे वृद्धिः 7.3.90 iii/3 6.4.77 A iii/2 iii/3 ii/2 i/1 6.4.77	6.4.72 6.1.90 (7.3.90 applies but forms are identical) iii/3 6.4.77 i/1 7.1.90 6.1.78 A iii/2 iii/3 ii/2 i/1 6.4.77	P singular 7.3.84गुणः पक्षे वृद्धिः 7.3.90 iii/3 6.4.77 A iii/2 iii/3 ii/2 6.4.77 i/1 i/2 i/3 7.3.84गुणः	P simple A 6.4.77	7.3.84गुणः 8.3.59 ष् पक्षे 1.2.3 No guna 6.4.77 8.3.59 ष्	6.4.72 6.1.90 7.3.84गुणः 8.3.59 ष् पक्षे 1.2.3 No guna 6.4.77 8.3.59 ष्	7.3.84गुणः पक्षे 1.2.3 No guna 6.4.77	P 3.4.104 गुणः इट् न 7.4.25दीर्घ 8.2.29 A 7.3.84गुणः 8.3.59 ष् ii/1 8.3.79 Option पक्षे 1.2.3 No guna 6.4.77 8.3.59 ष् ii/1 8.3.79 Option	3.1.36 Vartika नु 6.1.8 P 7.2.35 इट् ii/1 i/2 i/3 iii/1 i/1 7.2.115 6.1.78 ii/1 7.3.84गुणः पक्षे 1.2.3 No guna 6.4.77 i/1 Option 7.1.91 dual plural 6.4.77 A 7.2.35 इट् ii/1 ii/3 i/2 i/3 ii/3 Option 8.3.79 ढ्	6.4.72 6.1.90 3.1.44सिच् P 7.2.6वृद्धि Option iii/1 ii/1 7.3.96 ईट् 8.2.28 A 7.3.84गुणः 8.3.59 ष् ii/1 8.3.79 Option पक्षे 1.2.3 No guna 6.4.77 8.3.59 ष् ii/1 8.3.79 Option

1040 Now Parasmaipada. अनिट् ।

1040 द्यु द्यु P अनिट्	Root 1033	Root 1033	Root 1033	Root 1033	7.3.84गुणः 6.1.78 8.3.59 ष्	7.3.84गुणः 6.1.78 8.3.59 ष्	7.3.84गुणः 6.1.78	Root 1033	Root 1033 ii/1 Option 7.2.61 अनिट्	3.1.44सिच् 7.2.1वृद्धिः **iii/1 ii/1** 7.3.96 ईट् 8.2.28 स् लोपः **Rest** 8.3.59 ष्
1041 षु सु P अनिट्		6.1.65 स् Root 1040								
1042 कु कु P अनिट्		Root 1040							7.4.62 च्	

1043 Now Ubhayepada. अनिट् । Tag (ञ्) ञित् ।

1043 ष्टुञ् स्तु U अनिट्	6.1.65 स् Vartika त् P Root 1033 7.3.95 ईट् Option A 7.3.95 ईट् Option	6.1.65 स् Vartika त् P Root 1033 7.3.95 ईट् Option A 7.3.95 ईट् Option	6.1.65 स् Vartika त् P Root 1033 7.3.95 ईट् Option A 7.3.95 ईट् Option	6.1.65 स् Vartika त् P Root 1033 7.3.95 ईट् Option A simple	6.1.65 स् Vartika त् P Root 1033 A 7.3.84गुणः	6.1.65 स् Vartika त् P Root 1033 A 7.3.84गुणः	6.1.65 स् Vartika त् P Root 1033 A 7.3.84गुणः	6.1.65 स् Vartika त् P Root 1033 A 7.3.84गुणः	6.1.8 7.4.61 8.3.59 ष् 7.2.13 अनिट् P iii/1 i/1 7.2.115 6.1.78 ii/1 7.3.84गुणः iii/2 iii/3 ii/2 ii/3 6.4.77 A iii/1 iii/2 iii/3 ii/2 i/1 6.4.77 ii/3 8.3.78 ढ्	6.1.65 स् Vartika त् 3.1.44सिच् P 7.2.72 इट् 7.2.1वृद्धिः **iii/1 ii/1** 7.3.96 ईट् 8.2.28 स् लोपः **Rest** 8.3.59 ष् 6.1.78 A 7.3.84गुणः 8.3.59 ष् ii/3 8.3.78 ढ्
1044 ब्रूञ् ब्रू U अनिट् (listed as सेट् but behaves as वच् अनिट्) आह् वच्	P iii/1 ii/1 i/1 7.3.93 ईट् iii/1 ii/1 i/1 7.3.84गुणः 6.1.78 iii/3 6.4.77 iii/1 iii/2 iii/3 ii/1 ii/2 3.4.84 आह् Option & लिट् affixes A iii/2 iii/3 ii/2 i/1 6.4.77	P iii/1 ii/1 7.3.93 ईट् iii/1 ii/1 i/1 7.3.84गुणः 6.1.78 A iii/2 iii/3 ii/2 i/1 6.4.77	P iii/1 7.3.93 ईट् iii/1 i/1 i/2 i/3 7.3.84गुणः 6.1.78 iii/3 6.4.77 i/1 8.4.2 A iii/2 iii/3 ii/2 6.4.77 i/1 i/2 i/3 7.3.84गुणः 6.1.78	P Simple A 6.4.77	P 2.4.53वच् Root 1063 A 8.2.30 क् 8.3.59 ष्	P 2.4.53वच् Root 1063 A 8.2.30 क् 8.3.59 ष्	P 2.4.53वच् Root 1063 A 8.2.30 क्	P 2.4.53वच् Root 1063 A 8.2.30 क् 8.3.59 ष्	P 2.4.53वच् Root 1063 A 6.1.101 7.2.35 इट् ii/1 ii/3 i/2 i/3	P 2.4.53वच् Root 1063 A 3.1.52अङ् 7.4.20उम् 6.1.87

1045 Now Parasmaipada. अनिट् । Tag (ण्) णित् ।

1045 इण् इ P अनिट्	singular 7.3.84गुणः iii/3 6.4.81यण्	6.4.72 6.1.90 singular 7.3.84गुणः iii/3 6.4.81यण् i/1 6.1.78	iii/1 i/1 i/2 i/3 7.3.84गुणः iii/3 6.4.81यण् i/1 i/2 i/3 6.1.78	simple	7.3.84गुणः 8.3.59 ष्	6.4.72 6.1.90 7.3.84गुणः 8.3.59 ष्	7.3.84गुणः	3.4.104 गुणः न 7.4.25दीर्घ 8.2.29	6.1.8 7.2.35 इट् ii/1 i/2 i/3 iii/1 i/1 7.2.115 6.4.78 6.1.78 iii/2 ii/2 i/2 i/3 7.4.69 6.4.81 ii/1 7.3.84गुणः 7.4.59 6.4.78 ii/1 7.2.61 Option 7.3.84गुणः 7.4.59 6.4.78 6.1.78 i/1 7.1.91 Option	2.4.45 गा 6.4.71 अट् 3.1.44सिच् 2.4.77 iii/3 6.1.96

1046 Now Atmanepada. अनिट् । Tag (ङ्) ङित् ।

1046 इङ् इ A अनिट् अधि+इ	अधि+इ 6.1.101	अधि+इ 6.4.72 6.1.90 6.1.77	अधि+इ 6.1.101 i/1 i/2 i/3 7.3.84गुणः 6.1.77 6.1.78	अधि+इ 6.4.77 6.1.101	अधि+इ 7.3.84गुणः 6.1.77 8.3.59 ष्	अधि+इ 6.4.72 6.1.90 7.3.84गुणः 6.1.77 8.3.59 ष् 2.4.50 Option गाङ् 6.4.71 अट् 6.4.66 ई 6.1.77 8.3.59 ष्	अधि+इ 7.3.84गुणः 6.1.77	अधि+इ 7.3.84गुणः 6.1.77 8.3.59 ष् ii/3 8.3.78 ढ्	अधि+इ 2.4.49 गाङ् 6.1.8 6.4.64 7.4.62 7.4.59 7.2.35 इट् ii/1 ii/3 i/2 i/3	अधि+इ 6.4.72 6.1.90 3.1.44सिच् 7.3.84गुणः 8.3.59 ष् 2.4.50 Option गाङ् 6.4.71 अट् 3.1.44सिच् 6.4.66 ई 6.1.77 8.3.59 ष्

1047 Now Parasmaipada. अनिट् । Tag (क्) कित् ।

6.4.66 घुमास्थागापाजहातिसां हलि । इण्वदिक इति वक्तव्यम् । Vartika says इण्-वत् इक् , i.e. Root इक् takes the changes as Root इण् । Thus 6.4.66 applies to Root इक् also. Similarly 6.4.81 इणो यण् and 7.4.69 दीर्घ इणः किति apply to both Roots इण् , इक् । Basically Root इक् conjugates same as Root इण् । Finally, the Upasarga अधि gets attached to Root इक् and that brings in Sandhi Sutra changes.

1047 इक् इ P अनिट् अधि+इ	अधि+इ singular 7.3.84गुणः 6.1.77 dual plural 6.1.101 iii/3 Option 6.4.81यण्	अधि+इ 6.4.72 6.1.90 6.1.77 singular 7.3.84गुणः iii/3 6.4.81यण् i/1 6.1.78	अधि+इ iii/1 i/1 i/2 i/3 7.3.84गुणः iii/1 6.1.77 iii/3 6.4.81यण् i/1 i/2 i/3 6.1.77 6.1.78	अधि+इ 6.1.101	अधि+इ 7.3.84गुणः 6.1.77 8.3.59 ष्	अधि+इ 6.4.72 6.1.90 7.3.84गुणः 6.1.77 8.3.59 ष्	अधि+इ 7.3.84गुणः 6.1.77	अधि+इ 3.4.104 गुणः न 7.4.25दीर्घ 8.2.29	अधि+इ 6.1.8 7.2.35 इट् ii/1 i/2 i/3 iii/1 i/1 7.2.115 6.4.78 6.1.78 iii/2 ii/2 i/2 i/3 7.4.69 6.4.81 ii/1 7.3.84गुणः 7.4.59 6.4.78 6.1.78 ii/1 7.2.61 Option 7.3.84गुणः 7.4.59 6.4.78 i/1 7.1.91 Option	अधि+इ 2.4.45 गा 6.4.71 अट् 3.1.44सिच् 2.4.77 6.1.77 iii/3 6.1.96

1048 Now Parasmaipada. अनिट् ।

1048 वी वी P अनिट्	singular 7.3.84गुणः iii/3 6.4.77	singular 7.3.84गुणः iii/3 6.4.77 i/1 6.1.78	iii/1 i/1 i/2 i/3 7.3.84गुणः iii/3 6.4.77 i/1 i/2 i/3 6.1.78	Simple	7.3.84गुणः 8.3.59 ष्	7.3.84गुणः 8.3.59 ष्	7.3.84गुणः	3.4.104 no guna 8.2.29	6.1.8 7.4.59 7.2.35 इट् ii/1 i/2 i/3 iii/1 i/1 7.2.115 6.1.78 ii/1 7.3.84गुणः 6.1.78	3.1.44सिच् 7.2.1वृद्धिः 8.3.59 ष् iii/1 ii/1 7.3.96

									ii/1 7.2.61 Option 7.3.84गुणः i/1 7.1.91 Option dual plural 6.4.82	
1049 या या P अनिट्	Simple	iii/3 3.4.111 Option	Simple	Simple	Simple	Simple	Simple	8.2.29	6.1.8 7.4.59 7.2.35 इट् ii/1 i/2 i/3 iii/1 i/1 7.1.34 6.1.88 ii/1 6.4.64 ii/1 7.2.61 Option dual plural 6.4.64	3.1.44सिच् 7.2.73 इट् **iii/1 ii/1** 7.3.96 ईट् 8.2.28 स् लोपः **Rest** 8.3.59 ष्
1050 वा वा P अनिट्		Root 1049								
1051 भा भा P अनिट्		Root 1049							8.4.54 ब्	
1052 ष्णा स्ना P अनिट्	6.1.64 स् Vartika न् Root 1049	6.1.64 स् Vartika न् Root 1049	6.1.64 स् Vartika न् Root 1049	6.1.64 स् Vartika न् Root 1049	6.1.64 स् Vartika न् Root 1049	6.1.64 स् Vartika न् Root 1049	6.1.64 स् Vartika न् Root 1049	6.1.64 स् Vartika न् Root 1049 6.4.68 ए Option	6.1.64 स् Vartika न् Root 1049	6.1.64 स् Vartika न् Root 1049
1053 श्रा श्रा P अनिट्	Root 1049	Root 1049	Root 1049 i/1 8.4.2	Root 1049	Root 1049	Root 1049	Root 1049	Root 1049 6.4.68 ए Option	Root 1049 7.4.60	Root 1049
1054 द्रा द्रा P अनिट्		Root 1053								
1055 प्सा प्सा P अनिट्	Root 1049	Root 1049	Root 1049	Root 1049	Root 1049	Root 1049	Root 1049	Root 1049 6.4.68 ए Option	Root 1049 7.4.60	Root 1049
1056 पा पा P अनिट्		Root 1049								
1057 रा रा P अनिट्		Root 1049	i/1 8.4.2							
1058 ला ला P अनिट्		Root 1049								

1059 Now Parasmaipada. अनिट् । Tag (प्) पित् ।

1059 दाप् दा P अनिट् Root 1049

1060 Now Parasmaipada. अनिट् ।

1060 ख्या ख्या P अनिट्	Root 1049	Root 1049	Root 1049	Root 1049	Root 1049	Root 1049	Root 1049	Root 1049 6.4.68 ए Option	Root 1049 7.4.62 छ् 8.4.54 च्	3.1.52 अङ्
1061 प्रा प्रा P अनिट्	Root 1053									
1062 मा मा P अनिट्	Root 1049							6.4.67 ए		

1063 Now Parasmaipada. अनिट् । Tag (अँ) अदित् ।

1063 वचँ वच् P अनिट् Not used in 3rd person plural	iii/1 iii/2 ii/1 ii/2 ii/3 8.2.30 क् ii/1 8.3.59 ष्	iii/1 iii/2 ii/1 ii/2 ii/3 8.2.30 क् iii/1 ii/1 8.2.39 ग् 8.4.56 क् Option	iii/1 iii/2 ii/2 ii/3 8.2.30 क् ii/1 8.2.30 क् 8.4.53 ग्	Simple	8.2.30 क् 8.3.59 ष्	8.2.30 क् 8.3.59 ष्	8.2.30 क्	6.1.15 6.1.108 8.2.29	6.1.8 7.4.60 6.1.17 7.2.35 इट् ii/1 i/2 i/3 iii/1 i/1 7.2.116 ii/1 Option 7.2.62 i/1 Option 7.1.91 dual plural 6.1.15 6.1.108 6.1.101	3.1.52अङ् 7.4.20उम् 6.1.87

1064 Now Parasmaipada. सेट् । Tag (अँ) अदित् ।

1064 विदँ विद् P सेट्	Singular 7.3.86गुणः iii/1 iii/2 ii/1 ii/2 ii/3 8.4.55 त् Option 3.4.83 लिट् affixes Singular 7.3.86गुणः	Singular 7.3.86गुणः iii/1 iii/2 ii/1 ii/2 ii/3 8.4.55 त् iii/1 ii/1 6.1.68 ii/1 8.2.75 Option 6.1.68	iii/1 i/1 i/2 1/3 7.3.86गुणः iii/1 iii/2 ii/2 ii/3 8.4.55 त् ii/1 धि 6.4.101 Option 3.1.41आम्	Simple	7.3.86गुणः 7.2.35 इट् 8.3.59 ष्	7.3.86गुणः 7.2.35 इट् 8.3.59 ष्	7.3.86गुणः 7.2.35 इट्	3.4.104 गुणः इट् न 8.2.29	Option 3.1.38आम् 3.1.40 कृ पक्षे 6.1.8 7.4.60 ii/1 i/2 i/3 7.2.35 इट् Singular 7.3.86गुणः	3.1.44सिच् 7.3.86गुणः 7.2.35 इट् 8.3.59 ष् iii/1 ii/1 7.3.96 8.2.28

			3.1.40 कृ						dual plural 1.2.5 no guna	
1065 असँ अस् P सेट् भू	ii/1 7.4.50 dual plural 6.4.111	6.4.72 6.1.90 iii/1 ii/1 7.3.96 ईट्	ii/1 6.4.101 6.4.119 iii/2 iii/3 ii/2 ii/3 6.4.111	6.4.111	2.4.52 भू 7.3.84गुणः 7.2.35 इट् 8.3.59 ष्	2.4.52 भू 6.4.71 7.3.84गुणः 7.2.35 इट् 8.3.59 ष्	2.4.52 भू 7.3.84गुणः 7.2.35 इट्	2.4.52 भू 3.4.104 गुणः इट् न ii/1 6.1.68	2.4.52 भू 6.1.8 6.4.88वुक् No guna 7.4.59 7.4.73 8.4.54 ii/1 i/2 i/3 7.2.35 इट्	2.4.52 भू 6.4.71 3.1.44सिच् 2.4.77 iii/3 i/1 6.4.88वुक्

1066 Now Parasmaipada. वेट् । Tag (ऊँ) ऊदित् ।

1066 मृजूँ मृज् P वेट्	Singular 7.2.114 वृद्धिः iii/3 वृद्धिः Option by Vartika iii/1 iii/2 ii/1 ii/2 ii/3 8.2.36 ष्	Singular 7.2.114 वृद्धिः iii/3 वृद्धिः Option by Vartika iii/1 iii/2 ii/1 ii/2 ii/3 8.2.36 ष् iii/1 iii/2 6.1.68 8.2.39 ड् 8.4.56 ट् Option	iii/1 i/1 i/2 1/3 7.2.114 वृद्धिः iii/3 वृद्धिः Option by Vartika iii/1 iii/2 ii/1 ii/2 ii/3 8.2.36 ष् ii/1 6.4.101धि 8.4.41 ढ् 8.4.53 ड्	Simple	7.2.114 वृद्धिः 7.2.35 इट् पक्षे अनिट् 7.2.44 8.2.36 ष् 8.2.41 क् 8.3.59 ष्	7.2.114 वृद्धिः 7.2.35 इट् पक्षे अनिट् 7.2.44 8.2.36 ष् 8.2.41 क् 8.3.59 ष्	7.2.114 वृद्धिः 7.2.35 इट् पक्षे अनिट् 7.2.44 8.2.36 ष्	3.4.104 गुणः इट् न ii/1 6.1.68	7.2.114 वृद्धिः iii/2 iii/3 ii/2 ii/3 i/2 i/3 वृद्धिः Option by Vartika ii/1 i/2 i/3 7.2.35 इट् पक्षे अनिट् 7.2.44	7.2.114 वृद्धिः 3.1.44सिच् **iii/1 ii/1** 7.3.96 ईट् 8.2.28 स् लोपः **Rest** 8.3.59 ष् पक्षे अनिट् 7.2.44 8.2.36 ष् iii/1 ii/1 7.3.96

Begin रुदादिः अन्तर्गणः । 7.2.76 रुदादिभ्यः सार्वधातुके ।

इट् Augment for Sarvadhatuka Affixes with initial consonant except यकारः ।

1067 Now Parasmaipada. सेट् । Tag (इर्) इरित् ।

1067 रुदिँर् रुद् P सेट्	7.2.76 इट् (not iii/3) Singular 7.3.86गुणः ii/1 8.3.59 ष्	iii/2 ii/2 ii/3 i/2 i/3 7.2.76 इट् Singular 7.3.86गुणः iii/1 ii/1	iii/1 iii/2 ii/1 ii/2 ii/3 7.2.76 इट् iii/1 i/1 i/2 i/3 7.3.86गुणः	Simple	7.3.86गुणः 7.2.35 इट् 8.3.59 ष्	7.3.86गुणः 7.2.35 इट् 8.3.59 ष्	7.3.86गुणः 7.2.35 इट्	3.4.104 गुणः इट् न 8.2.29	6.1.8 7.4.60 7.2.35 इट् ii/1 i/2 i/3 Singular 7.3.86गुणः dual plural	3.1.44सिच् 7.3.86गुणः 7.2.35 इट् **iii/1 ii/1** 7.3.96 ईट् 8.2.28 स् लोपः **Rest**

		7.3.98 ईट् 7.3.99अट् Option							1.2.5 कित्	8.3.59 ष् 3.1.57अङ् Option

1068 Now Parasmaipada. अनिट् । Tag (ञि अँ) ञीत् अदित् ।

1068 ञिष्वपँ स्वप् P अनिट्	Root 1071	Root 1071	Root 1071 (no 8.4.2)	Root 1071	Simple	Simple	Simple	6.1.15 6.1.108 8.2.29	6.1.15 6.1.108 6.1.8 6.1.17 7.4.60 8.3.59 ष् 7.2.35 इट् ii/1 i/2 i/3 ii/1 अनिट् Option 7.2.62 i/1 7.1.91 Option iii/1 i/1 7.2.116 7.4.67	3.1.44सिच् 7.2.3 वृद्धिः iii/1 ii/1 7.3.96 ईट् iii/2 ii/2 ii/3 8.2.26

1069 Now Parasmaipada. सेट् । Tag (अँ) अदित् ।

1069 श्वसँ श्वस् P सेट्	Root 1071	Root 1071	Root 1071 (no 8.4.2)	Root 1071	Root 1071	Root 1071	Root 1071	Root 1071	6.1.8 7.4.60 7.2.35 इट् ii/1 i/2 i/3 iii/1 i/1 7.2.116 i/1 7.1.91 Option	Root 1071
1070 अनँ अन् P सेट्	Root 1071	6.4.72 6.1.90 Root 1071	Root 1071 (no 8.4.2)	Root 1071	Root 1071	6.4.72 6.1.90 Root 1071	Root 1071	Root 1071	6.1.8 7.4.60 7.4.70 6.1.101 7.2.35 इट् ii/1 i/2 i/3 iii/1 i/1 7.2.116	6.4.72 6.1.90 Root 1071

Begin जक्षित्यादिः अन्तर्गणः । 6.1.6 जक्षित्यादयः षट् ।

The Root जक्ष् and following six Roots are termed अभ्यस्तम् Reduplicated.

1071 जक्षँ जक्ष् P सेट्	7.2.76 इट् (not iii/3) ii/1 8.3.59 ष्	iii/2 ii/2 ii/3 i/2 i/3 7.2.76 इट् iii/1 ii/1 7.3.98 ईट् 7.3.99 अट् Option	iii/1 iii/2 ii/1 ii/2 ii/3 7.2.76 इट् i/1 8.4.2	simple	7.2.35 इट् 8.3.59 ष्	7.2.35 इट् 8.3.59 ष्	7.2.35 इट्	8.2.29	6.1.8 7.4.60 7.2.35 इट् ii/1 i/2 i/3	3.1.44सिच् 7.2.35 इट् **iii/1 ii/1** 7.3.96 ईट् 8.2.28 स् लोपः **Rest** 8.3.59 ष्

End रुदादिः ।

1072 Now Parasmaipada. सेट् ।

1072 जागृ जागृ P सेट्	Singular 7.3.85 overrides 7.3.84गुणः	iii/1 ii/1 i/1 7.3.85 iii/3 7.3.83 iii/1 ii/1 6.1.68	iii/1 ii/1 ii/2 ii/3 7.3.85 iii/3 7.1.4 6.1.77 i/1 8.4.2	Simple	7.2.35 इट् 8.3.59 ष् 7.3.85	7.2.35 इट् 8.3.59 ष् 7.3.85	7.2.35 इट् 7.3.85	3.4.104 गुणः इट् न 7.3.85 8.2.29	3.1.38आम् option 3.1.40 कृ 7.3.85 पक्षे 6.1.8 7.4.60 7.4.59 7.2.35 इट् ii/1 i/2 i/3 iii/1 i/1 7.2.115 i/1 7.1.91 Option 7.3.84गुणः dual plural 7.3.85	3.1.44सिच् 7.2.35 इट् 7.3.85 **iii/1 ii/1** 7.3.96 ईट् 8.2.28 स् लोपः **Rest** 8.3.59 ष्
1073 दरिद्रा दरिद्रा P सेट्	iii/2 ii/2 ii/3 i/2 i/3 6.4.114 iii/3 6.4.112	iii/2 ii/2 ii/3 i/2 i/3 6.4.114 iii/3 6.4.112	iii/2 ii/1 ii/2 ii/3 6.4.114 iii/3 6.4.112 i/1 8.4.2	6.4.114	7.2.35 इट् 8.3.59 ष् 6.4.114 Vartika	7.2.35 इट् 8.3.59 ष् 6.4.114 Vartika	7.2.35 इट् 6.4.114 Vartika	3.4.104 No इट् 6.4.114 Vartika	3.1.35आम् Vartika 3.1.40 कृ 6.4.114 Vartika Option	3.1.44सिच् 7.2.35 इट् 8.3.59 ष् 7.2.73सक् iii/1 ii/1 7.3.96 ईट् 8.2.28 6.4.114 Vartika

Option

1074 Now Parasmaipada. सेट् । Tag (ॠँ) ॠदित् ।

1074 चकासृँ चकास् P सेट्	Simple	Root 1078	ii/1 8.2.25	Simple	7.2.35 इट् 8.3.59 ष्	7.2.35 इट् 8.3.59 ष्	7.2.35 इट्	3.4.104 No इट् 8.2.29	3.1.35आम् Vartika 3.1.40 कृ	3.1.44सिच् 7.2.35 इट् **iii/1 ii/1** 7.3.96 ईट् 8.2.28 स् लोपः **Rest** 8.3.59 ष्

1075 Now Parasmaipada. सेट् । Tag (उँ) उदित् ।

1075 शासुँ शास् P सेट्	iii/2 ii/2 ii/3 i/2 i/3 6.4.34 ई 8.3.60 ष् ii/2 ii/3 8.4.41 ठ्	iii/2 ii/2 ii/3 i/2 i/3 6.4.34 ई 8.3.60 ष् ii/2 ii/3 8.4.41 ट् iii/1 ii/1 6.1.68 8.2.73 ii/1 8.2.74 Option	ii/1 6.4.101 iii/2 ii/2 ii/3 6.4.34 ई 8.3.60 ष् ii/2 ii/3 8.4.41 ट्	6.4.34 ई 8.3.60 ष्	7.2.35 इट् 8.3.59 ष्	7.2.35 इट् 8.3.59 ष्	7.2.35 इट्	3.4.104 No इट् 6.4.34 ई 8.3.60 ष् 8.2.29	6.1.8 7.4.60 7.4.59 7.2.35 इट् ii/1 i/2 i/3	3.1.56अङ् 6.4.34 ई 8.3.60 ष्

1076 Now Atmanepada. सेट् । Tag (ङ्) ङित् ।

1076 दीधीङ् दीधी A सेट्	iii/2 iii/3 ii/2 i/1 6.4.82	iii/2 iii/3 ii/2 6.4.82	iii/2 iii/3 ii/2 i/1 i/2 i/3 6.4.82 ii/1 8.3.59 ष्	7.4.53	7.2.35 इट् 8.3.59 ष् 7.4.53	7.2.35 इट् 8.3.59 ष् 7.4.53	7.2.35 इट् 7.4.53	7.2.35 इट् 8.3.59 ष् 7.4.53	3.1.35आम् Vartika 3.1.40 कृ	3.1.44सिच् 7.2.35 इट् 8.3.59 ष् 7.4.53
1077 वेवीङ् वेवी A सेट्	Root 1076	Root 1076	Root 1076	Root 1076	Root 1076	Root 1076	Root 1076	Root 1076 ii/3 8.3.79 ढ् Option	Root 1076	Root 1076 ii/3 8.3.79 ढ् Option

End जक्षित्यादिः ।

1078 Now Parasmaipada. सेट् । Tag (अँ) अदित् ।

1078 षसँ सस् P सेट्	Simple	iii/1 ii/1 6.1.68 8.2.73 ii/1 8.2.74 Option	ii/1 8.2.25	Simple	7.2.35 इट् 8.3.59 ष्	7.2.35 इट् 8.3.59 ष्	7.2.35 इट्	3.4.104 No इट् 8.2.29	6.1.8 7.4.60 7.2.35 इट् ii/1 i/2 i/3 iii/1 i/1 7.2.116 Rest 6.4.120 ए i/1 7.1.91 Option	Root 1080

1079 Now Parasmaipada. सेट् । Tag (इँ) इदित् ।

1079 षस्तिँ संस्त् P सेट्	7.1.58 8.3.24 iii/1 iii/2 ii/2 ii/3 Option 8.4.65	7.1.58 8.3.24 iii/2 ii/2 ii/3 Option 8.4.65 iii/1 ii/1 6.1.68 8.2.23	7.1.58 8.3.24 iii/1 iii/2 ii/2 ii/3 Option 8.4.65 ii/1 8.4.53 द्	7.1.58 8.3.24	7.1.58 8.3.24 7.2.35 इट् 8.3.59 ष्	7.1.58 8.3.24 7.2.35 इट् 8.3.59 ष्	7.1.58 8.3.24 7.2.35 इट्	7.1.58 8.3.24 3.4.104 No इट् 8.2.29	7.1.58 8.3.24 6.1.8 7.4.60 7.2.35 इट् ii/1 i/2 i/3	7.1.58 8.3.24 3.1.44सिच् 7.2.35 इट् **iii/1 ii/1** 7.3.96 ईट् 8.2.28 स् लोपः **Rest** 8.3.59 ष्

1080 Now Parasmaipada. सेट् । Tag (अँ) अदित् ।

1080 वशँ वश् P सेट्	iii/1 iii/2 ii/1 ii/2 ii/3 8.2.36 ष् ii/1 8.2.41 क् 8.3.59 ष् dual plural 6.1.16 6.1.108	iii/1 iii/2 ii/1 ii/2 ii/3 8.2.36 ष् iii/1 ii/1 6.1.68 8.2.39 dual plural 6.1.16 6.1.108	iii/1 iii/2 ii/1 ii/2 ii/3 8.2.36 ष् ii/1 8.4.41 ढ् 8.4.53 ड् iii/2 iii/3 ii/1 ii/2 ii/3 6.1.16 6.1.108	6.1.16 6.1.108	7.2.35 इट् 8.3.59 ष्	7.2.35 इट् 8.3.59 ष्	7.2.35 इट्	6.1.16 6.1.108 3.4.104 No इट् 8.2.29	6.1.8 6.1.17 7.4.60 7.2.35 इट् ii/1 i/2 i/3 iii/1 i/1 7.2.116 i/1 7.1.91 Option dual plural 6.1.16 6.1.108 6.1.101	3.1.44सिच् 7.2.35 इट् **iii/1 ii/1** 7.3.96 ईट् 8.2.28 स् लोपः **Rest** 8.3.59 ष् Option 7.2.7 वृद्धिः

1081 Now Secondary Derivative Root Affix.

1081 This is an Affix qualifier to make Secondary Roots, and not a Root in itself. The Dhatu Serial Number has been given by standard Dhatupathas including Siddhanta Kaumudi, hence it is in this list.

चर्करीतं च

1082 Now Atmanepada. अनिट् । Tag (ङ्) ङित् ।

1082 हुङ् हु A अनिट्	iii/2 iii/3 ii/2 i/1 6.4.77	iii/2 iii/3 ii/2 i/1 6.4.77	i/1 i/2 i/3 7.3.84गुणः iii/2 iii/3 ii/2 i/1 6.4.77	6.4.77	7.3.84गुणः 8.3.59 ष्	7.3.84गुणः 8.3.59 ष्	7.3.84गुणः	7.3.84गुणः 8.3.59 ष् ii/3 8.3.78 ढ्	6.1.8 7.4.60 7.4.62 झ् 8.4.54 ज् 6.4.77 7.2.35 इट् ii/1 ii/3 i/2 i/3 ii/3 Option 8.3.79 ढ्	3.1.44सिच् 7.3.84गुणः 8.3.59 ष् ii/3 8.3.78 ढ्

॥ इति लुग्विकरणा अदादयः ॥ Here end the 2c Roots that have the लुक् dropping of शप् विकरण modifier affix.

3c JuhotyAdi 1083 to 1096 (24 Roots)

Sarvadhatuka Affixes 1 लट् 2 लङ् 3 लोट् 4 विधिलिङ्
2.4.75 जुहोत्यादिभ्यः श्लुः । 1.1.61 प्रत्ययस्य लुक्श्लुलुपः । 1.1.60 अदर्शनं लोपः । The शप् Gana Vikarana ordained gets dropped for Roots of 3c. Gana Vikarana शप् श्लु = dropped Stem Constructor for 3c group Roots for Sarvadhatuka Affixes 1 लट् 2 लङ् 3 लोट् 4 विधिलिङ् ।

6.1.10 श्लौ । **Reduplication** happens by Gana Vikarana श्लु for a non-duplicated Root. Thus all Roots of 3c get reduplicated for Sarvadhatuka Affixes 1 लट् 2 लङ् 3 लोट् 4 विधिलिङ् ।

अट् Augment by 6.4.71 लुङ्लङ्लृङ्क्ष्वडुदात्तः for लङ् लृङ् लुङ् is not mentioned explicitly as it happens for all consonant beginning Roots in Dhatupatha. Similarly आट् Augment by 6.4.72 आडजादीनाम् and Vriddhi by 6.1.90 आटश्च for लङ् लृङ् लुङ् happens for all vowel beginning Roots in Dhatupatha.

Ardhadhatuka Affixes 5 लृट् 6 लृङ् 7 लुट् 8 आशीर्लिङ्
Template for Parasmaipada सेट् Roots having Penultimate short इक् vowel = 1c Root 39 चितीँ चित् P सेट्
Template for Parasmaipada सेट् Roots having Final इक् vowel = 1c Root 1 भू भू P सेट्
Template for Parasmaipada सेट् Roots having No इक् vowel = 1c Root 51 बदँ बद् P सेट्
Template for Atmanepada सेट् Roots having Penultimate short इक् vowel = 1c Root 16 मुदँ मुद् A सेट्
Template for Atmanepada सेट् Roots having Final इक् vowel = 1c Root 966 पूङ् पू A सेट्
Template for Atmanepada सेट् Roots having No इक् vowel = 1c Root 8 दधँ दध् A सेट्

Template for Parasmaipada अनिट् Roots having Penultimate short इक् vowel = 1c Root 687 शिषँ शिष् P अनिट्
Template for Parasmaipada अनिट् Roots having Final इक् vowel = 1c Root 561 जि जि P अनिट्
Template for Parasmaipada अनिट् Roots having No इक् vowel = 1c Root 854 षद्लृँ सद् P अनिट्
Template for Atmanepada अनिट् Roots having Penultimate short इक् vowel = 1c Root 362 तिपृँ तिप् A अनिट्
Template for Atmanepada अनिट् Roots having Final इक् vowel = 1c Root 949 गुङ् गु A अनिट्
Template for Atmanepada अनिट् Roots having No इक् vowel = 1c Root 1159 तपँ तप् A अनिट्

Ardhadhatuka Affixes 9 लिट् 10 लुङ्
Template for Atmanepada सेट् Roots having No इक् vowel = 1c Root 8 दधँ दध् A सेट्

Template for Atmanepada अनिट् Roots having Penultimate short इक् vowel = 1c Root 362 तिपृँ तिप् A अनिट्
Template for Atmanepada अनिट् Roots having Final इक् vowel = 1c Root 949 गुङ् गु A अनिट्
Template for Atmanepada अनिट् Roots having No इक् vowel = 1c Root 1159 तपँ तप् A अनिट्

1083 Now Parasmaipada. अनिट् ।

	Present Tense	Past Tense	Imperative Mood	Potential Mood	Future Tense	Conditional Mood	Periphrastic Future	Benedictive Mood	Perfect Past	Aorist Past
Root 1083 हु हु P अनिट्	1 लट् 7.3.84 guna singular 6.1.10 7.4.62 8.4.54	2 लङ् 7.3.84 guna singular 6.1.10 7.4.62 8.4.54	3 लोट् 7.3.84 guna singular 6.1.10 7.4.62 8.4.54	4 विधि 3.4.103 no guna 6.1.10 7.4.62 8.4.54	5 लृट् 7.3.84 guna 8.3.59	6 लृङ् 7.3.84 guna 8.3.59	7 लुट् 7.3.84 guna	8 आशीर् 3.4.104 No guna 7.4.25 Dirgha	9 लिट् 3.1.39 आम् option 3.1.40 6.1.10 6.1.8 7.3.84	10 लुङ् 3.1.44 सिच् 7.2.1 वृद्धिः 8.3.59

									guna singular 7.4.62 7.4.66 8.4.54 पक्षे 6.1.8 7.4.62 7.2.61 7.2.63	
1084 ञिभी भी P अनिट्	7.3.84 guna singular 6.1.10 7.4.59 8.4.54 पक्षे 6.4.115	7.3.84 guna singular 6.1.10 7.4.59 8.4.54 पक्षे 6.4.115	7.3.84 guna singular 6.1.10 7.4.59 8.4.54 पक्षे 6.4.115	3.4.103 no guna 6.1.10 7.4.59 8.4.54 पक्षे 6.4.115	Root 1083	Root 1083	Root 1083	simple	Root 1083	Root 1083
1085 ह्री ह्री P अनिट्	Root 1083 7.4.60 7.4.59	Root 1083 7.4.60 7.4.59	Root 1083 7.4.60 7.4.59 8.4.2	Root 1083 7.4.60 7.4.59	Root 1083	Root 1083	Root 1083	simple	Root 1083	Root 1083

1086 Now Parasmaipada. सेट् ।

1086 पॄ पॄ P सेट्	7.3.84 guna singular 6.1.10 7.4.60 7.4.77 7.1.102 8.2.77	7.3.84 guna singular 6.1.10 7.4.60 7.4.77 7.1.102 8.2.77	7.3.84 guna singular 6.1.10 7.4.60 7.4.77 7.1.102 8.2.77 8.4.2	3.4.103 no guna 6.1.10 7.4.60 7.4.77 7.1.102 8.2.77	7.3.84 guna 7.2.35 इट् 7.2.38 वा	7.3.84 guna 7.2.35 इट् 7.2.38 वा	7.3.84 guna 7.2.35 इट् 7.2.38 वा	3.4.104 No guna No इट् 7.1.102 8.2.77	6.1.8 7.4.59 7.4.66 7.1.91 7.4.12 option	3.1.44 सिच् 7.2.1 वृद्धिः

Begin भृञादिः अन्तर्गणः ।

7.4.76 भृञामित् । इ replaces vowel of reduplicated portion for श्लु Gana Vikarana.

1087 Now Ubhayepada. अनिट् । Tag (डु ञ्) ड्वित् ञित् ।

1087 डुभृञ् भृ U अनिट्	P 7.3.84 guna singular 6.1.10 7.4.60 7.4.76 8.4.54 7.4.66	P 7.3.84 guna singular 6.1.10 7.4.60 7.4.76 6.1.68 8.4.54 7.4.66	P 7.3.84 guna singular 6.1.10 7.4.60 7.4.76 8.4.54 7.4.66 8.4.2	3.4.103 no guna 6.1.10 7.4.76 8.4.54 7.4.66	7.3.84 guna 7.2.70 इट् 8.3.59	7.3.84 guna 7.2.70 इट् 8.3.59	7.3.84 guna	P 3.4.104 no guna 7.4.28 A 3.4.102 6.1.66 8.3.59 8.3.78	3.1.39 आम् option 3.1.40 6.1.10 6.1.8 7.3.84 guna singular 7.4.62	3.1.44 सिच् P 7.2.1 वृद्धिः A 1.2.12 no guna

		A 6.1.77							7.4.66 8.4.54 पक्षे 6.1.8 7.4.66 8.4.54 7.1.91	

1088 Now Atmanepada. अनिट् । Tag (ङ्) ङित् । (औँ) ओदित् ।

1088 माङ् मा A अनिट्	6.1.10 7.4.59 7.4.76 6.4.113 6.4.112	6.1.10 7.4.59 7.4.76 6.4.113 6.4.112	6.1.10 7.4.59 7.4.76 6.4.113 6.4.112	6.1.10 7.4.59 7.4.76 6.4.112	simple	simple	simple	simple	6.1.8 7.4.59	3.1.44 सिच्
1089 औँहाङ् हा A अनिट्	Root 1088 7.4.62 8.4.54	Root 1088 7.4.62 8.4.54	Root 1088 7.4.62 8.4.54	Root 1088 7.4.62 8.4.54	simple	simple	simple	simple	Root 1088 8.4.54 8.3.79	3.1.44 सिच्

End भृञादिः ।

1090 Now Parasmaipada. अनिट् । Tag (औँ क्) ओदित् कित् ।

1090 औँहाक् हा P अनिट्	6.1.10 7.4.62 7.4.59 8.4.54 6.4.116 Option पक्षे 6.4.113	6.1.10 7.4.62 7.4.59 8.4.54 6.4.116 Option पक्षे 6.4.113	6.1.10 7.4.62 7.4.59 8.4.54 6.4.116 Option पक्षे 6.4.113	6.1.10 7.4.62 7.4.59 8.4.54 6.4.118	simple	simple	simple	3.4.104 6.4.67	6.1.8 7.4.62 7.4.59 6.1.88 8.4.54 7.2.61 option by 7.2.63	3.1.44 सिच्

1091 Now Ubhayepada. अनिट् । Tag (डु ञ्) ड्वित् ञित् ।

1091 डुदाञ् दा U अनिट्	6.1.10 7.4.59 6.4.112 8.4.55	6.1.10 7.4.59 6.4.112 8.4.55	6.1.10 7.4.59 6.4.112 8.4.55	6.1.10 7.4.59 6.4.112 P 3.4.103 A 3.4.102	simple	simple	simple	P 3.4.104 6.4.67 A 3.4.102	6.1.8 7.1.34 7.4.59 6.1.88 6.4.112 7.2.61 option by 7.2.63 A 6.4.64	3.1.44 सिच् P 2.4.77 A 1.2.17 8.2.27 8.3.78
1092 डुधाञ् धा U अनिट्	Root 1091	Root 1091	Root 1091	Root 1091	simple	simple	simple	Root 1091	Root 1091 8.2.38 8.4.54	Root 1091

Begin णिजादिः अन्तर्गणः ।

7.4.75 निजां त्रयाणां गुणः श्लौ । Guna replaces vowel of reduplicated portion for श्लु Gana Vikarana.

1093 Now Ubhayepada. अनिट् । Tag (इँर्) इरित् ।

1093 णिजिँर् निज् U अनिट्	6.1.64 Root 1094	6.1.64 Root 1094	6.1.64 Root 1094	6.1.64 Root 1094	6.1.64 Root 1094	6.1.64 Root 1094	6.1.64 Root 1094	6.1.64 Root 1094	6.1.64 Root 1094	6.1.64 Root 1094
1094 विजिँर् विज् U अनिट्	6.1.10 7.4.60 7.4.59 7.4.75 8.2.30 P 7.3.86 guna singular	6.1.10 7.4.60 7.4.59 7.4.75 8.2.30 P 7.3.86 guna singular A 8.4.55	6.1.10 7.4.60 7.4.59 7.4.75 8.2.30 8.4.55 P 7.3.86 guna singular	6.1.10 7.4.60 7.4.75 P 3.4.103 A 3.4.102	7.3.86 guna 8.2.30 8.3.59 8.4.55	7.3.86 guna 8.2.30 8.3.59 8.4.55	7.3.86 guna 8.2.30 8.4.55	P 3.4.104 A 3.4.102 6.1.66 8.2.30 8.3.59	6.1.8 7.4.60 P 7.3.86 guna singular	3.1.44 सिच् P 3.1.57 अङ् option पक्षे सिच् 7.2.3 8.2.30 8.4.55 A 3.1.44 1.2.11 no guna 8.2.30 8.4.55

1095 Now Ubhayepada. अनिट् । Tag (षृ) षित् ।

1095 विषॢँ विष् U अनिट्	6.1.10 7.4.60 7.4.75 P 7.3.86 guna singular A ii/3 8.4.41 8.4.53	6.1.10 7.4.60 7.4.75 P 7.3.86 guna singular A ii/3 8.4.41 8.4.53	6.1.10 7.4.60 7.4.75 P 7.3.86 guna singular 8.4.2 A ii/3 8.4.41 8.4.53	6.1.10 7.4.60 7.4.75 P 3.4.103 A 3.4.102	7.3.86 guna 8.2.41 8.3.59	7.3.86 guna 8.2.41 8.3.59	7.3.86 guna 8.4.41	P 3.4.104 8.2.29 A 3.4.102 6.1.66 8.2.41 8.3.59	Root 1094	P 3.1.55 अङ् A 3.1.45 क्स 8.2.41 8.3.59

End णिजादिः ।

Begin छन्दसि Vedic Roots

1096 Now Parasmaipada. अनिट् ।

1096 घृ घृ P अनिट्	Root 1099 7.4.62 8.4.54	Root 1099 7.4.62 8.4.54	Root 1099 7.4.62 8.4.54	Root 1099 7.4.62 8.4.54	Root 1099	Root 1099	Root 1099	Root 1099	Root 1099 7.4.62 8.4.54	3.1.44 सिच् 7.2.1 वृद्धिः

1097 हृ हृ P अनिट्	Root 1096									
1098 ऋ ऋ P अनिट्	7.3.84 guna singular 6.1.10 7.4.60 7.4.77 6.4.78	6.4.72 6.1.90 7.3.84 guna singular 6.1.10 7.4.60 7.4.77 6.4.78	7.3.84 guna singular 6.1.10 7.4.60 7.4.77 6.4.78 8.4.2	3.4.103 no guna 6.1.10 7.4.66 7.4.77 6.4.78	7.3.84 guna 7.2.70 इट्	6.4.72 6.1.90	7.3.84 guna	3.4.104 no guna 7.4.29 8.2.29	6.1.8 7.2.115 7.4.66 7.4.70 6.1.101 7.4.11 ii/1 guna 7.3.84 7.2.60	6.4.72 6.1.90
1099 सृ सृ P अनिट्	7.3.84 guna singular 6.1.10 7.4.60	7.3.84 guna singular 6.1.10 7.4.60	7.3.84 guna singular 6.1.10 7.4.60 8.4.2	3.4.103 no guna 6.1.10	7.3.84 guna 7.2.70 इट्	7.3.84 guna 7.2.70 इट्	7.3.84 guna	3.4.104 no guna 7.4.28 8.2.29	7.2.115 7.3.84 guna singular 6.1.8 7.4.60 7.4.66 7.1.91	3.1.56 अङ् 7.4.16 गुणः

1100 Now Parasmaipada. सेट् । Tag (अँ) अदित् ।

1100 भसँ भस् P सेट्	6.1.10 7.4.60 8.4.54 6.4.100 8.2.26 8.2.40	6.1.10 7.4.60 8.4.54 6.4.100 8.2.26 8.2.40 8.2.74 option	6.1.10 7.4.60 8.4.54 6.4.100 8.2.26 8.2.40	6.1.10 7.4.60 8.4.54 6.4.100 8.4.55	7.2.35 इट् 8.3.59	7.2.35 इट् 8.3.59	7.2.35 इट्	6.4.100 8.2.29 8.4.55	6.1.8 7.2.116 7.4.60 8.4.54 ii/1 7.2.35 इट् i/1 7.1.91 वा Dual Plural 8.4.55	3.1.44 सिच् 7.2.7 वृद्धिः option

1101 Now Parasmaipada. अनिट् ।

1101 कि कि P अनिट्	7.3.84 guna singular 6.1.10 7.4.62 7.4.59	7.3.84 guna singular 6.1.10 7.4.62 7.4.59	7.3.84 guna singular 6.1.10 7.4.62 7.4.59	3.4.103 no guna 6.1.10 7.4.62	7.3.84 guna 8.3.59	7.3.84 guna 8.3.59	7.3.84 guna	3.4.104 no guna 7.4.25 दीर्घः 8.2.29	6.1.8 7.4.62 iii/1 i/1 7.2.115 6.1.78 i/1 7.1.91 ii/1 guna 7.3.84 7.4.59 7.2.61 option dual plural 6.4.82	3.1.44 सिच् 7.2.1 वृद्धिः

1102 Now Parasmaipada. सेट् । Tag (अँ) अदित् ।

1102 तुरँ	7.3.86	7.3.86	7.3.86	3.4.103	7.3.84	7.3.84	7.3.84	3.4.104	7.3.86	3.1.44

तुर् P सेट्	guna singular 6.1.10 7.4.60 7.4.59 Dual Plural 8.2.77	guna singular 6.1.10 7.4.60 7.4.59 iii/1 ii/1 6.1.68 8.3.15 Dual Plural 8.2.77	guna singular 6.1.10 7.4.60 7.4.59 8.4.2 Dual Plural 8.2.77	no guna 6.1.10 7.4.60 8.2.77	guna 7.2.35 इट् 8.3.59	guna 7.2.35 इट् 8.3.59	guna 7.2.35 इट्	no guna 8.2.29 8.2.77	guna singular 6.1.8 7.4.60 ii/1 7.2.35 इट्	सिच् 7.3.86 guna
1103 धिषँ धिष् P सेट्	Root 1102 8.4.54 (no 8.2.77)	7.3.86 guna singular 6.1.10 7.4.60 7.4.59 iii/1 ii/1 6.1.68 8.2.39 8.4.56	Root 1102 8.4.54 (no 8.2.77)	Root 1102 8.4.54 (no 8.2.77)	Root 1102	Root 1102	Root 1102	Root 1102 (no 8.2.77)	Root 1102 8.4.54	Root 1102
1104 धनँ धन् P सेट्	Root 1105 8.4.54	Root 1105 8.4.54	Root 1105 8.4.54	Root 1105 8.4.54	Root 1105	Root 1105	Root 1105	3.4.104 8.2.29	6.1.8 7.4.60 8.4.54 iii/1 i/1 7.2.115 i/1 7.1.91 ii/1 इट् 7.2.35 i/1 7.1.91 option	Root 1105
1105 जनँ जन् P सेट्	6.1.10 7.4.60 8.3.24 8.4.58	6.1.10 7.4.60 iii/1 ii/1 6.1.68	6.1.10 7.4.60 8.3.24 8.4.58	6.1.10 7.4.60	7.2.35 इट् 8.3.59	7.2.35 इट् 8.3.59	7.2.35 इट्	3.4.104 8.2.29 6.4.43 विभाषा	6.1.8 7.4.60 8.4.54 iii/1 i/1 7.2.115 i/1 7.1.91 ii/1 इट् 7.2.35 6.4.121 i/1 7.1.91 option dual plural 6.4.98	3.1.44 सिच् 7.2.7 वृद्धिः option

1106 Now Parasmaipada. अनिट् ।

1106 गा गा P अनिट्	6.1.10 7.4.62 7.4.59 7.4.78	6.1.10 7.4.62 7.4.59 7.4.78 6.4.113 6.4.112	6.1.10 7.4.62 7.4.59 7.4.78 6.4.113 6.4.112	6.1.10 7.4.62 7.4.59 7.4.78 6.4.113	simple	simple	simple	3.4.104 6.4.67 8.2.29	6.1.8 7.4.62 7.4.59 iii/1 i/1 7.1.34 6.1.88	3.1.44 सिच्

ii/1 इट्
7.2.61
option
dual plural
6.4.64

घृप्रभृतय एकादशच्छन्दसि गताः । इयर्ति भाषायामपि । Root 1098 ऋ is seen in classical literature also.
॥ इति श्लु विकरणा जुहोत्यादयः ॥ End of 3c Roots that have the श्लु dropping of शप् विकरण modifier affix.

4c DivAdi 1107 to 1246 (141 Roots)

The 10 Groups in Dhatupatha.

1c	4c	6c	10c	2c	3c	5c	7c	8c	9c
शप् = अ	श्यन् = य	श = अ	शप्+णिच् = अय	शप् लुक्	शप् श्लु	श्नु = नु	श्नम् = न	उ	श्ना = ना
Here Root+Vikarana = Stem ends in अकारः				Here Root+Vikarana = Stem does not end in अकारः					

The 10 Tenses and Moods in Sanskrit.

1 लट्	2 लङ्	3 लोट्	4 विधिलिङ्	5 लृट्	6 लृङ्	7 लुट्	8 आशीर्लिङ्	9 लिट्	10 लुङ्
Sarvadhatuka Affixes, since their Vikarana is under 3.4.113 तिङ्शित्सार्वधातुकम् i.e. begins with त् or श् । This Vikarana is called Gana Vikarana since it varies for each of the 10 groups in the Dhatupatha. (However Gana Vikarana उ for Roots of 8c is Ardhadhatuka).				Ardhadhatuka Affixes, since their Vikarana is under 3.4.114 आर्धधातुकं शेषः । This Vikarana remains same for all Roots in the Dhatupatha.					

During Verb Construction, two significant considerations can apply, viz. Guna and इट् augment.

Guna

- By 1.2.4 सार्वधातुकमपित् and 1.1.5 क्ङिति च Guna can apply only for a पित् Sarvadhatuka Affix. The singular affixes of Parasmaipada are पित् and cause Guna. Rest are ङित् so no Guna. All Atmanepada affixes are ङित् so no Guna
- By 7.3.84 सार्वधातुकार्धधातुकयोः and 7.3.86 पुगन्तलघूपधस्य च Guna can apply for any Ardhadhatuka Affix

इट् augment

- By 7.2.35 आर्धधातुकस्येड् वलादेः the इट् augment can apply only for a यकारः beginning Ardhadhatuka Affix
- By 7.2.13 कृसृभृवृस्तुद्रुस्रुश्रुवो लिटि the इट् augment applies to all Roots except those given here for Parasmaipada लिट् ii/1 , i/2 , i/3, and Atmanepada लिट् ii/1 , ii/3 , i/2 , i/3

For विधिलिङ् we have additional clarification.

- By 3.4.102 लिङस्सीयुट् the Vikarana modifier सीयुँट् = सीय् gets applied for Atmanepada Affixes of विधिलिङ् । This Vikarana is Ardhadhatuka by 3.4.114 however by 3.4.116, we see that सीयुँट् is Ardhadhatuka only for आशीर्लिङ् and thus by extrapolation it is Sarvadhatuka for विधिलिङ् । So it could cause Guna only if पित् by 1.2.4 सार्वधातुकमपित् । Now since सीयुँट् is अपित् it cannot cause Guna in case of विधिलिङ्
- By 3.4.103 यासुट् परस्मैपदेषूदात्तो ङिच्च the Vikarana यासुँट् = यास् gets applied for Parasmaipada Affixes of विधिलिङ् and it behaves as ङित् । By 1.1.5 क्ङिति च it cannot cause Guna

For आशीर्लिङ् we have additional clarification.

- By 3.4.102 लिङस्सीयुट् the Vikarana सीयुँट् = सीय् gets applied for Atmanepada Affixes of आशीर्लिङ् । This Vikarana is Ardhadhatuka by 3.4.114 and can cause Guna and इट् augment.
- By 3.4.103 यासुट् परस्मैपदेषूदात्तो ङिच्च the Vikarana यासुँट् = यास् gets applied for Parasmaipada Affixes of आशीर्लिङ् and by 3.4.104 किदाशिषि it behaves as कित् । By 1.1.5 क्ङिति च it cannot cause Guna. Also since it is beginning with यकारः by 7.2.35 आर्धधातुकस्येड् वलादेः it cannot cause इट् augment.

For लुङ् we have additional clarification.

- 3.1.44 च्लेः सिच् the Vikarana सिँच् = स् gets applied for लुङ् for specific Roots. This Vikarana is Ardhadhatuka by 3.4.114 and can cause Guna and इट् augment.
- By 3.1.55 पुषादिद्युताद्यॢदितः परस्मैपदेषु the Vikarana अङ् = अ gets applied for Parasmaipada Affixes of लुङ् for specific Roots. This Vikarana is Ardhadhatuka by 3.4.114 and cannot cause Guna by 1.1.5 क्ङिति च and cannot cause इट् by 7.2.35 आर्धधातुकस्येड् वलादेः since it begins with a vowel.

Notice that during Verb Construction, two sets of Affixes gets applied to a Root for लट् लङ् लोट्

- The Parasmaipada / Atmanepada Ting Affixes at the end. By 3.4.113 these are all Sarvadhatuka
- The Gana Vikarana Affixes in between. By 3.4.113 Vikarana Affixes for 1c 2c 3c 4c 5c 6c 7c 9c Roots are Sarvadhatuka and by 3.4.114 for 8c 10c Roots are Ardhadhatuka

Notice that during Verb Construction, three sets of Affixes gets applied to a Root for विधिलिङ्

- The Parasmaipada / Atmanepada Ting Affixes at the end. By 3.4.113 these are all Sarvadhatuka
- The Gana Vikarana Affixes in between. By 3.4.113 Vikarana Affixes for 1c 2c 3c 4c 5c 6c 7c 9c Roots are Sarvadhatuka and by 3.4.114 for 8c 10c Roots are Ardhadhatuka
- Vikarana modifier affixes in between. E.g. सीयुँट् , यासुँट् etc. Here सीयुँट् can cause Guna. यासुँट् is ङित् and cannot cause Guna for Roots of 4c 5c 6c 7c 9c. It also overrides Guna by शप् for 1c 2c 3c Roots and by उ 8c

Notice that during Verb Construction, two sets of Affixes get applied to a Root for लृट् लृङ् लुट् आशीर्लिङ् लिट् लुङ्

- The Parasmaipada / Atmanepada Ting Affixes at the end. By 3.4.113 these are all Sarvadhatuka.
- The Vikarana Affixes in between. E.g. सीयुँट् , यासुँट् etc. By 3.4.113 and 3.4.114, these are Ardhadhatuka

Apart from the Parasmaipada / Atmanepada Ting Affixes and the Vikarana Affixes, some modifications or augments to these affixes can happen in some cases, e.g. इट् augment, नुम् augment, etc.
6.1.8 लिटि धातोरनभ्यासस्य । Reduplication happens for लिट् for non-duplicated Roots.

6.4.71 लुङ्लङ्लृङ्क्ष्वडुदात्तः । अट् augment applies for लङ् लृङ् लुङ् for all Consonant beginning Roots. **This Sutra is not explicitly mentioned in each such Root as it applies without any exception.**

Guna Matrix

Guna Matrix for 1c Roots for Sarvadhatuka Affixes. Sample Root 900 धृञ् धृ Ubhayepada

Tense Mood	Guna by शप् Gana Vikarana	Guna by Tense Modifier if any. Parasmaipada / Atmanepada	Guna by तिङ् Ting 3x3 Affixes	Result for all 3x3 affixes
1 लट्	Possible since पित्	None. Parasmaipada Yes by शप्	Singular Yes since पित् , Rest No since ङित्	P Guna by शप्
		None. Atmanepada Yes by शप्	No since ङित्	A Guna by शप्
2 लङ्	Possible since पित्	None. Parasmaipada Yes by शप्	Singular Yes since पित् , Rest No since ङित्	P Guna by शप्
		None. Atmanepada Yes by शप्	No since ङित्	A Guna by शप्
3 लोट्	Possible since पित्	None. Parasmaipada Yes by शप्	iii/1 i/1 i/2 i/3 Yes since पित् , ii/1 No dropped, Rest No ङित्	P Guna by शप्
		None. Atmanepada Yes by शप्	First Person Yes since पित् , Rest No since ङित्	A Guna by शप्
4 विधिलिङ्	Possible since पित्	यासुँट् ङित् Parasmaipada Yes by शप्	Singular Yes since पित् , Rest No since ङित्	P Guna by शप्
		सीयुँट् Atmanepada Yes by शप्	No since ङित्	A Guna by शप्

Guna Matrix for 2c Roots for Sarvadhatuka Affixes. Sample Root 1014 दुहँ दुह् Ubhayepada

Tense Mood	Guna by शप् लुक् Gana Vikarana	Guna by Tense Modifier if any. Parasmaipada / Atmanepada	Guna by तिङ् Ting 3x3 Affixes	Result for all 3x3 affixes
1 लट्	No since dropped	None. Parasmaipada No	Singular Yes since पित् , Rest No since ङित्	P iii/1 ii/1 i/1 Guna. Rest No
		None. Atmanepada No	No since ङित्	A no Guna
2 लङ्	No since dropped	None. Parasmaipada No	Singular Yes since पित् , Rest No since ङित्	P Singular Guna. Rest No
		None. Atmanepada No	No since ङित्	A no Guna
3 लोट्	No since dropped	None. Parasmaipada No	iii/1 i/1 i/2 i/3 Yes since पित् , ii/1 No अपित् , Rest No ङित्	P iii/1 i/1 i/2 i/3 Guna. Rest No
		None. Atmanepada No	First Person Yes since पित् , Rest No since ङित्	A i/1 i/2 i/3 Guna. Rest No
4 विधिलिङ्	No since dropped	यासुँट् ङित् Parasmaipada No since ङित्	Singular Yes since पित् , Rest No since ङित्	P No Guna as no इक् vowel
		सीयुँट् Atmanepada No since Sarvadhatuka by extrapolation of 3.4.116 and 1.2.4 अपित्	No since अपित्	A no Guna

Guna Matrix for 3c Roots for Sarvadhatuka Affixes. Sample Root 1087 डुभृञ् भृ Ubhayepada

Tense Mood	Guna by शप् श्लु Gana Vikarana	Guna by Tense Modifier if any. Parasmaipada / Atmanepada	Guna by तिङ् Ting 3x3 Affixes	Result for all 3x3 affixes
1 लट्	No since dropped	None. Parasmaipada No	Singular Yes since पित्, Rest No since ङित्	P iii/1 ii/1 i/1 Guna. Rest No
		None. Atmanepada No	No since ङित्	A no Guna
2 लङ्	No since dropped	None. Parasmaipada No	Singular Yes since पित्, Rest No since ङित्	P Singular Guna. Rest No
		None. Atmanepada No	No since ङित्	A no Guna
3 लोट्	No since dropped	None. Parasmaipada No	iii/1 i/1 i/2 i/3 Yes since पित्, ii/1 No अपित्, Rest No ङित्	P iii/1 i/1 i/2 i/3 Guna. Rest No
		None. Atmanepada No	First Person Yes since पित्, Rest No since ङित्	A i/1 i/2 i/3 Guna. Rest No
4 विधिलिङ्	No since dropped	यासुँट् ङित् Parasmaipada No since ङित्	Singular Yes since पित्, Rest No since ङित्	P No Guna as no इक् vowel
		सीयुँट् Atmanepada No since अपित्	No since अपित्	A no Guna

Guna Matrix for 4c Roots for Sarvadhatuka Affixes. Sample Root 1164 मृषँ मृष् Ubhayepada

Tense Mood	Guna by श्यन् Gana Vikarana	Guna by Tense Modifier if any. Parasmaipada / Atmanepada	Guna by तिङ् Ting 3x3 Affixes	Result for all 3x3 affixes
1 लट्	No since शित्	None. Parasmaipada No	Singular Yes since पित्, Rest No since ङित्	P No Guna as no इक् vowel
		None. Atmanepada No	No since ङित्	A no Guna
2 लङ्	No since शित्	None. Parasmaipada No	Singular Yes since पित्, Rest No since ङित्	P No Guna as no इक् vowel
		None. Atmanepada No	No since ङित्	A no Guna
3 लोट्	No since शित्	None. Parasmaipada No	iii/1 i/1 i/2 i/3 Yes since पित्, ii/1 No अपित्, Rest No ङित्	P No Guna as no इक् vowel
		None. Atmanepada No	First Person Yes since पित्, Rest No since ङित्	A No Guna as no इक् vowel
4 विधिलिङ्	No since शित्	यासुँट् ङित् Parasmaipada No since ङित्	Singular Yes since पित्, Rest No since ङित्	P No Guna as no इक् vowel
		सीयुँट् Atmanepada No since अपित्	No since अपित्	A no Guna

Guna Matrix for 5c Roots for Sarvadhatuka Affixes. Sample Root 1247 षुञ् सु Ubhayepada

Tense Mood	Guna by श्नु Gana Vikarana	Guna by Tense Modifier if any. Parasmaipada / Atmanepada	Guna by तिङ् Ting 3x3 Affixes	Result for all 3x3 affixes
1 लट्	No since शित्	None. Parasmaipada No	Singular Yes since पित् , Rest No since ङित्	P iii/1 ii/1 i/1 Guna. Rest No
		None. Atmanepada No	No since ङित्	A no Guna
2 लङ्	No since शित्	None. Parasmaipada No	Singular Yes since पित् , Rest No since ङित्	P Singular Guna. Rest No
		None. Atmanepada No	No since ङित्	A no Guna
3 लोट्	No since शित्	None. Parasmaipada No	iii/1 i/1 i/2 i/3 Yes since पित् , ii/1 No since अपित् , Rest No since ङित्	P iii/1 i/1 i/2 i/3 Guna. Rest No
		None. Atmanepada No	First Person Yes since पित् , Rest No since ङित्	A i/1 i/2 i/3 Guna. Rest No
4 विधिलिङ्	No since शित्	यासुँट् ङित् Parasmaipada No since ङित्	Singular Yes since पित् , Rest No since ङित्	P No Guna as no इक् vowel
		सीयुँट् Atmanepada No since अपित्	No since अपित्	A no Guna

Guna Matrix for 6c Roots for Sarvadhatuka Affixes. Sample Root 1281 तुदँ तुद् Ubhayepada

Tense Mood	Guna by श Gana Vikarana	Guna by Tense Modifier if any. Parasmaipada / Atmanepada	Guna by तिङ् Ting 3x3 Affixes	Result for all 3x3 affixes
1 लट्	No since शित्	None. Parasmaipada No	Singular Yes since पित् , Rest No since ङित्	P No Guna as no इक् vowel
		None. Atmanepada No	No since ङित्	A no Guna
2 लङ्	No since शित्	None. Parasmaipada No	Singular Yes since पित् , Rest No since ङित्	P No Guna as no इक् vowel
		None. Atmanepada No	No since ङित्	A no Guna
3 लोट्	No since शित्	None. Parasmaipada No	iii/1 i/1 i/2 i/3 Yes since पित् , ii/1 No अपित् , Rest No ङित्	P No Guna as no इक् vowel
		None. Atmanepada No	First Person Yes since पित् , Rest No since ङित्	A No Guna as no इक् vowel
4 विधिलिङ्	No since शित्	यासुँट् ङित् Parasmaipada No since ङित्	Singular Yes since पित् , Rest No since ङित्	P No Guna as no इक् vowel
		सीयुँट् Atmanepada No since अपित्	No since अपित्	A no Guna

Guna Matrix for 7c Roots for Sarvadhatuka Affixes. Sample Root 1444 युजिँर् युज् Ubhayepada

Tense Mood	Guna by श्नम् Gana Vikarana	Guna by Tense Modifier if any. Parasmaipada / Atmanepada	Guna by तिङ् Ting 3x3 Affixes	Result for all 3x3 affixes
1 लट्	No since शित्	None. Parasmaipada No	Singular Yes since पित्, Rest No since ङित्	P No Guna as no इक् vowel
		None. Atmanepada No	No since ङित्	A no Guna
2 लङ्	No since शित्	None. Parasmaipada No	Singular Yes since पित्, Rest No since ङित्	P No Guna as no इक् vowel
		None. Atmanepada No	No since ङित्	A no Guna
3 लोट्	No since शित्	None. Parasmaipada No	iii/1 i/1 i/2 i/3 Yes since पित्, ii/1 No अपित्, Rest No ङित्	P No Guna as no इक् vowel
		None. Atmanepada No	First Person Yes since पित्, Rest No since ङित्	A No Guna as no इक् vowel
4 विधिलिङ्	No since शित्	यासुँट् ङित् Parasmaipada No since ङित्	Singular Yes since पित्, Rest No since ङित्	P No Guna as no इक् vowel
		सीयुँट् Atmanepada No since अपित्	No since अपित्	A no Guna

Guna Matrix for 8c Roots for Sarvadhatuka Affixes. Sample Root 1466 क्षिणुँ क्षिण् Ubhayepada

Tense Mood	Guna by उ Gana Vikarana	Guna by Tense Modifier if any. Parasmaipada / Atmanepada	Guna by तिङ् Ting 3x3 Affixes	Result for all 3x3 affixes
1 लट्	Possible since आर्धधातुक	None. Parasmaipada Yes by उ	Singular Yes since पित्, Rest No since ङित्	P Guna by उ all affixes. Then iii/1 ii/1 i/I by तिङ्
		None. Atmanepada Yes by उ	No since ङित्	A Guna by उ all affixes. None by तिङ्
2 लङ्	Possible since आर्धधातुक	None. Parasmaipada Yes by उ	Singular Yes since पित्, Rest No since ङित्	P Guna by उ all affixes. Then iii/1 ii/1 i/I by तिङ्
		None. Atmanepada Yes by उ	No since ङित्	A Guna by उ all affixes. None by तिङ्
3 लोट्	Possible since आर्धधातुक	None. Parasmaipada Yes by उ	iii/1 i/1 i/2 i/3 Yes since पित्, ii/1 No dropped, Rest No ङित्	P Guna by उ all affixes. Then iii/1 i/1 i/2 i/3 by तिङ्
		None. Atmanepada Yes by उ	First Person Yes since पित्, Rest No since ङित्	A Guna by उ all affixes. Then i/1 i/2 i/3 by तिङ्

4 विधिलिङ्	Possible since आर्धधातुक	यासुँट् ङित् Parasmaipada Yes by उ	Singular Yes since पित् , Rest No since ङित्	P Guna by उ all affixes. None by तिङ् since no इक् vowel
		सीयुँट् Atmanepada Yes by उ	No since ङित्	A Guna by उ all affixes. None by तिङ्

Guna Matrix for 9c Roots for Sarvadhatuka Affixes. Sample Root 1444 युजिँर् युज् Ubhayepada

Tense Mood	Guna by **श्ना** Gana Vikarana	Guna by Tense Modifier if any. Parasmaipada / Atmanepada	Guna by तिङ् Ting 3x3 Affixes	Result for all 3x3 affixes
1 लट्	No since शित्	None. Parasmaipada No	Singular Yes since पित् , Rest No since ङित्	P No Guna as no इक् vowel
		None. Atmanepada No	No since ङित्	A no Guna
2 लङ्	No since शित्	None. Parasmaipada No	Singular Yes since पित् , Rest No since ङित्	P No Guna as no इक् vowel
		None. Atmanepada No	No since ङित्	A no Guna
3 लोट्	No since शित्	None. Parasmaipada No	iii/1 i/1 i/2 i/3 Yes since पित् , ii/1 No अपित् , Rest No ङित्	P No Guna as no इक् vowel
		None. Atmanepada No	First Person Yes since पित् , Rest No since ङित्	A No Guna as no इक् vowel
4 विधिलिङ्	No since शित्	यासुँट् ङित् Parasmaipada No since ङित्	Singular Yes since पित् , Rest No since ङित्	P No Guna as no इक् vowel
		सीयुँट् Atmanepada No since अपित्	No since अपित्	A no Guna

Guna Matrix for 10c Roots for Sarvadhatuka Affixes. Sample Root 1534 चुरँ चुर् Ubhayepada

Tense Mood	Guna by णिच् Gana Vikarana	Guna by Tense Modifier if any. Parasmaipada / Atmanepada	Guna by तिङ् Ting 3x3 Affixes	Result for all 3x3 affixes
1 लट्	Possible since आर्धधातुक	शप् Parasmaipada Yes by शप्	Singular Yes since पित्, Rest No since ङित्	P Guna by णिच् and then by शप् all affixes. No Guna by तिङ् as no इक् vowel
		शप् Atmanepada Yes by शप्	No since ङित्	P Guna by णिच् and then by शप् all affixes.
2 लङ्	Possible since आर्धधातुक	शप् Parasmaipada Yes by शप्	Singular Yes since पित्, Rest No since ङित्	P Guna by णिच् and then by शप् all affixes. No Guna by तिङ् as no इक् vowel
		शप् Atmanepada Yes by शप्	No since ङित्	P Guna by णिच् and then by शप् all affixes.
3 लोट्	Possible since आर्धधातुक	शप् Parasmaipada Yes by शप्	iii/1 i/1 i/2 i/3 Yes since पित्, ii/1 No dropped, Rest No ङित्	P Guna by णिच् and then by शप् all affixes. No Guna by तिङ् as no इक् vowel
		शप् Atmanepada Yes by शप्	First Person Yes since पित्, Rest No since ङित्	A Guna by णिच् and then by शप् all affixes. No Guna by तिङ् as no इक् vowel
4 विधिलिङ्	Possible since आर्धधातुक	शप् + यासुँट् ङित् Parasmaipada Yes by शप्	Singular Yes since पित्, Rest No since ङित्	P Guna by णिच् and then by शप् all affixes. No Guna by तिङ् as no इक् vowel
		शप् + सीयुँट् Atmanepada Yes by शप्	No since ङित्	A Guna by णिच् and then by शप् all affixes.

3.1.69 दिवादिभ्यः श्यन् । Gana Vikarana श्यन् = य् Stem Constructor for 4c group Roots for Sarvadhatuka Affixes 1 लट् 2 लङ् 3 लोट् 4 विधिलिङ् । Cannot do Guna since शित् । 1.2.4 सार्वधातुकमपित् । Only पित् Sarvadhatuka can do guna.

3.1.33 स्यतासी लृलुटोः ।

- Vikarana स्य Stem Constructor for all Roots for 5 लृट् Ardhadhatuka Affixes.
- Vikarana स्य Stem Constructor for all Roots for 6 लृङ् Ardhadhatuka Affixes.
- Vikarana तासिँ = तास् Stem Constructor for all Roots for 7 लुट् Ardhadhatuka Affixes.

3.4.104 किदाशिषि । Vikarana यासुँट् = यास् Stem Constructor for all Roots for 8 आशीर्लिङ् Ardhadhatuka Affixes. Since it behaves as a कित् affix, hence Guna is prevented. Also since it begins with यकार् hence इट् is prevented.

3.4.82 परस्मैपदानां णलतुसुस्थलथुसणल्वमाः । Vikarana यासुँट् = यास् Stem Constructor for all Roots for 9 लिट् Ardhadhatuka Affixes.
3.1.44 च्लेः सिच् । Vikarana सिँच् = स् Stem Constructor for specific Roots for 10 लुङ् Ardhadhatuka Affixes.

अट् Augment by 6.4.71 लुङ्लङ्लृङ्क्ष्वड्उदात्तः for लङ् लृङ् लुङ् is not mentioned explicitly as it happens for all consonant beginning Roots in Dhatupatha. Similarly आट् Augment by 6.4.72 आडजादीनाम् and Vriddhi by 6.1.90 आटश्च for लङ् लृङ् लुङ् happens for all vowel beginning Roots in Dhatupatha.

1107 Now Parasmaipada. सेट् । Tag (उँ) उदित् ।

Root	Present Tense 1 लट्	Past Tense 2 लङ्	Imperative Mood 3 लोट्	Potential Mood 4 विधि	Future Tense 5 लृट्	Conditional Mood 6 लृङ्	Periphrastic Future 7 लुट्	Benedictive Mood 8 आशीर्	Perfect Past 9 लिट्	Aorist Past 10 लुङ्
1107 दिवुँ दिव् P सेट्	8.2.77 Dirgha	8.2.77 Dirgha	8.2.77 Dirgha	8.2.77 Dirgha	7.3.86 guna	7.3.86 guna	7.3.86 guna	3.4.104 No guna 8.2.77 Dirgha	6.1.8 7.3.86 guna for singular 1.2.5 No guna for rest 7.4.60 हलादिः	7.3.86 guna 3.1.44 सिच्
1108 षिवुँ P सेट्		Root 1107								
1109 स्रिवुँ P सेट्		Root 1107								
1110 ष्ठिवुँ ष्ठिव् P सेट्	Root 1107	Root 1107	Root 1107	Root 1107	Root 1107	Root 1107	Root 1107	Root 1107	Root 1107 Kashika adds Option 7.4.61 खयः	Root 1107
1111 ष्णुसुँ स्नुस् P सेट्	simple	simple	simple	simple	7.3.86 guna	7.3.86 guna	7.3.86 guna	3.4.104 No guna	7.3.86 guna for singular 1.2.5 No guna for rest 7.4.60 हलादिः	7.3.86 guna 3.1.44 सिच्

1112 ष्णसुँ स्नस् P सेट्	simple	simple	simple	simple	simple	simple	simple	simple	8.3.59 8.4.2 7.4.60 हलादिः 7.1.91	3.1.44 सिच् 7.2.7
1113 क्नसुँ क्नस् P सेट्	simple	simple	simple	simple	simple	simple	simple	simple	7.4.60 हलादिः 7.4.62 7.1.91	3.1.44 सिच् 7.2.7

1114 Now Parasmaipada. सेट् । Tag (अँ) अदित् ।

1114 व्युषँ व्युष् P सेट्	simple	simple	simple 8.4.2	simple	7.3.86 guna	7.3.86 guna	7.3.86 guna	3.4.104 No guna	7.3.86 guna for singular 1.2.5 No guna for rest 7.4.60 हलादिः	3.1.55 अङ्
1115 प्लुषँ P सेट्	Root 1114									

1116 Now Parasmaipada. सेट् । Tag (ईँ) ईदित् ।

1116 नृतीँ नृत् P सेट्	simple	simple	simple	simple	7.3.86 guna 7.2.57 इट् option	7.3.86 guna 7.2.57 इट् option	7.3.86 guna	3.4.104 No guna	7.3.86 guna for singular 1.2.5 No guna for rest 7.4.60 हलादिः	7.3.86 guna 3.1.44 सिच्
1117 त्रसीँ त्रस् P सेट्	3.1.70 पक्षे शप्	3.1.70 पक्षे शप्	3.1.70 पक्षे शप्	3.1.70 पक्षे शप्	simple	simple	simple	simple	8.3.110 7.1.91 6.4.124 वा	3.1.44 सिच् 7.2.7

1118 Now Parasmaipada. सेट् । Tag (अँ) अदित् ।

1118 कुथँ कुथ् P सेट्	simple	simple	simple	simple	7.3.86 guna	7.3.86 guna	7.3.86 guna	3.4.104 No guna	7.3.86 guna for singular 1.2.5 No guna for rest 7.4.60 7.4.62	7.3.86 guna 3.1.44 सिच्
1119 पुथँ P सेट्	Root 1118									
1120 गुधँ P सेट्	Root 1118									

1121 Now Parasmaipada. अनिट् । Tag (अँ) अदित् ।

1121 क्षिपँ क्षिप् P अनिट्	simple	simple	simple	simple	7.3.86 guna	7.3.86 guna	7.3.86 guna	3.4.104 No guna	7.3.86 guna for singular 1.2.5 No guna for rest 7.4.60 7.4.62	3.1.44 सिच् 7.2.3 वृद्धि

1122 Now Parasmaipada. सेट् । Tag (अँ) अदित् ।

1122 पुष्पँ पुष्प् P सेट्	simple	simple	simple	simple	simple	simple	simple	simple	7.4.60 हलादिः	3.1.44 सिच्
1123 तिमँ तिम् P सेट्	simple	simple	simple	simple	7.3.86 guna	7.3.86 guna	7.3.86 guna	3.4.104 No guna	7.3.86 guna for singular 1.2.5 No guna for rest 7.4.60	7.3.86 guna 3.1.44 सिच्
1124 ष्टिमँ स्तिम् P सेट्	6.1.64 simple	6.1.64 simple	6.1.64 simple	6.1.64 simple	6.1.64 7.3.86 guna	6.1.64 7.3.86 guna	6.1.64 7.3.86 guna	6.1.64 3.4.104 No guna	7.3.86 guna for singular 1.2.5 No guna for rest 7.4.61	6.1.64 7.3.86 guna 3.1.44 सिच्
1125 ष्टीमँ स्तीम् P सेट्	6.1.64 simple	6.1.64 simple	6.1.64 simple	6.1.64 simple	6.1.64 simple	6.1.64 simple	6.1.64 simple	6.1.64 simple	7.4.61 7.4.59	6.1.64 3.1.44 सिच्
1126 व्रीडँ व्रीड् P सेट्	simple	simple	simple	simple	simple	simple	simple	simple	7.4.60 7.4.59	3.1.44 सिच्
1127 इषँ इष् P सेट्	simple	6.4.72 वृद्धि	Simple 8.4.2	simple	7.3.86 guna	6.4.72 वृद्धि	7.3.86 guna	3.4.104 No guna	7.3.86 guna for singular 7.4.60 6.4.78 1.2.5 No guna for rest 7.4.60 6.1.101	6.4.72 वृद्धि 7.3.86 guna 3.1.44 सिच्
1128 षहँ सह् P सेट्	6.1.64 simple	6.1.64 simple	6.1.64 simple	6.1.64 simple	6.1.64 simple	6.1.64 simple	6.1.64 simple	6.1.64 simple	6.1.64 7.2.116 7.4.60 7.1.91 6.4.120	3.1.44 सिच्
1129 षुहँ सुह् P सेट्	6.1.64 simple	6.1.64 simple	6.1.64 simple	6.1.64 simple	6.1.64 7.3.86	6.1.64 7.3.86	6.1.64 7.3.86	6.1.64 3.4.104	6.1.64 7.3.86	6.1.64 3.1.44

					guna	guna	guna	No guna	guna for singular 1.2.5 No guna rest 7.4.60	सिच्

1130 Now Parasmaipada. सेट् । Tag (ष्) षित् ।

1130 जॄष् जॄ P सेट्	7.1.100 8.2.77	7.1.100 8.2.77	7.1.100 8.2.77 8.4.2	7.1.100 8.2.77	7.3.84 guna 7.2.38 वॄतो वा	7.3.84 guna 7.2.38 वॄतो वा	7.3.84 guna 7.2.38 वॄतो वा	3.4.104 No guna 7.1.100 8.2.29 8.2.77	7.2.115 / 7.3.86 guna for singular 1.2.5 No guna rest 7.4.59 6.4.124 वा 7.4.11 7.4.66 7.4.60	3.1.44 सिच् 7.2.1 वृद्धिः 3.1.58 अङ् 7.4.16 guna 8.2.23
1131 झॄष् झॄ P सेट्	Root 1130	Root 1130	Root 1130	Root 1130	Root 1130	Root 1130	Root 1130	Root 1130	7.2.115 / 7.3.86 guna for singular 1.2.5 No guna rest 7.4.59 7.4.66 8.4.54	3.1.44 सिच् 7.2.1 वृद्धिः

Begin स्वादिः अन्तर्गणः । गणसूत्र॰ स्वादयः ओदितः । 8.2.45 ओदितश्च । निष्ठा तकारस्य नकारादेशः ।

1132 Now Atmanepada. वेट् ।

1132 षूङ् सू A वेट्	6.1.64 simple	6.1.64 simple	6.1.64 simple	6.1.64 simple	6.1.64 7.3.84 guna 7.2.44 वा	6.1.64 7.3.84 guna 7.2.44 वा	6.1.64 7.3.84 guna 7.2.44 वा	6.1.64 7.3.84 guna 8.3.79 7.2.44 वा	1.2.5 no guna 7.4.59 6.4.77 8.3.79	6.1.64 7.3.84 guna 3.1.44 सिच् 8.3.79 7.2.44 वा

1133 Now Atmanepada. सेट् 7.2.35 । Tag (ङ्) ङित् ।

1133 दूङ् दू A सेट्	simple	simple	simple	simple	7.3.84 guna 6.1.78	7.3.84 guna 6.1.78	7.3.84 guna 6.1.78	7.3.84 guna 6.1.78 8.3.79	1.2.5 no guna 7.4.59 6.4.77 8.3.79	7.3.84 guna 3.1.44 सिच् 6.1.78 8.3.79

1134 Now Atmanepada. अनिट् Tag (ङ्) ङित् ।

1134 दीङ् दी A अनिट्	simple	simple	simple	simple	6.1.50	6.1.50	6.1.50	6.1.50	1.2.5 no guna 6.4.63 7.4.59 8.3.78	6.1.50

1135 Now Atmanepada. सेट् । Tag (ङ्) ङित् ।

1135 डीङ् डी A सेट्	simple	simple	simple	simple	7.3.84 guna 6.1.78	7.3.84 guna 6.1.78	7.3.84 guna 6.1.78	7.3.84 guna 6.1.78 8.3.79	1.2.5 no guna 7.4.59 6.4.82 8.3.79	7.3.84 guna 3.1.44 सिच् 6.1.78 8.3.79

1136 Now Atmanepada. अनिट् । Tag (ङ्) ङित् ।

1136 धीङ् धी A अनिट्			Root 1137						8.4.54	
1137 मीङ् मी A अनिट्	simple	simple	simple	simple	7.3.84 guna	7.3.84 guna	7.3.84 guna	7.3.84 guna 8.3.78	1.2.5 no guna 7.4.59 6.4.82 8.3.79	7.3.84 guna 3.1.44 सिच् 8.3.78
1138 रीङ् A अनिट्		See Root 1137								
1139 लीङ् ली A अनिट्	Root 1137	Root 1137	Root 1137	Root 1137	Root 1137 6.1.51 विभाषा	Root 1137 6.1.51 विभाषा	Root 1137 6.1.51 विभाषा	Root 1137 6.1.51 विभाषा	Root 1137	Root 1137 6.1.51 विभाषा
1140 व्रीङ् व्री A अनिट्	Root 1137	Root 1137	Root 1137	Root 1137	Root 1137	Root 1137	Root 1137	Root 1137	1.2.5 no guna 7.4.59 6.4.77 8.3.79	Root 1137

End स्वादिः ।

1141 पीङ् A अनिट्		Root 1137								
1142 माङ् मा A अनिट्	simple	simple	simple	simple	simple	simple	simple	simple	1.2.5 no guna 6.4.64 7.4.59	3.1.44 सिच्
1143 ईङ् ई A अनिट्	simple	6.4.72 आट् 6.1.90 वृद्धिः	simple	simple	7.3.84 guna	6.4.72 आट् 6.1.90 वृद्धिः	7.3.84 guna	simple	3.1.36 आम् 3.1.40 कृञ्	6.4.72 आट् 6.1.90 वृद्धिः
1144 प्रीङ् प्री A अनिट्			Root 1137						Root 1140	

1145 Now Parasmaipada. अनिट् ।

1145 शो P अनिट्	7.3.71	7.3.71	7.3.71	7.3.71	6.1.45	6.1.45 6.4.71	6.1.45	6.1.45 8.2.29	7.4.59 7.2.61 7.2.63	3.1.44 6.1.45 2.4.78 विभाषा
1146 छो P अनिट्	Root 1145	Root 1145 6.1.73 8.4.40	Root 1145	Root 1145	Root 1145	Root 1145 6.1.73 8.4.40	Root 1145	Root 1145	Root 1145 6.1.73 8.4.40	Root 1145 6.1.73 8.4.40
1147 षो सो P अनिट्	6.1.64 Root 1145	6.1.64 Root 1145	6.1.64 Root 1145	6.1.64 Root 1145	6.1.64 Root 1145	6.1.64 Root 1145	6.1.64 Root 1145	6.1.64 Root 1145	6.1.64 Root 1145	6.1.64 Root 1145
1148 दो P अनिट्	Root 1145	Root 1145	Root 1145	Root 1145	Root 1145	Root 1145	Root 1145	Root 1145 6.4.67	Root 1145	3.1.44 2.4.77 6.1.45

1149 Now Atmanepada. सेट् । Tag (ईँ) ईदित् ।

1149 जनीँ जन् A सेट्	7.3.79	7.3.79	7.3.79	7.3.79	simple	simple	simple	simple	6.4.97 7.4.60	3.1.44 3.1.61 6.4.104
1150 दीपीँ दीप् A सेट्	simple	simple	simple	simple	simple	simple	simple	simple	7.4.60 7.4.59	3.1.44 3.1.61 6.4.104
1151 पूरीँ पूर् A सेट्	simple	simple	simple	simple	simple	simple	simple	simple 8.3.79	7.4.60 7.4.59 8.3.79	3.1.44 3.1.61 6.4.104 8.3.79
1152 तूरीँ तूर् A सेट्	simple	simple	simple	simple	simple	simple	simple	simple 8.3.79	7.4.60 7.4.59 8.3.79	3.1.44 8.3.79
1153 धूरी A सेट्		Root 1152							8.4.54	
1154 गूरीँ गूर् A सेट्		Root 1152							7.4.62	
1155 घूरीँ घूर् A सेट्		Root 1152							8.4.54	
1156 जूरीँ जूर् A सेट्	Root 1152									
1157 शूरीँ शूर् A सेट्	Root 1152									
1158 चूरीँ चूर् A सेट्	Root 1152									

1159 Now Atmanepada. अनिट् । Tag (अँ) अदित् ।

1159 तपँ तप् A* अनिट्	simple पक्षे शप् P	simple पक्षे शप् P	simple पक्षे शप् P	simple पक्षे शप् P	simple	simple	simple	simple	7.4.60 6.4.120	3.1.44

1160 Now Atmanepada. सेट् । Tag (उँ) उदित् ।

1160 वृतुँ वृत् A सेट्	simple	simple	simple	simple	7.3.86 guna	7.3.86 guna	7.3.86 guna	7.3.86 guna	1.2.5 कित् 7.4.60 7.4.66	3.1.44 7.3.86 guna

1161 Now Atmanepada. सेट् । Tag (अँ) अदित् ।

1161 क्लिशँ क्लिश् A सेट्	simple	simple	simple	simple	7.3.86 guna	7.3.86 guna	7.3.86 guna	7.3.86 guna	1.2.5 कित् 7.4.60 7.4.62	3.1.44 7.3.86 guna

1162 Now Atmanepada. सेट् । Tag (ॠँ) ॠदित् ।

1162 काशृँ काश् A सेट्	simple	simple	simple	simple	simple	simple	simple	simple	7.4.60 7.4.62 7.4.59	3.1.44
1163 वाशृँ वाश् A सेट्	simple	simple	simple	simple	simple	simple	simple	simple	7.4.60 7.4.59	3.1.44

1164 Now Ubhayepada. सेट् । Tag (अँ) अदित् ।

1164 मृषँ मृष् U सेट्	simple	simple	simple 8.4.2	simple	7.3.86 guna	7.3.86 guna	7.3.86 guna	P 3.4.104 no guna A 7.3.86 guna	P 7.3.86 guna for singular 1.2.5 No guna rest 7.4.60 7.4.66	3.1.44 7.3.86 guna

1165 Now Ubhayepada. सेट् । Tag (इर्) इरित् ।

1165 ईँशुचिँर् शुच् U सेट्	simple	simple	simple	simple	7.3.86 guna	7.3.86 guna	7.3.86 guna	P 3.4.104 no guna A 7.3.86 guna	P 7.3.86 guna for singular 1.2.5 No guna rest 7.4.60	3.1.44 सिच् 7.3.86 guna 3.1.57 अङ्

1166 Now Ubhayepada. अनिट् । Tag (अँ) अदित् ।

1166 णह नह् U अनिट्	6.1.64 simple	6.1.64 simple	6.1.64 simple	6.1.64 simple	6.1.64 8.2.34 8.4.55	6.1.64 8.2.34 8.4.55	6.1.64 8.2.34 8.2.40	6.1.64 P simple A 8.2.34 8.4.55	P 7.4.60 6.4.120 6.4.121 7.2.62 8.2.34 8.2.40 8.4.53 7.1.91 A 7.4.60 6.4.120 8.3.79	P 3.1.44 7.2.3 8.2.34 8.4.55 8.2.40 8.4.53 A 3.1.44 8.2.34 8.2.40 8.4.55 8.2.25 8.4.53
1167 रञ्जँ रञ्ज् U अनिट्	6.4.24	6.4.24	6.4.24	6.4.24	8.2.30 8.3.24 8.3.59	8.2.30 8.3.24 8.3.59	8.2.30 8.3.24 8.4.55	P 6.4.24 A 8.2.30 8.3.24	P 7.4.60 7.4.62 A 7.4.60	3.1.44 8.2.30 8.3.24

					8.4.55 8.4.58	8.4.55 8.4.58	8.4.58	8.3.59 8.4.55 8.4.58		8.3.59 8.4.55 8.4.58 P 7.2.3 A 8.2.25 8.2.30
1168 शपँ शप् U अनिट्	simple	simple	simple	simple	simple	simple	simple	simple	P 7.4.60 7.4.62 6.4.120 7.1.91 A 7.4.60 6.4.120	3.1.44 P 7.2.3 A 8.2.25 8.4.53

1169 Now Atmanepada. अनिट् । Tag (अँ) अदित् ।

1169 पदँ पद् A **अनिट्**	simple	simple	simple	simple	8.4.55	8.4.55	8.4.55	8.4.55	7.4.60 6.4.120	3.1.44 8.4.55 3.1.60 6.4.104 7.2.116
1170 खिदँ खिद् A **अनिट्**	simple	simple	simple	simple	7.3.86 guna 8.4.55	7.3.86 guna 8.4.55	7.3.86 guna 8.4.55	1.2.11 no guna 8.4.55	7.4.60 7.4.62 8.4.54	3.1.44 8.4.55
1171 विदँ विद् A अनिट्			Root 1170							
1172 बुधँ बुध् A अनिट्	simple	simple	simple	simple	7.3.86 guna 8.2.37 8.4.55	7.3.86 guna 8.2.37 8.4.55	7.3.86 guna 8.2.40 8.4.53	1.2.11 no guna 8.2.37 8.4.55	7.4.60	3.1.44 1.2.11 no guna 8.2.37 8.4.55 8.2.40 8.4.53 3.1.61 चिण् 6.4.104 7.3.86 guna
1173 युधँ युध् A अनिट्	simple	simple	simple	simple	7.3.86 guna 8.4.55	7.3.86 guna 8.4.55	7.3.86 guna 8.2.40 8.4.53	1.2.11 no guna 8.4.55	7.4.60	3.1.44 1.2.11 no guna 8.4.55 8.2.26 8.2.40 8.4.53
1174 अनो रुधँ रुध् A अनिट्			Root 1173		Usually seen अनु prefixed					

1175 Now Atmanepada. सेट् । Tag (अँ) अदित् ।

1175 अणँ अण् A सेट्	simple	6.4.72 6.1.90	simple	simple	simple	6.4.72 6.1.90	simple	simple	7.4.60 7.4.70 6.1.101	3.1.44 6.4.72 6.1.90

1176 Now Atmanepada. अनिट् । Tag (अँ) अदित् ।

1176 मनँ मन् Aअनिट्	simple	simple	simple	simple	8.3.24	8.3.24	simple	8.3.24	7.4.60 6.4.120	3.1.44 8.3.24
1177 युजँ युज् Aअनिट्	simple	simple	simple	simple	7.3.86 guna 8.2.30 8.3.59 8.4.55	7.3.86 guna 8.2.30 8.3.59 8.4.55	7.3.86 guna 8.2.30 8.4.55	1.2.11 no guna 8.2.30 8.3.59 8.4.55	1.2.5 no guna 7.4.60	3.1.44 1.2.11 no guna 8.2.26 8.2.30 8.3.59 8.4.55
1178 सृजँ सृज् Aअनिट्	simple	simple	simple	simple	6.1.58 6.1.77 8.2.36 8.2.41 8.3.59	6.1.58 6.1.77 8.2.36 8.2.41 8.3.59	6.1.58 6.1.77 8.2.36 8.4.41	1.2.11 no guna 8.2.36 8.2.41 8.3.59	1.2.5 no guna 7.4.60 7.4.66	3.1.44 1.2.11 no guna 8.2.36 8.2.41 8.3.59
1179 लिशँ लिश् A अनिट्	simple	simple	simple	simple	7.3.86 guna 8.2.36 8.2.41 8.3.59	7.3.86 guna 8.2.36 8.2.41 8.3.59	7.3.86 guna 8.2.36 8.4.41	1.2.11 no guna 8.2.36 8.2.41 8.3.59	1.2.5 no guna 7.4.60	3.1.45 क्स No guna 8.2.36 8.2.41 8.3.59

1180 Now Parasmaipada. अनिट् । Tag (अँ) अदित् ।

1180 राधँ राध् P अनिट्	simple	simple	simple	simple	8.4.55	8.4.55	8.2.40 8.4.53	simple	7.4.60 7.4.59	3.1.44 8.4.55 8.2.26 8.2.40 8.4.53

गणसूत्र॰ राधोऽकर्मकाद् वृद्धावेव । Ganasutra says 4c श्यन् comes for अकर्मकः Root राध् used in sense of वृद्धि alone. We also have another Root 1262 राध संसिद्धौ of 5c.

1181 व्यधँ व्यध् P अनिट्	6.1.16 6.1.108 सम्प्रसारण	6.1.16 6.1.108 सम्प्रसारण	6.1.16 6.1.108 सम्प्रसारण	6.1.16 6.1.108 सम्प्रसारण	8.4.55	8.4.55	8.2.40 8.4.53	3.4.104 कित् 6.1.16 6.1.108 सम्प्रसारण	1.2.5 कित् 6.1.16 6.1.108 सम्प्रसारण 6.1.17 7.4.60 7.2.62 7.1.91	3.1.44 7.2.3 8.4.55 8.2.26 8.2.40 8.4.53

Begin पुषादिः अन्तर्गणः ।

1182 पुषँ पुष् P अनिट्	simple	simple	simple 8.4.2	simple	7.3.86 guna 8.2.41 8.3.59	7.3.86 guna 8.2.41 8.3.59	7.3.86 guna 8.4.41	3.4.104 no guna	7.3.86 guna for singular 1.2.5 No guna rest 7.4.60	3.1.55 अङ्

1183 शुषँ शुष् P अनिट् Root 1182

1184 तुषँ तुष् P अनिट्	Root 1182									
1185 दुषँ दुष् P अनिट्	Root 1182									
1186 श्लिषँ श्लिष् P अनिट्	Root 1182	Root 1182	Root 1182	Root 1182	Root 1182	Root 1182	Root 1182	Root 1182	Root 1182	3.1.55अङ् 3.1.46 क्स

1187 Now Ubhayepada. अनिट् । Tag (अँ) अदित् ।

1187 शकँ शक् U अनिट्* (some consider it सेट्)	simple	simple	simple	simple	simple	simple	simple	simple 8.2.25 8.4.53	P 7.4.60 6.4.121 7.2.62 7.1.91 6.4.120 A 7.4.60 6.4.120	P 3.1.55 अङ् A 3.1.44 सिच्

1188 Now Parasmaipada. अनिट् । Tag (आँ) आदित् । Tag (ञि आँ) ञित् आदित् ।

1188 ष्विदाँ स्विद् P अनिट्	simple	simple	simple	simple	7.3.86 guna 8.4.55	7.3.86 guna 8.4.55	7.3.86 guna 8.4.55	3.4.104 no guna	7.3.86 guna for singular 1.2.5 No guna rest 7.4.60 8.3.59	3.1.55 अङ् no guna
ञिष्विदाँ स्विद् P अनिट्	This Root also seen with ञि Tag. 3.2.187 ञीतः क्तः । निष्ठा क्त affix used in sense of present tense.									

1189 Now Parasmaipada. अनिट् । Tag (अँ) अदित् ।

1189 क्रुधँ क्रुध् P अनिट्	Root 1191								7.4.62	
1190 क्षुधँ क्षुध् P अनिट्	Root 1189									
1191 शुधँ शुध् P अनिट्	simple	simple	simple	simple	7.3.86 guna 8.4.55	7.3.86 guna 8.4.55	7.3.86 guna 8.2.40 8.4.53	3.4.104 no guna	7.3.86 guna for singular 1.2.5 No guna rest 7.4.60	3.1.55 अङ् no guna

1189 Now Parasmaipada. अनिट् । Tag (उँ) उदित् ।

1192 षिधुँ सिध् P अनिट्	6.1.64 Root 1191								8.3.59	

Begin रधादिः अन्तर्गणः । 7.2.45 रधादिभ्यश्च । Optional इट् । Hence वेट् ।

1193 Now Parasmaipada. वेट् । Tag (अँ) अदित् ।

1193 रधँ रध् P वेट्	simple	simple	simple	simple	इट् simple अनिट्	इट् simple अनिट्	इट् simple अनिट्	3.4.104 no इट् only	6.1.8 7.1.61 7.4.60	3.1.55 अङ् only अनिट्

					8.4.55	8.4.55	8.2.40 8.4.53	अनिट्	6.4.120	7.1.61
1194 णशँ नश् P वेट्	6.1.65 simple	6.1.65 simple	6.1.65 simple	6.1.65 simple	6.1.65 इट् simple अनिट् 7.1.60 8.2.36 8.2.41 8.3.24 8.3.59 8.4.58	6.1.65 इट् simple अनिट् 7.1.60 8.2.36 8.2.41 8.3.24 8.3.59 8.4.58	6.1.65 इट् simple अनिट् 7.1.60 8.2.36 8.3.24 8.4.41	6.1.65 3.4.104 no इट् only अनिट्	6.1.8 7.4.60 6.4.120 अनिट् 7.1.60 8.2.36 8.3.24 8.4.41	6.1.65 3.1.55 अङ् only अनिट्
1195 तृपँ तृप् P वेट्	simple	simple	simple 8.4.2	simple	3 options सेट् guna अनिट् guna 6.1.59 + 6.1.77	3 options सेट् guna अनिट् guna 6.1.59 + 6.1.77	3 options सेट् guna अनिट् guna 6.1.59 + 6.1.77	3.4.104 no guna, only अनिट्	6.1.8 7.4.60 7.4.66 ii/2 options a) सेट् guna b) अनिट् guna c) 6.1.59 + 6.1.77	4 options a) 3.1.44 सेट् guna b) 3.1.44 अनिट् 7.2.7 guna c) 3.1.55 अङ् d) 3.1.55 अङ् 7.2.7
1196 दृपँ दृप् P वेट्		Root 1195								
1197 द्रुहँ द्रुह् P वेट्		Root 1198	8.4.2							
1198 मुहँ मुह् P वेट्	simple	simple	simple	simple	2 options सेट् guna अनिट् guna + 8.2.33 + 8.2.37 + 8.4.55	2 options सेट् guna अनिट् guna + 8.2.33 + 8.2.37 + 8.4.55	3 options सेट् guna अनिट् guna 8.2.33 + 8.2.40 + 8.4.53	3.4.104 no guna, only अनिट्	6.1.8 7.4.60 ii/2 options a) सेट् guna b) अनिट् guna c) 8.2.33	3.1.55 अङ् no guna, only अनिट्
1199 ष्णुहँ स्नुह् P वेट्		Root 1198								
1200 ष्णिहँ स्निह् P वेट्		Root 1198								

End रधादिः ।

Begin शमादिः अन्तर्गणः ।

1201 Now Parasmaipada. सेट् । Tag (उँ) उदित् ।

1201 शमुँ शम् P सेट्	7.3.74 दीर्घः	7.3.74 दीर्घः	7.3.74 दीर्घः	7.3.74 दीर्घः	simple	simple	simple	3.4.103 अनिट्	6.1.8 7.4.60 6.4.120 6.4.121 7.1.91	3.1.55 अङ् no guna, only अनिट्
1202 तमुँ तम् P सेट्		Root 1201								
1203 दमुँ दम् P सेट्		Root 1201								
1204 श्रमुँ श्रम् P सेट्		Root 1201	8.4.2							

1205 भ्रमुँ भ्रम् P सेट्	Root 1201 पक्षे शप् by 3.1.70	Root 1201 पक्षे शप् by 3.1.70	Root 1201 पक्षे शप् by 3.1.70 8.4.2	Root 1201 पक्षे शप् by 3.1.70	Root 1201	Root 1201	Root 1201	Root 1201	6.1.8 7.4.60 8.4.54 6.4.124	Root 1201

1206 Now Parasmaipada. वेट् 7.2.44 । Tag (ऊँ) ऊदित् ।

1206 क्षमूँ क्षम् P वेट्	Root 1201	Root 1201	Root 1201	Root 1201	Root 1201 अनिट् 8.3.24	Root 1201 अनिट् 8.3.24	Root 1201 अनिट् 8.3.24 8.4.58	Root 1201	6.1.8 7.4.60 7.4.62 अनिट् 7.1.91 8.3.24 8.4.58 8.2.65 8.4.2	Root 1201

1207 Now Parasmaipada. सेट् । Tag (उँ) उदित् ।

1207 क्लमुँ क्लम् P सेट्	Root 1201 पक्षे शप् by 3.1.70 7.3.75	Root 1201 पक्षे शप् by 3.1.70 7.3.75	Root 1201 पक्षे शप् by 3.1.70 7.3.75	Root 1201 पक्षे शप् by 3.1.70 7.3.75	Root 1201	Root 1201	Root 1201	Root 1201	6.1.8 7.4.60 7.4.62 7.1.91	Root 1201

1208 Now Parasmaipada. सेट् । Tag (ईँ) ईदित् ।

1208 मदीँ मद् P सेट्	Root 1201

End शमादिः ।

1209 Now Parasmaipada. सेट् । Tag (उँ) उदित् ।

1209 असुँ अस् P सेट्	simple	6.4.72 6.1.90	simple	simple	simple	6.4.72 6.1.90	simple	3.4.103 अनिट्	6.1.8 7.4.60 7.4.70 6.1.101	3.1.55 अङ् 6.4.72 6.1.90
1210 यसुँ यस् P सेट्	simple पक्षे शप् 3.1.71	simple पक्षे शप् 3.1.71	simple पक्षे शप् 3.1.71	simple पक्षे शप् 3.1.71	simple	simple	simple	3.4.103 अनिट्	6.1.8 7.4.60 7.1.91 6.4.120 6.4.121	3.1.55 अङ्
1211 जसुँ जस् P सेट्	simple	simple	simple	simple	simple	simple	simple	simple	6.1.8 7.4.60 7.1.91 6.4.120 6.4.121	3.1.55 अङ् no इट्
1212 तसुँ तस् P सेट्	Root 1211									
1213 दसुँ दस् P सेट्	Root 1211									
1214 वसुँ	Root	Root	Root	Root	Root	Root	Root	Root	6.1.8	Root

वस् P सेट्	1211	1211	1211	1211	1211	1211	1211	1211	7.4.60 7.1.91	1211

1215 Now Parasmaipada. सेट् । Tag (अँ) अदित् ।

1215 व्युषँ व्युष् P सेट्	Root 1217	8.4.2								
1216 प्लुषँ प्लुष् P सेट्	Root 1217	8.4.2								
1217 बिसँ बिस् P सेट्	simple	simple	simple 8.4.2	simple	7.3.86 guna 7.2.35 इट्	7.3.86 guna 7.2.35 इट्	7.3.86 guna 7.2.35 इट्	3.4.104 no guna 3.4.103 no इट्	6.1.8 7.3.86 guna for singular 1.2.5 No guna rest 7.4.60 7.4.62	3.1.55 अङ् no guna
1218 कुसँ कुस् P सेट्	Root 1217									
1219 बुसँ बुस् P सेट्	Root 1217									
1220 मुसँ मुस् P सेट्	Root 1217									

1221 Now Parasmaipada. सेट् । Tag (ईँ) ईदित् ।

1221 मसीँ मस् P सेट्	simple	simple	simple	simple	7.2.35 इट्	7.2.35 इट्	7.2.35 इट्	3.4.103 no इट्	6.1.8 7.4.60 7.1.91 6.4.120 6.4.121	3.1.55 अङ् no इट्

1222 Now Parasmaipada. सेट् । Tag (अँ) अदित् ।

1222 लुटँ लुट् P सेट्	simple	simple	simple	simple	7.3.86 guna 7.2.35 इट्	7.3.86 guna 7.2.35 इट्	7.3.86 guna 7.2.35 इट्	3.4.104 no guna 3.4.103 no इट्	6.1.8 7.3.86 guna for singular 1.2.5 No guna rest 7.4.60	3.1.55 अङ् no guna no इट्
1223 उचँ उच् P सेट्	simple	6.4.72 6.1.90	simple	simple	7.3.86 guna 7.2.35 इट्	6.4.72 6.1.90 7.3.86 guna 7.2.35 इट्	7.3.86 guna 7.2.35 इट्	3.4.104 no guna 3.4.103 no इट्	6.1.8 7.3.86 guna for singular 7.4.60 6.4.78 1.2.5 No guna rest 7.4.60 6.1.101	6.4.72 6.1.90 3.1.55 अङ् no guna no इट्

1224 Now Parasmaipada. सेट् । Tag (उँ) उदित् ।

1224 भृशुँ भृश् P सेट्	Root 1222	Root 1222	Root 1222	Root 1222	Root 1222	Root 1222	Root 1222	Root 1222	6.1.8 7.3.86 guna for singular	Root 1222

									1.2.5 No guna rest 7.4.60 8.4.54	
1225 भ्रंशुँ भ्रश् P सेट्	6.4.24	6.4.24	6.4.24	6.4.24	7.2.35 इट्	7.2.35 इट्	7.2.35 इट्	6.4.24 3.4.103 no इट्	6.1.8 7.4.60 8.4.54	6.4.24 3.1.55 अङ् no इट्

1226 Now Parasmaipada. सेट् । Tag (अँ) अदित् ।

1226 वृशँ वृश् P सेट्		Root 1222							7.4.66	
1227 कृशँ कृश् P सेट्	Root 1222	Root 1222	Root 1222	Root 1222	Root 1222	Root 1222	Root 1222	Root 1222	Root 1222 7.4.62 7.4.66	Root 1222

1228 Now Parasmaipada. सेट् । Tag (ञि आँ) ञीत् आदित् ।

Note: ञि इत् = ञीत् ।

1228 ञितृषाँ तृष् P सेट्	simple	simple	simple 8.4.2	simple	7.3.86 guna 1.1.51 7.2.35 इट्	7.3.86 guna 1.1.51 7.2.35 इट्	7.3.86 guna 1.1.51 7.2.35 इट्	3.4.104 no guna 3.4.103 no इट्	6.1.8 7.3.86 guna for singular 1.1.51 1.2.5 No guna rest 7.4.60 7.4.66	3.1.55 अङ् no guna no इट्

1229 Now Parasmaipada. सेट् । Tag (अँ) अदित् ।

1229 हृषँ हृष् P सेट्		Root 1228							7.4.62 8.4.54	
1230 रुषँ रुष् P सेट्	Root 1222	Root 1222	Root 1222 8.4.2	Root 1222	Root 1222	Root 1222	सेट् Root 1222 अनिट् 7.2.48 7.3.86 8.4.41	Root 1222	Root 1222	Root 1222
1231 रिषँ रिष् P सेट्		Root 1230								
1232 डिपँ डिप् P सेट्		Root 1222								
1233 कुपँ कुप् P सेट्		Root 1222							7.4.62	
1234 गुपँ गुप् P सेट्		Root 1222							7.4.62	
1235 युपँ युप् P सेट्		Root 1222								
1236 रुपँ रुप् P सेट्		Root 1222	8.4.2							
1237 लुपँ लुप् P सेट्		Root 1222								
1238 लुभँ लुभ् P सेट्	Root 1222	Root 1222	Root 1222	Root 1222	Root 1222	Root 1222	सेट् Root 1222 अनिट्	Root 1222	Root 1222	Root 1222

							7.2.48 7.3.86 8.4.40 8.4.53			
1239 क्षुभँ क्षुभ् P सेट्		Root 1222	8.4.2						7.4.62	
1240 णभँ नभ् P सेट्	6.1.64 Root 1222	6.1.64 Root 1222	6.1.64 Root 1222	6.1.64 Root 1222	6.1.64 Root 1222	6.1.64 Root 1222	6.1.64 Root 1222	6.1.64 Root 1222	6.1.64 6.1.8 7.4.60 6.4.120 6.4.121 7.1.91	6.1.64 Root 1222
1241 तुभँ तुभ् P सेट्		Root 1222								

1242 Now Parasmaipada. वेट् 7.2.44 । Tag (ऊँ) ऊदित् ।

1242 क्लिदू P वेट्	simple	simple	simple	simple	सेट् 7.3.86 guna 7.2.35 इट् अनिट् 7.3.86 8.4.55	सेट् 7.3.86 guna 7.2.35 इट् अनिट् 7.3.86 8.4.55	सेट् 7.3.86 guna 7.2.35 इट् अनिट् 7.3.86 8.4.55	3.4.104 no guna 3.4.103 no इट्	6.1.8 7.3.86 guna for singular 1.2.5 No guna rest 7.4.60 7.4.62 अनिट् 8.4.55	3.1.55 अङ् no guna no इट्

1243 Now Parasmaipada. सेट् । Tag (ञि आँ) ञीत् आदित् ।

1243 ञिमिदाँ मिद् P सेट्	7.3.82 guna	7.3.82 guna	7.3.82 guna	7.3.82 guna	7.3.86 guna 7.2.35 इट्	7.3.86 guna 7.2.35 इट्	7.3.86 guna 7.2.35 इट्	3.4.104 no guna 3.4.103 no इट्	6.1.8 7.3.86 guna for singular 1.2.5 No guna rest 7.4.60	3.1.55 अङ् no guna no इट्
1244 ञिक्ष्विदाँ क्ष्विद् P सेट्			Root 1222							

1245 Now Parasmaipada. सेट् । Tag (उँ) उदित् ।

1245 ऋधुँ ऋध् P सेट्	simple	6.4.72 6.1.90	simple	simple	7.3.86 guna 1.1.51 7.2.35 इट्	6.4.72 6.1.90 7.3.86 guna 1.1.51 7.2.35 इट्	7.3.86 guna 1.1.51 7.2.35 इट्	3.4.104 no guna 3.4.103 no इट्	6.1.8 7.3.86 guna for singular 1.1.51 1.2.5 No guna rest 7.4.60 7.4.66 7.4.70 7.4.71	6.4.72 6.1.90 3.1.55 अङ् no guna no इट्
1246 गृधुँ	simple	simple	simple	simple	7.3.86	7.3.86	7.3.86	3.4.104	6.1.8	3.1.55 अङ्

गृध् P सेट्	guna 1.1.51 7.2.35 इट्	guna 1.1.51 7.2.35 इट्	guna 1.1.51 7.2.35 इट्	no guna 3.4.103 no इट्	7.3.86 guna for singular 1.1.51 1.2.5 No guna rest 7.4.60 7.4.62 7.4.66	no guna no इट्

End पुषादिः ।

दिवादिराकृतिगण इति केचित् । दिवादिः तु भ्वादिवत् आकृतिगणः । Perhaps the 4c group is आकृतिगणः just as 1c, i.e. 4c includes unclassified Roots as well. तेन क्षीयते मृग्यति इत्यादि सिद्धिः इत्याहुः । Hence we find Verbs from unclassified Roots क्षी , मृग् thus the ancient grammarians say.

॥ इति श्यन् विकरणा दिवादयः ॥ End of 4c Roots that use श्यन् विकरण modifier affix.

5c SvAdi 1247 to 1280 (34 Roots)

3.1.73 स्वादिभ्यः श्नुः । Gana Vikarana **श्नु** = नु Stem Constructor for 5c group Roots for Sarvadhatuka Affixes 1 लट् 2 लङ् 3 लोट् 4 विधिलिङ् । Cannot do Guna since शित् । 1.2.4 सार्वधातुकमपित् । Only पित् Sarvadhatuka can do guna.

Sarvadhatuka Lakaras

- Hence in लट् लङ् लोट् विधिलिङ् there is **never** Guna for Root इक् vowel
- In लट् लङ् Guna happens to Gana Vikarana नु by Parasmaipada पित् Ting singular affixes for all 5c Roots
- In लोट् Guna happens to Gana Vikarana नु by Parasmaipada पित् Ting affixes iii/1 i/1 i/2 i/3 all 5c Roots
- In लोट् Guna happens to Gana Vikarana नु by Atmanepada पित् Ting first person affixes i/1 i/2 i/3 all Roots
- In विधिलिङ् no Guna to Gana Vikarana नु since Parasmaipada यासुँट् affix is ङित्
- In विधिलिङ् no Guna to Gana Vikarana नु since Atmanepada सीयुँट् affix is Sarvadhatuka by extrapolation of 3.4.116 and by 1.2.4 only पित् sarvadhatuka can cause guna. We do not have any पित् Atmanepada affix

Ardhadhatuka Lakaras

- In लृट् लृङ् लुट् Guna for Root इक् vowel happens by both Parasmaipada/Atmanepada Vikarana affixes
- In आशीर्लिङ् Root final short vowel gets Dirgha by Parasmaipada Vikarana affixes
- In आशीर्लिङ् Guna for Root इक् vowel happens by Atmanepada Vikarana affixes
- In लिट् Guna for Root इक् vowel happens by Parasmaipada Vikarana affix ii/1 (i/1 Option). No Guna by other Parasmaipada Vikarana affixes by 1.2.5
- In लिट् No Guna for Root इक् vowel by Atmanepada Vikarana affixes by 1.2.5
- In लुङ् Root इक् vowel gets Vriddhi by Parasmaipada Vikarana affixes
- In लुङ् Guna for Root इक् vowel happens by Atmanepada Vikarana affixes

अट् Augment by 6.4.71 लुङ्लङ्लृङ्क्ष्वडुदात्तः for लङ् लृङ् लुङ् is not mentioned explicitly as it happens for all consonant beginning Roots in Dhatupatha. Similarly आट् Augment by 6.4.72 आडजादीनाम् and Vriddhi by 6.1.90 आटश्च for लङ् लृङ् लुङ् happens for all vowel beginning Roots in Dhatupatha.

Explanation of certain Ashtadhyayi Sutras to clarify लिट् ii/1 forms for 5c Anit Roots

7.4.61 अचस्तास्वत् थल्यनिटो नित्यम् । अच् अन्तः । For Parasmaipada Roots that **end in Vowel** and are अनिट् for लुट् , such Roots are also अनिट् for लिट् ii/1.

7.4.62 उपदेशेऽत्वतः । अतः । For Parasmaipada Roots that **contain अकारः** and are अनिट् for लुट् , such Roots are also अनिट् for लिट् ii/1.

7.4.63 ऋतो भारद्वाजस्य । In the opinion of grammarian Bharadvaja, this is applicable for ऋकारन्तः Roots only. By extrapolation, it means that

- 7.4.61 अजन्तः Roots (except ऋकारन्तः) will have Optional लिट् ii/1 forms, with सेट् and अनिट् without. 5c Anit Roots 1247 षुञ् 1248 षिञ् 1249 शिञ् 1251 चिञ् 1255 धुञ् 1256 टुदु 1257 हि 1275 रि 1276 क्षि
- 7.4.62 अतः Roots will have Optional लिट् ii/1 forms, with सेट् and अनिट् without. 5c Anit Roots 1261 शकॢँ 1264 अशूँ
- 7.4.63 ऋकारन्तः Roots will have अनिट् लिट् ii/1 form. 5c Roots 1252 स्तृञ् 1253 कृञ् 1258 पृ 1259 स्पृ 1280 दृ

7.4.64 बभूथाततन्थजगृम्भववर्थेति निगमे । In the Veda is found the लिट् ii/1 form ववर्थ । By extrapolation, this Sutra means that in classical literature the लिट् ii/1 form will be ववरिथ । Thus for Root 1254 वृञ् लिट् ii/1 forms ववर्थ ववरिथ ।

1247 Now Ubhayepada. अनिट् । Tag (ञ्) ञित् ।

Root	Present Tense 1 लट्	Past Tense 2 लङ्	Imperative Mood 3 लोट्	Potential Mood 4 विधि	Future Tense 5 लृट्	Conditional Mood 6 लृङ्	Periphrastic Future 7 लुट्	Benedictive Mood 8 आशीर्	Perfect Past 9 लिट्	Aorist Past 10 लुङ्
1247 षुञ् सु U अनिट्	Root 1248	Root 1248	Root 1248	Root 1248	Root 1248	Root 1248	Root 1248	Root 1248	लिट्	Root 1248 P 6.1.78
	लिट् 6.1.64 6.1.8 , Dual Plural 6.4.82 , P iii/1 i/1 7.2.115 वृद्धिः , ii/1 7.3.84 guna 7.2.61 अनिट् option by 7.2.63 , i/1 7.1.91 option A 8.3.79									
1248 षिञ् सि U अनिट्	6.1.64 i/2 i/3 6.4.107 Option P 7.3.84 guna singular	6.1.64 i/2 i/3 6.4.107 Option P 7.3.84 guna singular	6.1.64 P 7.3.84 guna iii/1 i/1 i/2 i/3 A guna i/1 i/2 i/3	6.1.64 P 3.4.103 no guna A 3.4.102	6.1.64 7.3.84 guna 8.3.59	6.1.64 7.3.84 guna 8.3.59	6.1.64 7.3.84 guna	6.1.64 P 3.4.104 no guna 7.4.25 दीर्घः 8.2.29 A 3.4.102 7.3.84 guna 8.3.59 8.3.78 ii/1 6.1.68	6.1.64 6.1.8 dual plural 6.4.77 P iii/1 i/1 7.2.115 वृद्धिः ii/1 7.3.84 guna 7.2.61 अनिट् option by 7.2.63 i/1 7.1.91 option A 8.3.79	6.1.64 3.1.44 सिच् P 7.2.72 इट् 7.2.1 वृद्धिः 6.1.78 A 7.3.84 guna 8.3.59
1249 शिञ् शि U अनिट् Root 1248 (no 6.1.64)										
1250 डुमिञ् मि U अनिट्	Root 1248	Root 1248	Root 1248	Root 1248	6.1.50	6.1.50	6.1.50	P Root 1248 A 6.1.50	लिट्	6.1.50 3.1.44 सिच्
	लिट् 6.1.8 , Dual Plural 6.4.82 , P 6.1.50 singular , iii/1 i/1 7.1.34 , ii/1 7.2.61 अनिट् Option by 7.2.63 A 8.3.79									
1251 चिञ् चि U अनिट्	Root 1248	Root 1248	Root 1248	Root 1248	Root 1248	Root 1248	Root 1248	Root 1248	लिट्	Root 1248
	लिट् 6.1.8 7.3.57 विभाषा , Dual Plural 6.4.82 , P iii/1 i/1 7.2.115 , ii/1 guna 7.3.84 7.2.61 अनिट् Option by 7.2.63 , i/1 7.1.91 A 8.3.79									
1252 स्तृञ् स्तृ U अनिट्	Root 1248 8.4.2	Root 1248 8.4.2	Root 1248 8.4.2	Root 1248 8.4.2	Root 1248 7.2.70 इट्	Root 1248 7.2.70 इट्	Root 1248	P 3.4.104 no guna 7.4.29 guna 8.2.29 A 3.4.102 8.3.59 7.2.43 इट् Option 7.3.84	6.1.8 P 7.4.61 7.4.66 iii/1 i/1 7.2.115 वृद्धिः ii/1 7.3.84 guna 7.4.63	3.1.44 सिच् P 7.2.1 वृद्धिः A 7.3.84 guna 8.3.59 8.3.79 7.2.43 इट् Option

								guna पक्षे 1.2.12 कित् no guna ii/1 6.1.68	अनिट् i/1 7.1.91 Dual Plural 7.4.10 A Root 1248	पक्षे 8.3.78 1.2.12 कित् no guna
1253 कृञ् कृ U अनिट्	Root 1248 8.4.2	Root 1248 8.4.2	Root 1248 8.4.2	Root 1248 8.4.2	Root 1248 7.2.70 इट्	Root 1248 7.2.70 इट्	Root 1248	P 3.4.104 no guna 7.4.28 8.2.29 A 3.4.102 8.3.59 1.2.12 कित् no guna ii/1 6.1.68	6.1.8 7.4.62 7.4.66 P iii/1 i/1 7.2.115 ii/1 7.3.84 guna i/1 7.1.91 ii/1 i/2 i/3 7.2.13 अनिट् A 6.1.77 ii/3 8.3.78	3.1.44 सिच् P 7.2.1 iii/1 ii/1 7.3.96 A iii/1 ii/1 8.2.27 ii/3 8.3.78

1254 Now Ubhayepada. सेट्। Tag (ञ्) ञित्।

1254 वृञ् वृ U सेट्	Root 1248 8.4.2	Root 1248 8.4.2	Root 1248 8.4.2	Root 1248 8.4.2	7.3.84 guna 7.2.35 इट् 7.2.38 दीर्घः Option	Root 1248 7.2.70 इट् 7.2.38 दीर्घः Option	7.3.84 guna 7.2.35 इट् 7.2.38 दीर्घः Option	P Root 1253 A Root 1253 7.2.42 इट् Option ii/1 6.1.68	6.1.8 7.4.66 P iii/1 i/1 7.2.115 ii/1 7.3.84 guna 7.2.64 छन्दस् अनिट् पक्षे इट् i/1 7.1.91 i/2 i/3 7.2.13 अनिट् A 6.1.77 ii/3 8.3.78	P Root 1253 A Root 1253 7.2.42 इट् Option 7.2.38 दीर्घः Option

1255 Now Ubhayepada. अनिट्। Tag (ञ्) ञित्।

1255 धुञ् धु U अनिट्			Root 1247							

1256 Now Parasmaipada. अनिट् । Tag (टु) ट्वित् ।

1256 दुदु दु P अनिट्	P Root 1247	P Root 1247	P Root 1247	P Root 1247	P Root 1247	P Root 1247	P Root 1247	P Root 1247	P Root 1247	**P Root 1248**

1257 Now Parasmaipada. अनिट् ।

1257 हि हि P अनिट्	P Root 1248	P Root 1248	P Root 1248	P Root 1248	P Root 1248	P Root 1248	P Root 1248	P Root 1248	P Root 1248 7.4.62	P Root 1248
1258 पृ पृ P अनिट्	P Root 1253	P Root 1253	P Root 1253	P Root 1253	P Root 1253	P Root 1253	P Root 1253	P Root 1253	लिट्	P Root 1253

लिट् 6.1.8 7.4.66 , iii/1 i/1 7.2.115 , ii/1 7.3.84 guna 7.4.60 7.2.63 अनिट् , i/1 7.1.91 Option

1259 स्पृ स्पृ P अनिट् स्मृ स्मृ P अनिट्	P Root 1253	P Root 1253	P Root 1253	P Root 1253	P Root 1253	P Root 1253	P Root 1253	P 3.4.104 no guna 7.4.29 8.2.29 A 3.4.102 8.3.59 1.2.12 कित् no guna ii/1 6.1.68	6.1.8 7.4.61 7.4.66 P iii/1 i/1 7.2.115 ii/1 7.3.84 guna 7.4.60 7.2.63 अनिट् i/1 7.1.91 Dual Plural 7.4.10	P Root 1253

1260 Now Parasmaipada. अनिट् । Tag (ऌँ) ऌदित् ।

1260 आपॢँ आप् P अनिट्	7.3.84 guna singular	(6.4.72 6.1.90 no effect) 7.3.84 guna singular	7.3.84 guna iii/1 i/1 i/2 i/3	3.4.103 no guna	simple	(6.4.72 6.1.90 no effect) simple	simple	3.4.104 8.2.29 ii/1 6.1.68	6.1.8 7.4.60 7.4.59 7.4.70 6.1.101 ii/1 i/2 i/3 इट् 7.2.35	(6.4.72 6.1.90 no effect) 3.1.55 अङ्
1261 शकॢँ शक् P अनिट्	7.3.84 guna singular	7.3.84 guna singular	7.3.84 guna iii/1 i/1 i/2 i/3	3.4.103 no guna	8.3.59	8.3.59	simple	3.4.104 8.2.29 ii/1 6.1.68	लिट्	3.1.55 अङ्

लिट् 6.1.8 7.4.60 , iii/1 i/1 7.2.116 , ii/1 i/2 i/3 7.2.35 इट् , ii/1 6.4.121 7.2.62 अनिट् Option by 7.2.63 , i/1 7.1.91 Option , Dual Plural 6.4.120

1262 Now Parasmaipada. अनिट् । Tag (अँ) अदित् ।

1262 राधँ राध् P अनिट्	7.3.84 guna singular	7.3.84 guna singular	7.3.84 guna iii/1 i/1 i/2 i/3	3.4.103 no guna	8.4.55	8.4.55	8.2.40 8.4.53	3.4.104 8.2.29 ii/1 6.1.68	6.1.8 7.4.60 7.4.59 ii/1 i/2	3.1.44 सिच् 8.4.55 iii/1 ii/1

									i/3 इट् 7.2.35 ii/1 6.4.123 Dual Plural 6.4.123	7.3.96 iii/2 ii/2 ii/3 8.2.26 8.2.40 8.4.53
1263 साधँ साध् P अनिट्	Root 1262	Root 1262	Root 1262	Root 1262	Root 1262	Root 1262	Root 1262	Root 1262	6.1.8 7.4.60 7.4.59 ii/1 i/2 i/3 इट् 7.2.35	Root 1262

1264 Now Atmanepada. वेट् । Tag (ऊँ) ऊदित् ।

1264 अशूँ अश् A वेट्	i/1 iii/2 ii/2 6.4.77	6.4.72 6.1.90 i/1 iii/3 6.4.77	i/1 i/2 i/3 7.3.84 guna 6.1.78	6.4.77	7.2.35 सेट् 8.3.59 7.2.44 Option 8.2.36 8.4.41 8.3.59	6.4.72 6.1.90 7.2.35 सेट् 8.3.59 7.2.44 Option 8.2.36 8.4.41 8.3.59	7.2.35 सेट् 7.2.44 Option 8.2.36 8.4.41	7.2.35 सेट् 8.3.59 8.4.41 7.2.44 Option 8.2.36 8.2.41 8.3.59 8.4.41	6.1.8 7.4.60 7.4.70 7.4.72 नुट् ii/1 ii/3 i/2 i/3 इट् 7.2.35 7.2.44 Option 8.2.36 8.2.41 8.3.59 ii/3 8.4.53	6.4.72 6.1.90 3.1.44 सिच् 8.3.59 8.4.41 7.2.44 Option 8.2.36 8.4.41 8.2.41 ii/3 8.4.53

1265 Now Atmanepada. सेट् । Tag (अँ) अदित् ।

1265 ष्टिघँ स्तिघ् A सेट्	i/1 iii/2 ii/2 6.4.77	i/1 iii/3 6.4.77	i/1 i/2 i/3 7.3.84 guna 6.1.78	6.4.77	7.3.86 guna 7.2.35 इट् 8.3.59	7.3.86 guna 7.2.35 इट् 8.3.59	7.3.86 guna 7.2.35 इट्	7.3.86 guna 7.2.35 इट् 8.3.59	6.1.8 7.4.61 8.3.59 8.4.41 ii/1 ii/3 i/2 i/3 इट् 7.2.35	3.1.44 सिच् 7.3.86 Guna 7.2.35 इट् 8.3.59

1266 Now Parasmaipada. सेट् । Tag (अँ) अदित् ।

1266 तिकँ तिक् P सेट्	singular **7.3.84गुणः**	singular **7.3.84गुणः**	singular **7.3.84गुणः**	3.4.103 no guna	**7.3.86गुणः** 7.2.35 इट् 8.3.59	**7.3.86गुणः** 7.2.35 इट् 8.3.59	**7.3.86गुणः** 7.2.35 इट्	3.4.104 no guna 8.2.29 ii/1 6.1.68	6.1.8 7.4.60 singular **7.3.86गुणः** ii/1 i/2 i/3 7.2.35 इट्	3.1.44सिच् **7.3.86गुणः** **iii/1 ii/1** 7.3.96 ईट् 8.2.28 स् लोपः **Rest** 8.3.59 ष्

1267 तिगँ तिग् P सेट्			Root 1266							
1268 षघँ सघ् P सेट्	6.1.64 7.3.84 guna singular	6.1.64 7.3.84 guna singular	6.1.64 7.3.84 guna iii/1 i/1 i/2 i/3	3.4.103 no guna	6.1.64 7.2.35 इट् 8.3.59	6.1.64 7.2.35 इट् 8.3.59	6.1.64 7.2.35 इट्	3.4.104 8.2.29 ii/1 6.1.68	लिट्	लुङ्

लिट् 6.1.64 6.1.8 7.4.60 , iii/1 i/1 7.2.116 वृद्धिः , ii/1 6.4.121 , i/1 7.1.91 , ii/1 i/2 i/3 7.2.35 इट् , Dual Plural 6.4.120

लुङ् 6.1.64 3.1.44 सिच् 7.2.35 इट् 7.2.7 वृद्धिः Option **iii/1 ii/1** 7.3.96 ईट् 8.2.28 स् लोपः **Rest** 8.3.59 ष्

1269 Now Parasmaipada. सेट् । Tag (ञि आँ) ञीत् आदित् ।

1269 ञिधृषाँ धृष् P सेट्	Root 1266 8.4.2	Root 1266 8.4.2	Root 1266 8.4.2	Root 1266 8.4.2	Root 1266	Root 1266	Root 1266	Root 1266	Root 1266 7.4.66 8.4.54	Root 1266

1270 Now Parasmaipada. सेट् । Tag (उँ) उदित् ।

1270 दम्भुँ दम्भ् P सेट्	6.4.24 7.3.84 guna singular	6.4.24 7.3.84 guna singular	6.4.24 7.3.84 guna iii/1 i/1 i/2 i/3	6.4.24 3.4.103 no guna	7.2.35 इट् 8.3.59	7.2.35 इट् 8.3.59	7.2.35 इट्	6.4.24 3.4.104 8.2.29 ii/1 6.1.68	6.1.8 7.4.60 ii/1 i/2 i/3 इट् 7.2.35 Dual Plural 1.2.6 Vartika Option 6.4.120 वा॰	3.1.44 सिच् 7.2.35 इट् **iii/1 ii/1** 7.3.96 ईट् 8.2.28 स् लोपः **Rest** 8.3.59 ष्
1271 ऋधुँ ऋध् P सेट्	Root 1266	6.4.72 6.1.90 Root 1266	Root 1266	Root 1266	Root 1266	6.4.72 6.1.90 Root 1266	Root 1266	Root 1266	6.4.72 6.1.90 Root 1266 7.4.71	6.4.72 6.1.90 Root 1266

1272 Now Parasmaipada. सेट् । Tag (अँ) अदित् ।

1272 अहँ अह् P सेट्	Root 1268	6.4.72 6.1.90 Root 1268	Root 1268	Root 1268	Root 1268	6.4.72 6.1.90 Root 1268	Root 1268	Root 1268	6.4.72 6.1.90 6.1.8 7.4.60 7.4.70 ii/1 i/2 i/3 इट् 7.2.35	3.1.44सिच् 7.2.35 इट् **iii/1 ii/1** 7.3.96 ईट् 8.2.28 स् लोपः **Rest** 8.3.59 ष्
1273 दघँ दघ् P सेट्		Root 1268 (no 6.1.64)								

1274 Now Parasmaipada. सेट् । Tag (उँ) उदित् ।

1274 चमुँ	Root	Root	Root	Root	Root	Root	Root	Root	Root	Root

चम् P सेट्	1268	1268	1268	1268	1268	1268	1268	1268	1268	1268 7.2.5 वृद्धिः न

1275 Now Parasmaipada. अनिट् ।

1275 रि रि P अनिट्	P Root 1268 8.4.2	P Root 1268 8.4.2	P Root 1268 8.4.2	P Root 1268 8.4.2	P Root 1268	P Root 1268	P Root 1268	P Root 1268	लिट्	P Root 1268
	लिट् 6.1.8 iii/1 i/1 7.2.115 वृद्धिः , ii/1 7.3.84 guna 7.2.61 अनिट् Option by 7.2.63 , i/1 7.1.91 Option , Dual Plural 6.4.82									
1276 क्षि क्षि P अनिट्	Root 1275	Root 1275	Root 1275	Root 1275	Root 1275	Root 1275	Root 1275	Root 1275	लिट्	Root 1275
	लिट् 6.1.8 7.4.60 7.4.62 , iii/1 i/1 7.2.115 वृद्धिः , ii/1 7.3.84 guna 7.2.61 अनिट् Option by 7.2.63 , i/1 7.1.91 Option , Dual Plural 6.4.77									

1277 Now Parasmaipada. सेट् ।

1277 चिरि चिरि P सेट्	Root 1275	Root 1275	Root 1275	Root 1275	7.3.84 Guna 7.2.35 इट् 6.1.78 8.3.59	7.3.84 Guna 7.2.35 इट् 6.1.78 8.3.59	7.3.84 Guna 7.2.35 इट् 6.1.78	Root 1275	3.1.35 आम् 3.1.40 कृ	3.1.44सिच् 7.2.35 इट् **iii/1 ii/1** 7.3.96 ईट् 8.2.28 स् लोपः **Rest** 8.3.59 ष्
1278 जिरि जिरि P सेट्			Root 1277							

1279 Now Parasmaipada. सेट् । Tag (अँ) अदित् ।

1279 दाशँ दाश् P सेट्	Root 1268	Root 1268	Root 1268	Root 1268	Root 1268	Root 1268	Root 1268	Root 1268	6.1.8 7.4.60 7.4.59 ii/1 i/2 i/3 इट् 7.2.35	3.1.44सिच् 7.2.35 इट् **iii/1 ii/1** 7.3.96 ईट् 8.2.28 स् लोपः **Rest** 8.3.59 ष्

1280 Now Parasmaipada. अनिट् ।

1280 दृ दृ P अनिट्	P Root 1253	P Root 1253	P Root 1253	P Root 1253	P Root 1253	P Root 1253	P Root 1253	P Root 1253	**Root** **1258**	P Root 1253

॥ इति श्नु विकरणाः स्वादयः ॥ End of 5c Roots that use श्नु विकरण modifier affix.

6c TudAdi 1281 to 1437 (157 Roots)

3.1.77 तुदादिभ्यः शः । Gana Vikarana श = अ Stem Constructor for 6c group Roots for Sarvadhatuka Affixes 1 लट् 2 लङ् 3 लोट् 4 विधिलिङ् । Cannot do Guna since शित् । 1.2.4 सार्वधातुकमपित् । Only पित् Sarvadhatuka can do guna.

1281 Now Ubhayepada. अनिट् । Tag (अँ) अदित् ।

Root	Present Tense 1 लट्	Past Tense 2 लङ्	Imperative Mood 3 लोट्	Potential Mood 4 विधि	Future Tense 5 लृट्	Conditional Mood 6 लृङ्	Periphrastic Future 7 लुट्	Benedictive Mood 8 आशीर्	Perfect Past 9 लिट्	Aorist Past 10 लुङ्
1281 तुदँ तुद् U अनिट्	Simple	Simple	Simple	Simple	3.1.33 7.3.86 guna 8.4.55	3.1.33 7.3.86 guna 8.4.55	3.1.33 7.3.86 guna 8.4.55 2.4.85 3rd person	P 3.4.104 No guna 8.2.29 स् drop A 1.2.11 No guna 8.4.55	6.1.8 7.4.60 हलादिः P 3.4.82 7.3.86 guna for singular 1.2.5 No guna for rest A 3.4.79 iii/2 ii/2 ii/3 i/1 i/2 i/3 3.4.80 ii/1 3.4.81 iii/1 iii/3 1.2.5 No guna	3.1.44सिच् 8.4.55 P 7.3.96 iii/1 ii/1 7.2.3 वृद्धिः
1282 णुदँ नुद् U अनिट्			6.1.64 Root 1281							
1283 दिशँ दिश् U अनिट्	Root 1281	Root 1281	Root 1281	Root 1281	3.1.33 7.3.86 guna 8.2.36 ष् 8.2.41 8.3.59	3.1.33 7.3.86 guna 8.2.36 ष् 8.2.41 8.3.59	3.1.33 7.3.86 guna 8.2.36 ष् 8.4.41 2.4.85 3rd person	Root 1281	Root 1281	3.1.45 क्स 8.4.55 8.2.36 ष् 8.2.41 8.3.59
1284 भ्रस्जँ भ्रज्ज् U अनिट्	6.1.16 6.1.108 8.4.40 8.4.53	6.1.16 6.1.108 8.4.40 8.4.53	6.1.16 6.1.108 8.4.40 8.4.53	6.1.16 6.1.108 8.4.40 8.4.53	3.1.33 8.2.29 8.2.36 ष् 8.2.41 8.3.59 6.4.47 Option	3.1.33 8.2.29 8.2.36 ष् 8.2.41 8.3.59 6.4.47 Option	3.1.33 8.2.29 8.2.36 ष् 8.4.41 6.4.47 Option	आशीर्लिङ्	लिट्	लुङ्

आशीर्लिङ् P 3.4.104 6.1.16 6.1.108 8.2.29 8.4.40 8.4.53

A 3.4.102 8.2.29 8.2.36 ष् 8.2.41 8.3.59
A 6.4.47 Option
लिट् 6.1.8 7.4.60 7.4.66 8.4.40 श् 8.4.53 ज् 8.4.54 6.4.47 Option.
P 3.4.82 7.2.35 ii/1 i/2 i/3 7.2.62 7.2.63 ii/1 Option.
A 3.4.79 iii/2 ii/2 ii/3 i/1 i/2 i/3 3.4.80 ii/1 3.4.81 iii/1 iii/3 7.2.35 ii/1 ii/3 i/2 i/3
लुङ् 3.1.44 सिच् 8.2.29 8.2.36 ष् iii/1 iii/3 ii/1 i/I i/2 i/3 8.2.41 8.3.59
iii/2 ii/2 ii/3 8.4.41 6.4.47 Option 8.2.41
P 7.3.96 iii/1 ii/1 7.2.3 वृद्धिः
A 8.4.65 ii/3 Option

1285 क्षिपँ क्षिप् U अनिट्	Simple	Simple	Simple P 8.4.2 i/1	Simple	7.3.86 guna	7.3.86 guna	7.3.86 guna	P 3.4.104 no guna 8.2.29 A 3.4.102 1.2.11 no guna 8.3.59 iii/1 ii/1 8.4.41	6.1.8 7.3.86 guna 7.4.60 7.4.62 P 7.2.35 ii/1 i/2 i/3 A 1.2.5 no guna 7.2.35 इट् ii/1 ii/3 i/2 i/3	3.1.44सिच् P 7.3.96 iii/1 ii/1 7.2.3 वृद्धिः A 1.2.11 no guna 8.4.53 ब्
1286 कृषँ कृष् U अनिट्	Simple	Simple	Simple P 8.4.2 i/1	Simple	7.3.86 guna 8.2.41 8.3.59 6.1.59 Option 6.1.77	7.3.86 guna 8.2.41 8.3.59 6.1.59 Option 6.1.77	7.3.86 guna 8.4.41 6.1.59 Option 6.1.77	P 3.4.104 no guna 8.2.29 A 3.4.102 1.2.11 no guna 8.2.41 8.3.59 8.4.41 iii/1 ii/1	6.1.8 7.3.86 guna 7.4.60 7.4.62 7.4.66 P 7.2.35 ii/1 i/2 i/3 A 1.2.5 no guna 7.2.35 इट् ii/1 ii/3 i/2 i/3	3.1.45 क्स 3.1.44सिच् Option Vartika P 7.3.96 iii/1 ii/1 7.2.3 वृद्धिः A 1.2.11 no guna 3.1.44 Option

1287 Now Parasmaipada. सेट् । Tag (ईँ) ईदित् ।

1287 ऋषीँ ऋष् P सेट्	Simple	6.4.72 6.1.90	Simple 8.4.2 i/1	Simple	7.3.86गुणः 7.2.35 इट् 8.3.59 ष्	6.4.72 6.1.90 7.2.35 इट् 8.3.59 ष्	7.3.86गुणः 7.2.35 इट्	P 3.4.104 no guna 8.2.29	6.1.8 7.3.86गुणः 7.4.60 7.4.66 7.4.70 7.4.71 नुट् 7.2.35 इट् ii/1 i/2 i/3	6.4.72 6.1.90 3.1.44सिच् 7.3.86गुणः 7.2.35 इट् P 7.3.96 iii/1 ii/1

1288 Now Atmanepada. सेट् । Tag (ईँ) ईदित् ।

1288 जुषीँ जुष् A सेट्	Simple	Simple	Simple	Simple	7.3.86गुणः 7.2.35 इट् 8.3.59 ष्	7.3.86गुणः 7.2.35 इट् 8.3.59 ष्	7.3.86गुणः 7.2.35 इट्	7.3.86गुणः 7.2.35 इट् 8.3.59 ष्	6.1.8 1.2.5 no guna 7.4.60 7.2.35 इट् ii/1 ii/3 i/2 i/3	3.1.44सिच् 7.3.86गुणः 7.2.35 इट् 8.3.59 ष्
1289 ओँविजीँ A विज् सेट्	Simple	Simple	Simple	Simple	1.2.2 no guna 7.2.35 इट् 8.3.59 ष्	1.2.2 no guna 7.2.35 इट् 8.3.59 ष्	1.2.2 no guna 7.2.35 इट्	1.2.2 no guna 7.2.35 इट् 8.3.59 ष्	Root 1288	3.1.44सिच् 1.2.2 no guna 7.2.35 इट् 8.3.59 ष्
1290 ओँलजीँ A लज् सेट्	Simple	Simple	Simple	Simple	7.2.35 इट् 8.3.59 ष्	7.2.35 इट् 8.3.59 ष्	7.2.35 इट्	7.2.35 इट् 8.3.59 ष्	6.1.8 7.4.60 6.4.120 7.2.35 इट् ii/1 ii/3 i/2 i/3	3.1.44सिच् 7.2.35 इट् 8.3.59 ष्
1291 ओँलस्जीँ A लस्ज् सेट्	8.4.40 श् 8.4.53 ज्	8.4.40 श् 8.4.53 ज्	8.4.40 श् 8.4.53 ज्	8.4.40 श् 8.4.53 ज्	7.2.35 इट् 8.3.59 ष् 8.4.40 श् 8.4.53 ज्	7.2.35 इट् 8.3.59 ष् 8.4.40 श् 8.4.53 ज्	7.2.35 इट् 8.4.40 श् 8.4.53 ज्	7.2.35 इट् 8.3.59 ष् 8.4.40 श् 8.4.53 ज्	6.1.8 7.4.60 8.4.40 श् 8.4.53 ज् 7.2.35 इट् ii/1 ii/3 i/2 i/3	3.1.44सिच् 7.2.35 इट् 8.3.59 ष् 8.4.40 श् 8.4.53 ज्

1292 Now Parasmaipada. वेट् । Tag (ऊँ) ऊदित् ।

1292 ओँव्रश्चूँ P व्रश्च् वेट्	6.1.16 6.1.108	6.1.16 6.1.108	6.1.16 6.1.108	6.1.16 6.1.108	7.2.35 इट् 8.3.59 ष् 7.2.44 पक्षे अनिट् 8.2.36 ष् 8.2.41 8.3.59	7.2.35 इट् 8.3.59 ष् 7.2.44 पक्षे अनिट् 8.2.36 ष् 8.2.41 8.3.59	7.2.35 इट् 7.2.44 पक्षे अनिट् 8.2.36 ष् 8.4.41	6.1.16 6.1.108 3.4.104 no guna 8.2.29	6.1.8 7.4.60 7.4.66 6.4.126 7.2.35 इट् ii/1 ii/3 i/2 i/3 7.2.44 पक्षे अनिट्	3.1.44सिच् 7.3.96 iii/1 ii/1 7.2.35 इट् 8.3.59 ष् 7.2.44 पक्षे अनिट् 7.2.3 वृद्धिः 8.2.41 8.3.59

1293 Now Parasmaipada. सेट् । Tag (अँ) अदित् ।

1293 व्यचँ व्यच् P सेट्	6.1.16 6.1.108	6.1.16 6.1.108	6.1.16 6.1.108	6.1.16 6.1.108	7.2.35 इट् 8.3.59 ष्	7.2.35 इट् 8.3.59 ष्	7.2.35 इट्	6.1.16 6.1.108 3.4.104 no guna	6.1.8 7.4.60 7.2.35 इट् ii/1 i/2 i/3 7.2.116	3.1.44सिच् 7.3.96 iii/1 ii/1 7.2.35 इट् 8.3.59 ष्

									iii/1 i/1 7.1.91 i/1 Option 6.1.16 dual plural 6.1.108	7.2.7 वृद्धिः Option

1294 Now Parasmaipada. सेट् । Tag (इँ) इदित् ।

1294 उछिँ उञ्छ् P सेट्	7.1.58 8.3.24 8.4.58	6.4.72 6.1.90 7.1.58 8.3.24 8.4.58	7.1.58 8.3.24 8.4.58	7.1.58 8.3.24 8.4.58	7.1.58 8.3.24 8.4.58 7.2.35 इट् 8.3.59 ष्	6.4.72 6.1.90 7.1.58 8.3.24 8.4.58 7.2.35 इट् 8.3.59 ष्	7.1.58 8.3.24 8.4.58 7.2.35 इट्	7.1.58 8.3.24 8.4.58 3.4.104	3.1.36आम् 3.1.40	6.4.72 6.1.90 3.1.44सिच् 7.3.96 iii/1 ii/1 7.2.35 इट् 8.3.59 ष्

1295 Now Parasmaipada. सेट् । Tag (ईँ) ईदित् ।

1295 उछीँ उच्छ् P सेट्	6.1.73 तुक् 8.4.40 च्	6.4.72 6.1.90 6.1.73 तुक् 8.4.40 च्	6.1.73 तुक् 8.4.40 च्	6.1.73 तुक् 8.4.40 च्	6.1.73 तुक् 8.4.40 च् 7.2.35 इट् 8.3.59 ष्	6.4.72 6.1.90 6.1.73 तुक् 8.4.40 च् 7.2.35 इट् 8.3.59 ष्	6.1.73 तुक् 8.4.40 च् 7.2.35 इट्	3.4.104 6.1.73 तुक् 8.4.40 च् 8.2.29	3.1.36आम् 3.1.40 6.1.73 तुक् 8.4.40 च्	6.4.72 6.1.90 6.1.73 तुक् 8.4.40 च् 3.1.44सिच् 7.3.96 iii/1 ii/1 7.2.35 इट् 8.3.59 ष्

1296 Now Parasmaipada. सेट् । Tag (अँ) अदित् ।

1296 ऋछँ P ऋच्छ् सेट्	6.1.73 तुक् 8.4.40 च्	6.4.72 6.1.90 6.1.73 तुक् 8.4.40 च्	6.1.73 तुक् 8.4.40 च्	6.1.73 तुक् 8.4.40 च्	6.1.73 तुक् 8.4.40 च् 7.2.35 इट् 8.3.59 ष्	6.4.72 6.1.90 6.1.73 तुक् 8.4.40 च् 7.2.35 इट् 8.3.59 ष्	6.1.73 तुक् 8.4.40 च् 7.2.35 इट्	3.4.104 6.1.73 तुक् 8.4.40 च् 8.2.29	6.1.8 6.1.73 तुक् 8.4.40 च् 7.4.11 7.4.60 7.4.66 7.4.70 7.4.71 नुट् 7.2.35 इट् ii/1 i/2 i/3 8.4.65 Option	6.4.72 6.1.90 6.1.73 तुक् 8.4.40 च् 3.1.44सिच् 7.3.96 iii/1 ii/1 7.2.35 इट् 8.3.59 ष् 8.4.65 Option
1297 मिछँ P मिच्छ् सेट्	6.1.73 तुक् 8.4.40 च्	6.1.73 तुक् 8.4.40 च्	6.1.73 तुक् 8.4.40 च्	6.1.73 तुक् 8.4.40 च्	6.1.73 तुक् 8.4.40 च् 7.2.35 इट् 8.3.59 ष्	6.1.73 तुक् 8.4.40 च् 7.2.35 इट् 8.3.59 ष्	6.1.73 तुक् 8.4.40 च् 7.2.35 इट्	3.4.104 6.1.73 तुक् 8.4.40 च् 8.2.29	6.1.8 6.1.73 तुक् 8.4.40 च् 7.4.60 7.2.35 इट् ii/1 i/2 i/3	6.1.73 तुक् 8.4.40 च् 3.1.44सिच् 7.3.96 iii/1 ii/1 7.2.35 इट्

1298 जर्जँ जर्ज् P सेट्	Simple	Simple	Simple	Simple	7.2.35 इट् 8.3.59 ष्	7.2.35 इट् 8.3.59 ष्	7.2.35 इट्	3.4.104 8.2.29	6.1.8 7.4.60 7.2.35 इट् ii/1 i/2 i/3 Q why no 6.4.120	8.3.59 ष् 3.1.44सिच् 7.3.96 iii/1 ii/1 7.2.35 इट् 8.3.59 ष्
1299 चर्चँ चर्च् P सेट्			Root 1298							
1300 झर्झँ झर्झ् P सेट्	Root 1298	Root 1298	Root 1298	Root 1298	Root 1298	Root 1298	Root 1298	Root 1298	Root 1298 8.4.54	Root 1298
1301 त्वचँ त्वच् P सेट्	Root 1298	Root 1298	Root 1298	Root 1298	Root 1298	Root 1298	Root 1298	Root 1298	6.1.8 7.4.60 7.2.35 इट् ii/1 i/2 i/3 7.2.116 iii/1 i/1 7.1.91 i/1 Option	Root 1298 7.2.7 दीर्घः Option
1302 ऋचँ ऋच् P सेट्	Root 1287	Root 1287	Root 1287 (no 8.4.2)	Root 1287	Root 1287	Root 1287	Root 1287	Root 1287	Root 1287	Root 1287
1303 उब्जँ उब्ज् P सेट्			Root 1294 (after 7.1.58)							
1304 उज्झँ उज्झ् P सेट्			Root 1294 (after 7.1.58)							
1305 लुभँ लुभ् P सेट्	Root 1309	Root 1309	Root 1309	Root 1309	Root 1309	Root 1309	Root 1309 7.2.48 Option अनिट् 7.3.86गुणः 8.2.40 ध् 8.4.53 ब्	Root 1309	Root 1309	Root 1309
1306 रिफँ रिफ् P सेट्		Root 1309	8.4.2 i/1							
1307 तृपँ तृप् P सेट्		Root 1309	8.4.2 i/1						7.4.66	
1308 तृम्फँ तृम्फ् P सेट्	6.4.24 7.1.59 Vartika	6.4.24 7.1.59 Vartika	6.4.24 7.1.59 Vartika 8.4.2 i/1	6.4.24 7.1.59 Vartika	Root 1298	Root 1298	Root 1298	Root 1298 6.4.24	Root 1298 7.4.66	Root 1298
1309 तुपँ तुप् P सेट्	Simple	Simple	Simple	Simple	7.3.86गुणः 7.2.35 इट् 8.3.59 ष्	7.3.86गुणः 7.2.35 इट् 8.3.59 ष्	7.3.86गुणः 7.2.35 इट्	3.4.104 No guna 8.2.29	6.1.8 7.4.60 7.3.86 guna for singular 1.2.5 No guna for rest 7.2.35 इट् ii/1 i/2 i/3	3.1.44सिच् 7.3.86गुणः 7.2.35 इट् 8.3.59 ष् 7.3.96 iii/1 ii/1
1310 तुम्पँ	6.4.24 7.1.59	6.4.24 7.1.59	6.4.24 7.1.59	6.4.24 7.1.59	Root 1298	Root 1298	Root 1298	Root 1298	Root 1298	Root 1298

तुम्प् P सेट्	Vartika	Vartika	Vartika	Vartika				6.4.24		
1311 तुफँ तुफ् P सेट्			Root 1309							
1312 तुम्फँ तुम्फ् P सेट्	6.4.24 7.1.59 Vartika	6.4.24 7.1.59 Vartika	6.4.24 7.1.59 Vartika	6.4.24 7.1.59 Vartika	Root 1298	Root 1298	Root 1298	Root 1298 6.4.24	Root 1298	Root 1298
1313 दृपँ दृप् P सेट्	Root 1309	Root 1309	Root **1307**	Root 1309	Root 1309	Root 1309	Root 1309	Root 1309	Root **1307**	Root 1309
1314 दृम्फँ दृम्फ् P सेट्	6.4.24 7.1.59 Vartika	6.4.24 7.1.59 Vartika	8.4.2 i/1 6.4.24 7.1.59 Vartika	6.4.24 7.1.59 Vartika	Root 1298	Root 1298	Root 1298	Root 1298 6.4.24	Root 1298 7.4.66	Root 1298
1315 ऋफँ ऋफ् P सेट्			Root 1287							
1316 ऋम्फँ ऋम्फ् P सेट्	6.4.24 7.1.59 Vartika	6.4.72 6.1.90 6.4.24 7.1.59 Vartika	6.4.24 7.1.59 Vartika	6.4.24 7.1.59 Vartika	7.2.35 इट् 8.3.59 ष्	6.4.72 6.1.90 7.2.35 इट् 8.3.59 ष्	7.2.35 इट्	3.4.104 6.4.24 8.2.29	3.1.36आम् 3.1.40	6.4.72 6.1.90 3.1.44सिच् 7.2.35 इट् 8.3.59 ष्
1317 गुफँ गुफ् P सेट्			Root 1309						7.4.62	
1318 गुम्फँ गुम्फ् P सेट्	Root 1298 6.4.24 7.1.59 Vartika	Root 1298 6.4.24 7.1.59 Vartika	Root 1298 6.4.24 7.1.59 Vartika	Root 1298 6.4.24 7.1.59 Vartika	Root 1298	Root 1298	Root 1298	Root 1298 6.4.24	Root 1298	Root 1298
1319 उभँ उभ् P सेट्	Simple	6.4.72 6.1.90	Simple	Simple	7.3.86गुणः 7.2.35 इट् 8.3.59 ष्	6.4.72 6.1.90 7.3.86गुणः 7.2.35 इट् 8.3.59 ष्	7.3.86गुणः 7.2.35 इट्	3.4.104 गुणः इट् न 8.2.29	6.1.8 7.4.60 7.3.86 guna for singular 1.2.5 No guna for rest 7.2.35 इट् ii/1 i/2 i/3 6.4.78 singular 6.1.101 dual plural	6.4.72 6.1.90 3.1.44सिच् 7.3.86गुणः 7.2.35 इट् 8.3.59 ष्
1320 उम्भँ उम्भ् P सेट्			Root 1316							
1321 शुभँ शुभ् P सेट्			Root 1309							
1322 शुम्भँ शुम्भ् P सेट्	6.4.24 7.1.59 Vartika	6.4.24 7.1.59 Vartika	6.4.24 7.1.59 Vartika	6.4.24 7.1.59 Vartika	Root 1298	Root 1298	Root 1298	Root 1298 6.4.24	Root 1298	Root 1298

1323 Now Parasmaipada. सेट् । Tag (ईँ) ईदित् ।

1323 दृभीँ दृभ् P सेट्	Root 1309	Root 1309	Root 1309 8.4.2 i/1	Root 1309	Root 1309	Root 1309	Root 1309	Root 1309	Root 1309 7.4.66	Root 1309
1324 चृतीँ चृत् P सेट्	Root 1309	Root 1309	Root 1309	Root 1309	Root 1309	Root 1309	Root 1309	Root 1309	Root 1309	Root 1309

			8.4.2 i/1						7.4.66	
					7.2.57 अनिट् Option	7.2.57 अनिट् Option				

1325 Now Parasmaipada. सेट् । Tag (अँ) अदित् ।

1325 विधँ विध् P सेट्			Root 1309							
1326 जुडँ जुड् P सेट्			Root 1309							
1327 मृडँ मृड् P सेट्	Root 1309	Root 1309	Root 1309	Root 1309	Root 1309	Root 1309	Root 1309	Root 1309	Root 1309 7.4.66	Root 1309
1328 पृडँ पृड् P सेट्			Root 1327							
1329 पृणँ पृण् P सेट्			Root 1327							
1330 वृणँ वृण् P सेट्			Root 1327							
1331 मृणँ मृण् P सेट्			Root 1327							
1332 तुणँ तुण् P सेट्			Root 1309							
1333 पुणँ पुण् P सेट्			Root 1309							
1334 मुणँ मुण् P सेट्			Root 1309							
1335 कुणँ कुण् P सेट्			Root 1309						7.4.62 च्	
1336 शुनँ शुन् P सेट्			Root 1309							
1337 द्रुणँ द्रुण् P सेट्			Root 1309							
1338 घुणँ घुण् P सेट्	Root 1309	Root 1309	Root 1309	Root 1309	Root 1309	Root 1309	Root 1309	Root 1309	Root 1309 7.4.62 झ् 8.4.54 ज्	Root 1309
1339 घूर्णँ घूर्ण् P सेट्	Simple	Simple	Simple	Simple	7.2.35 इट् 8.3.59 ष्	7.2.35 इट् 8.3.59 ष्	7.2.35 इट्	3.4.104 8.2.29	6.1.8 7.4.60 7.4.59 7.4.62 झ् 8.4.54 ज्	3.1.44सिच् 7.2.35 इट् 8.3.59 ष्
1340 षुरँ P सुर् सेट्	6.1.64 Root 1309	6.1.64 Root 1309	6.1.64 Root 1309 8.4.2 i/1	6.1.64 Root 1309	6.1.64 Root 1309	6.1.64 Root 1309	6.1.64 Root 1309	6.1.64 3.4.104 **गुणः इट् न** 8.2.29 8.2.77 दीर्घः	6.1.64 Root 1309 8.3.59	6.1.64 Root 1309
1341 कुरँ कुर् P सेट्	Root 1309	Root 1309	Root 1309 8.4.2 i/1	Root 1309	Root 1309	Root 1309	Root 1309	3.4.104 **गुणः इट् न** 8.2.29 8.2.77 दीर्घः	Root 1309 7.4.62 च्	Root 1309
1342 खुरँ खुर् P सेट्	Root 1309	Root 1309	Root 1309 8.4.2 i/1	Root 1309	Root 1309	Root 1309	Root 1309	Root **1341**	Root 1309 7.4.62 छ् 8.4.54 च्	Root 1309
1343 मुरँ मुर् P सेट्		Root 1309	8.4.2 i/1					Root **1341**		
1344 क्षुरँ क्षुर् P सेट्		Root 1309	8.4.2 i/1					Root **1341**	7.4.62 च्	
1345 घुरँ	Root	Root	Root	Root	Root	Root	Root	Root	Root	Root

घुर् P सेट्	1309	1309	1309 8.4.2 i/1	1309	1309	1309	1309	**1341**	1309 7.4.62 झ् 8.4.54 ज्	1309
1346 पुरँ P पुर् सेट्		Root 1309	8.4.2 i/1					Root **1341**		

1347 Now Parasmaipada. वेट् । Tag (ऊँ) ऊदित् ।

1347 वृहूँ वृह् P वेट्	Simple	Simple	Simple 8.4.2 i/1	Simple	Root 1309 7.2.44 पक्षे अनिट् 8.2.31 ढ् 8.2.41 क् 8.3.59 ष्	Root 1309 7.2.44 पक्षे अनिट् 8.2.31 ढ् 8.2.41 क् 8.3.59 ष्	Root 1309 7.2.44 पक्षे अनिट् 8.2.31 ढ् 8.2.40 ध् 8.4.41 ढ् 8.3.13	Root 1309	6.1.8 7.4.60 7.4.66 7.3.86 guna for singular 1.2.5 No guna for rest 7.2.35 इट् ii/1 i/2 i/3 7.2.44 पक्षे अनिट् 8.2.31 ढ् 8.2.40 ध् 8.4.41 ढ् 8.3.13	Root 1309 7.2.44 पक्षे अनिट् 3.1.45 क्स 8.2.31 ढ् 8.2.41 क् 8.3.59 ष्
1348 तृहूँ तृह् P वेट्		Root 1347								
1349 स्तृहूँ स्तृह् P वेट्		Root 1347							7.4.61	
1350 तृन्हूँ तृंह् P वेट्	6.4.24 7.1.59 Vartika 8.3.24	6.4.24 7.1.59 Vartika 8.3.24	6.4.24 7.1.59 Vartika 8.3.24 8.4.2 i/1	6.4.24 7.1.59 Vartika 8.3.24	7.2.35 इट् 8.3.24 8.4.58 7.2.44 पक्षे अनिट् 8.2.31 ढ् 8.2.41 क् 8.3.59 ष् 8.3.24 8.4.58	7.2.35 इट् 8.3.24 8.4.58 7.2.44 पक्षे अनिट् 8.2.31 ढ् 8.2.41 क् 8.3.59 ष् 8.3.24 8.4.58	7.2.35 इट् 8.3.24 8.4.58 7.2.44 पक्षे अनिट् 8.2.31 ढ् 8.2.40 ध् 8.4.41 ढ् 8.3.13 8.3.24 8.4.58	3.4.104 6.4.24 8.2.29	6.1.8 7.4.60 7.4.66 8.3.24 7.2.35 इट् ii/1 i/2 i/3 7.2.44 पक्षे अनिट् i/2 i/3 simple ii/1 8.2.31 ढ् 8.2.40 ध् 8.4.41 ढ् 8.3.13	3.1.44सिच् 7.2.35 इट् 8.3.59 ष् 8.3.24 7.2.44 पक्षे अनिट् 7.2.3 वृद्धिः 8.3.24 8.4.58 iii/2 ii/2 ii/3 8.2.31 ढ् 8.2.40 ध् 8.4.41 ढ् 8.3.13 Rest 8.2.31 ढ् 8.2.41 क् 8.3.59 ष्

1351 Now Parasmaipada. सेट् । Tag (अँ) अदित् ।

1351 इषँ इष् P सेट् (इषुँ)	7.3.77 छ् 6.1.73तुक् 8.4.40 च्	6.4.72 6.1.90 7.3.77 छ् 6.1.73तुक् 8.4.40 च्	7.3.77 छ् 6.1.73तुक् 8.4.40 च्	7.3.77 छ् 6.1.73तुक् 8.4.40 च्	Root 1319	Root 1319	Root 1319 7.2.48 पक्षे अनिट् 8.4.41 ट्	Root 1319	Root 1319	Root 1319
1352 मिषँ मिष् P सेट्		Root 1309	8.4.2 i/1							
1353 किलँ किल् P सेट्		Root 1309							7.4.62 च्	
1354 तिलँ तिल् P सेट्		Root 1309								
1355 चिलँ चिल् P सेट्		Root 1309								
1356 चलँ चल् P सेट्	Simple	Simple	Simple	Simple	7.2.35 इट् 8.3.59 ष्	7.2.35 इट् 8.3.59 ष्	7.2.35 इट्	3.4.104 8.2.29	लिट्	3.1.44सिच् 7.2.35 इट् 8.3.59 ष् 7.2.2 वृद्धिः
	लिट् 6.1.8 7.4.60 **ii/1 i/2 i/3** 7.2.35 इट् । **iii/1 i/1** 7.2.116 । **i/1** 7.1.91 Option **iii/2 iii/3 ii/1 ii/2 ii/3 i/2 i/3** 6.4.121									
1357 इलँ इल् P सेट्	Simple	6.4.72 6.1.90	Simple	Simple	Root 1319	Root 1319	Root 1319	Root 1319	Root 1319	Root 1319
1358 विलँ विल् P सेट्			Root 1309							
1359 बिलँ बिल् P सेट्			Root 1309							
1360 णिलँ निल् P सेट्			6.1.65 न् Root 1309							
1361 हिलँ हिल् P सेट्			Root 1309							
1362 शिलँ शिल् P सेट्			Root 1309							
1363 षिलँ सिल् P सेट्			6.1.64 स् Root 1309							
1364 मिलँ मिल् P सेट्			Root 1309							
1365 लिखँ लिख् P सेट्			Root 1309							

Begin कुटादिः अन्तर्गणः । 1.2.1 गाङ्कुटादिभ्योऽञ्णिन्ङित् । Optional ङित् ।

1366 कुटँ कुट् P सेट्	Root 1309	Root 1309	Root 1309	Root 1309	Root 1367	Root 1367	Root 1367	Root 1309	Root 1367 7.4.62 च्	Root 1367
1367 पुटँ पुट् P सेट्	Root 1309	Root 1309	Root 1309	Root 1309	1.2.1 ङित् 7.2.35 इट् 8.3.59 ष्	1.2.1 ङित् 7.2.35 इट् 8.3.59 ष्	1.2.1 ङित् 7.2.35 इट्	Root 1309	Root 1309	1.2.1 ङित् 3.1.44सिच् 7.2.35 इट् 8.3.59 ष् 7.3.96 ईट् iii/1 ii/1
	लिट् ii/1 1.2.1 ङित् , i/1 7.1.91 Option 1.2.1 ङित्									
1368 कुचँ कुच् P सेट्	Root 1309	Root 1309	Root 1309	Root 1309	Root 1367	Root 1367	Root 1367	Root 1309	Root 1367 7.4.62 च्	Root 1367
1369 गुजँ गुज् P सेट्	Root 1309	Root 1309	Root 1309	Root 1309	Root 1367	Root 1367	Root 1367	Root 1309	Root 1367 7.4.62 ज्	Root 1367

1370 गुडँ गुड् P सेट्	Root 1309	Root 1309	Root 1309	Root 1309	Root 1367	Root 1367	Root 1367	Root 1309	Root 1367 7.4.62 ज्	Root 1367
1371 डिपँ डिप् P सेट्			Root 1367							
1372 छुरँ छुर् P सेट्	Root 1378	Root 1378	Root 1378 8.4.2 ण्	Root 1378	Root 1378	Root 1378	Root 1378	Root 1378	Root 1378	Root 1378
1373 स्फुटँ स्फुट् P सेट्			Root 1367							
1374 मुटँ मुट् P सेट्			Root 1367							
1375 त्रुटँ त्रुट् P सेट्	Root 1309 3.1.70 पक्षे श्यन्	Root 1309 3.1.70 पक्षे श्यन्	Root 1309 3.1.70 पक्षे श्यन्	Root 1309 3.1.70 पक्षे श्यन्	Root 1367	Root 1367	Root 1367	Root 1309	Root 1367	Root 1367
1376 तुटँ P तुट् सेट्			Root 1367							
1377 चुटँ चुट् P सेट्			Root 1367							
1378 छुटँ छुट् P सेट्	Root 1309	Root 1309 6.1.73तुक् 8.4.40 च्	Root 1309 8.4.2 ण्	Root 1309	Root 1367	Root 1367 6.1.73तुक् 8.4.40 च्	Root 1367	Root 1309	Root 1367 8.4.54 च् 6.1.73तुक् 8.4.40 च्	Root 1367 6.1.73तुक् 8.4.40 च्
1379 जुडँ जुड् P सेट्			Root 1367							
1380 कडँ कड् P सेट्	Simple	Simple	Simple	Simple	7.2.35 इट् 8.3.59 ष्	7.2.35 इट् 8.3.59 ष्	7.2.35 इट्	3.4.104 8.2.29	6.1.8 7.4.60 7.4.62 च् 7.2.35 इट् ii/1 i/2 i/3 7.2.116 iii/1 i/1 7.1.91 i/1 Option	3.1.44सिच् 7.2.35 इट् 8.3.59 ष् 7.3.96 ईट् iii/1 ii/1
1381 लुटँ लुट् P सेट्			Root 1367							
1382 कृडँ कृड् P सेट्	Root 1367	Root 1367	Root 1367	Root 1367	Root 1367	Root 1367	Root 1367	Root 1367	Root 1367 7.4.62 च् 7.4.66	Root 1367
1383 कुडँ कुड् P सेट्			Root 1367						7.4.62 च्	
1384 पुडँ पुड् P सेट्			Root 1367							
1385 घुटँ घुट् P सेट्	Root 1367	Root 1367	Root 1367	Root 1367	Root 1367	Root 1367	Root 1367	Root 1367	Root 1367 7.4.62 झ् 8.4.54 ज्	Root 1367
1386 तुडँ तुड् P सेट्			Root 1367							
1387 थुडँ थुड् P सेट्			Root 1367						8.4.54 त्	
1388 स्थुडँ स्थुड् P सेट्	Root 1367	Root 1367	Root 1367	Root 1367	Root 1367	Root 1367	Root 1367	Root 1367	Root 1367 7.4.61 8.4.54 त्	Root 1367

1389 स्फुरँ स्फुर् P सेट्	Root 1367	Root 1367	Root 1367 8.4.2 i/1	Root 1367	Root 1367	Root 1367	Root 1367	Root 1367	Root 1367 7.4.61 8.4.54 प्	Root 1367
1390 स्फुलँ स्फुल् P सेट्	Root 1367	Root 1367	Root 1367	Root 1367	Root 1367	Root 1367	Root 1367	Root 1367	Root 1367 7.4.61 8.4.54 प्	Root 1367
1391 स्फुडँ स्फुड् P सेट्	Root 1367	Root 1367	Root 1367	Root 1367	Root 1367	Root 1367	Root 1367	Root 1367	Root 1367 7.4.61 8.4.54 प्	Root 1367
1392 चुडँ चुड् P सेट्			Root 1367							
1393 व्रुडँ व्रुड् P सेट्			Root 1367							
1394 क्रुडँ क्रुड् P सेट्			Root 1367						7.4.62 च्	
1395 भृडँ भृड् P सेट्	Root 1367	Root 1367	Root 1367	Root 1367	Root 1367	Root 1367	Root 1367	Root 1367	Root 1367 7.4.66 8.4.54 ब्	Root 1367

1396 Now Atmanepada. सेट् । Tag (ईँ) ईदित् ।

1396 गुरीँ गुर् A सेट्	Root 1288	Root 1288	Root 1288	Root 1288	1.2.1 ङित् 7.2.35 इट् 8.3.59 ष्	1.2.1 ङित् 7.2.35 इट् 8.3.59 ष्	1.2.1 ङित् 7.2.35 इट्	1.2.1 ङित् 7.2.35 इट् 8.3.59 ष् 8.3.79 ii/3 ढ् Option	Root 1288 7.4.62 ज् 7.2.35 इट् ii/1 ii/3 i/2 i/3 8.3.79 ii/3 ढ् Option	1.2.1 ङित् 3.1.44सिच् 7.2.35 इट् 8.3.59 ष् 8.3.79 ii/3 ढ् Option

1397 Now Parasmaipada. सेट् ।

1397 णू P नू सेट्	6.1.65 न् Root 1398	6.1.65 न् Root 1398	6.1.65 न् Root 1398	6.1.65 न् Root 1398	6.1.65 न् Root 1398	6.1.65 न् Root 1398	6.1.65 न् Root 1398	6.1.65 न् Root 1398	6.1.65 न् Root 1398 no 8.4.54	6.1.65 न् Root 1398
1398 धू P धू सेट्	6.4.77 उव्	6.4.77 उव्	6.4.77 उव्	6.4.77 उव्	1.2.1 ङित् 7.2.35 इट् 6.4.77 उव् 8.3.59 ष्	1.2.1 ङित् 7.2.35 इट् 6.4.77 उव् 8.3.59 ष्	1.2.1 ङित् 7.2.35 इट् 6.4.77 उव्	3.4.104 1.2.1 no guna 8.2.29	1.2.1 ङित्	1.2.1 ङित् 3.1.44सिच् 7.2.35 इट् 6.4.77 उव् 8.3.59 ष् 7.3.96 ईट् iii/1 ii/1

लिट् 1.2.1 ङित् , 6.1.8 , 7.4.59 , 8.4.54 द् , 7.2.35 इट् ii/1 i/2 i/3
iii/1 i/1 7.2.115 , 6.1.78 , Rest 6.4.77 उव्
i/1 7.1.91 Option , 6.4.77 उव्

1399 Now Parasmaipada. अनिट् ।

1399 गु P गु अनिट्	6.4.77 उव्	6.4.77 उव्	6.4.77 उव्	6.4.77 उव्	1.2.1 ङित् 8.3.59 ष्	1.2.1 ङित् 8.3.59 ष्	1.2.1 ङित्	3.4.104 1.2.1 no guna 8.2.29 7.4.25 दीर्घः	1.2.1 ङित्	1.2.1 ङित् 3.1.44सिच् 7.3.96 ईट् iii/1 ii/1

लिट् 1.2.1 ङित् 6.1.8 , 7.4.62 ज् , 7.2.35 इट् ii/1 i/2 i/3
iii/1 i/1 7.2.115 , 6.1.78 , Rest 6.4.77 उव्
i/1 7.1.91 Option , 6.4.77 उव्
ii/1 7.2.61 Option अनिट्

1400 ध्रु P ध्रु अनिट्	Root 1399	Root 1399	Root 1399 8.4.2 i/1	Root 1399	Root 1399	Root 1399	Root 1399	Root 1399	Root 1399 8.4.54 द् No 7.4.62	Root 1399

1401 Now Atmanepada. अनिट् । Tag (ङ्) ङित् ।

1401 कुङ् कु A अनिट्	6.4.77 उव्	6.4.77 उव्	6.4.77 उव्	6.4.77 उव्	1.2.1 ङित् 8.3.59 ष्	1.2.1 ङित् 8.3.59 ष्	1.2.1 ङित्	1.2.1 ङित् 8.3.59 ष् ii/3 8.3.78 ढ्	1.2.1 ङित्	1.2.1 ङित् 3.1.44सिच् ii/3 8.3.78 ढ्

लिट् 1.2.1 ङित् 6.1.8 , 7.4.62 च् , 7.2.35 इट् ii/1 ii/3 i/2 i/3 , 6.4.77 उव्
ii/3 8.3.79 ढ् Option , 6.4.77 उव्

End कुटादिः ।

1402 पृङ् पृ A अनिट्	7.4.28 रि 6.4.77 उव्	7.4.28 रि 6.4.77 उव्	7.4.28 रि 6.4.77 उव्	7.4.28 रि 6.4.77 उव्	7.3.84गुणः 7.2.70 इट् 8.3.59 ष्	7.3.84गुणः 7.2.70 इट् 8.3.59 ष्	7.3.84गुणः	1.2.12कित् 8.3.59 ष् ii/3 8.3.78 ढ्	1.2.5 कित् 6.1.8 7.4.66 6.1.77 7.2.35 इट् ii/1 ii/3 i/2 i/3 ii/3 Option 8.3.79 ढ्	1.2.12कित् 3.1.44सिच् ii/3 8.3.78 ढ्
1403 मृङ् मृ A* अनिट्	Root 1402	Root 1402	Root 1402	Root 1402	1.3.61 P 7.3.84गुणः 7.2.70 इट् 8.3.59 ष्	1.3.61 P 7.3.84गुणः 7.2.70 इट् 8.3.59 ष्	1.3.61 P 7.3.84गुणः	Root 1402	1.3.61 P	Root 1402

लिट् 1.3.61 P , 1.2.5 कित् , 6.1.8 , 7.4.66
7.2.35 इट् i/2 i/3 , 7.2.61 ii/1 अनिट्
iii/1 i/1 7.2.115 , Rest 6.1.77
i/1 7.1.91 Option

1404 Now Parasmaipada. अनिट् ।

1404 रि रि P अनिट्		Root 1405	8.4.2 i/1							
1405 पि पि P अनिट्	6.4.77 इय्	6.4.77 इय्	6.4.77 इय्	6.4.77 इय्	7.3.84गुणः 8.3.59 ष्	7.3.84गुणः 8.3.59 ष्	7.3.84गुणः	3.4.104 no guna 7.4.25 दीर्घः 8.2.29	6.1.8 7.2.35 इट् ii/1 i/2 i/3 iii/1 i/1 7.2.115 6.1.78 ii/1 Option 7.2.61 अनिट् i/1 Option 7.1.91 6.4.82 य् dual plural	3.1.44सिच् 7.2.1वृद्धिः 8.3.59 ष् iii/1 ii/1 7.3.96 ईट्
1406 धि धि P अनिट्			Root 1405							
1407 क्षि क्षि P अनिट्	Root 1405	Root 1405	Root 1405 8.4.2 i/1	Root 1405	Root 1405	Root 1405	Root 1405	Root 1405	6.1.8 7.4.60 7.4.62 च् 6.4.77 य् dual plural Root 1405 singular	Root 1405

1408 Now Parasmaipada. सेट् ।

1408 षू सू P सेट्	6.1.64 स् 6.4.77 उव्	6.1.64 स् 6.4.77 उव्	6.1.64 स् 6.4.77 उव्	6.1.64 स् 6.4.77 उव्	6.1.64 स् 7.3.84गुणः 7.2.35 इट् 6.1.78 8.3.59 ष्	6.1.64 स् 7.3.84गुणः 7.2.35 इट् 6.1.78 8.3.59 ष्	6.1.64 स् 7.3.84गुणः 7.2.35 इट् 6.1.78	6.1.64 स् 3.4.104 no guna 8.2.29	6.1.64 स् 6.1.8 7.4.59 8.3.59 ष् 7.2.35 इट् ii/1 i/2 i/3 iii/1 i/1 7.2.115 6.1.78 Rest 6.4.77 उव् i/1 7.1.91 Option	6.1.64 स् 3.1.44सिच् 7.2.35 इट् 6.1.78 8.3.59 ष् 7.3.96 ईट् iii/1 ii/1

Begin किरादिः अन्तर्गणः । 7.2.75 किरश्च पञ्चभ्यः । इट् augment for सन्

Secondary Root सन् affix takes इट् augment for five अनिट् Roots

1409 कॄ कॄ P सेट्	7.1.100 इर्	7.1.100 इर्	7.1.100 इर् 8.4.2 i/1	7.1.100 इर्	7.3.84गुणः 7.2.35 इट् 8.3.59 ष् 7.2.38 ई Option	7.3.84गुणः 7.2.35 इट् 8.3.59 ष् 7.2.38 ई Option	7.3.84गुणः 7.2.35 इट् 7.2.38 ई Option	3.4.104 no guna 7.1.100 इर् 8.2.29 8.2.77 दीर्घः	6.1.8 7.4.11 7.4.59 7.4.62 च् 7.4.66 7.2.35 इट् ii/1 i/2 i/3 iii/1 i/1 7.2.115 i/1 7.1.91 Option	3.1.44सिच् 7.2.35 इट् 7.2.1वृद्धिः 8.3.59 ष् 7.3.96 ईट् iii/1 ii/1
1410 गॄ गॄ P सेट्	8.2.21 ल् Option Root 1409	8.2.21 ल् Option Root 1409	8.2.21 ल् Option Root 1409	8.2.21 ल् Option Root 1409	8.2.21 ल् Option Root 1409	8.2.21 ल् Option Root 1409	8.2.21 ल् Option Root 1409	Root 1409	8.2.21 ल् Option Root 1409 7.4.62 ज्	8.2.21 ल् Option Root 1409

1411 Now Atmanepada. अनिट् । Tag (ङ्) ङित् ।

1411 दृङ् दृ A अनिट्	7.4.28 रि	7.4.28 रि	7.4.28 रि	7.4.28 रि	7.3.84गुणः 7.2.70 इट् 8.3.59 ष्	7.3.84गुणः 7.2.70 इट् 8.3.59 ष्	7.3.84गुणः	1.2.12कित् 8.3.59 ष्	6.1.8 7.4.66 6.1.77 7.2.35 इट् ii/1 ii/3 i/2 i/3 8.3.79 ii/3 ढ् Option	3.1.44सिच् 8.3.59 ष् 8.2.27 iii/1 ii/1
1412 धृङ् धृ A अनिट्			Root 1411							

1413 Now Parasmaipada. अनिट् । Tag (अँ) अदित् ।

1413 प्रछँ प्रच्छ् P अनिट्	6.1.16 6.1.108 6.1.73तुक् 8.4.40 च्	6.1.16 6.1.108 6.1.73तुक् 8.4.40 च्	6.1.16 6.1.108 6.1.73तुक् 8.4.40 च्	6.1.16 6.1.108 6.1.73तुक् 8.4.40 च्	6.1.73तुक् 8.2.36 ष् 8.2.41 क् 8.3.59 ष्	6.1.73तुक् 8.2.36 ष् 8.2.41 क् 8.3.59 ष्	6.1.73तुक् 8.2.36 ष् 8.4.41 ट्	6.1.16 6.1.108 8.2.29 6.1.73तुक् 8.4.40 च्	6.1.8 6.1.17 7.4.60 7.4.66 6.1.73तुक् 8.4.40 च् 7.2.35 इट् ii/1 i/2 i/3 7.2.62	3.1.44सिच् 7.2.3वृद्धिः 8.2.36 ष् 7.3.96 iii/1 ii/1 8.4.41 iii/2 ii/2 ii/3

									ii/1 अनिट् Option 8.2.36 ष् 8.4.41 ठ्	8.2.41 Rest

End किरादिः ।

1414 सृजँ सृज् P अनिट्	Simple	Simple	Simple	Simple	6.1.58 अम् 6.1.77 8.2.36 ष् 8.2.41 क् 8.3.59 ष्	6.1.58 अम् 6.1.77 8.2.36 ष् 8.2.41 क् 8.3.59 ष्	6.1.58 अम् 6.1.77 8.2.36 ष् 8.4.41 ट्	3.4.104 no guna 8.2.29	6.1.8 7.4.60 7.4.66 7.2.35 इट् ii/1 i/2 i/3 7.2.62 ii/1 अनिट् Option 8.2.36 ष् 8.4.41 ठ्	3.1.44सिच् 6.1.58 अम् 7.2.3वृद्धिः 6.1.77 8.2.36 ष् 7.3.96 iii/1 ii/1 8.4.41 iii/2 ii/2 ii/3 8.2.41 Rest

1415 Now Parasmaipada. अनिट् । Tag (टु ओँ) ट्वित् ओदित् ।

1415 टुमस्जोँ P मस्ज् अनिट्	8.4.40 श् 8.4.53 ज्	8.4.40 श् 8.4.53 ज्	8.4.40 श् 8.4.53 ज्	8.4.40 श् 8.4.53 ज्	7.1.60 नुम् 8.2.29 8.2.30 ग् 8.3.24 8.4.58 8.3.59 ष्	7.1.60 नुम् 8.2.29 8.2.30 ग् 8.3.24 8.4.58 8.3.59 ष्	7.1.60 नुम् 8.2.29 8.2.30 ग् 8.3.24 8.4.58	8.4.40 श् 8.4.53 ज् 8.2.29	8.4.40 श् 8.4.53 ज् 6.1.8 7.4.60 7.2.35 इट् ii/1 i/2 i/3 7.2.62 ii/1 अनिट् Option 7.1.60 नुम् 8.2.29 8.2.30 ग् 8.3.24 8.4.58	3.1.44सिच् 7.1.60 नुम् 7.2.3वृद्धिः 8.2.29 8.2.30 ग् 8.4.55 क् 8.3.24 8.4.58 7.3.96 iii/1 ii/1

1416 Now Parasmaipada. अनिट् । Tag (ओँ) ओदित् ।

1416 रुजोँ रुज् P अनिट्	Simple	Simple	Simple	Simple	7.3.86गुणः 8.2.30 ग् 8.4.55 क् 8.3.59 ष्	7.3.86गुणः 8.2.30 ग् 8.4.55 क् 8.3.59 ष्	7.3.86गुणः 8.2.30 ग् 8.4.55 क्	3.4.104 no guna 8.2.29	6.1.8 7.4.60 7.2.35 इट् ii/1 i/2 i/3	3.1.44सिच् 7.2.3वृद्धिः 8.2.30 ग् 8.4.55 क् 7.3.96

										iii/1 ii/1 8.2.26 iii/2 ii/2 ii/3 8.3.59 Rest
1417 भुजोँ भुज् P अनिट्			Root 1416						8.4.54 ब्	

1418 Now Parasmaipada. अनिट् । Tag (अँ) अदित् ।

1418 छुपँ छुप् P अनिट्	Simple	6.1.73तुक् 8.4.40 च्	Simple	Simple	7.3.86गुणः	7.3.86गुणः 6.1.73तुक् 8.4.40 च्	7.3.86गुणः	3.4.104 no guna 8.2.29	6.1.8 7.4.60 8.4.54 च् 6.1.73तुक् 8.4.40 च् 7.2.35 इट् ii/1 i/2 i/3	3.1.44सिच् 7.2.3वृद्धिः 6.1.73तुक् 8.4.40 च् 7.3.96 iii/1 ii/1 8.2.26 iii/2 ii/2 ii/3
1419 रुशँ रुश् P अनिट्	Simple	Simple	Simple	Simple	7.3.86गुणः 8.2.36 ष् 8.2.41 क् 8.3.59 ष्	7.3.86गुणः 8.2.36 ष् 8.2.41 क् 8.3.59 ष्	7.3.86गुणः 8.2.36 ष् 8.4.41 ट्	3.4.104 no guna 8.2.29	6.1.8 7.4.60 7.2.35 इट् ii/1 i/2 i/3 Singular 7.3.86गुणः dual plural 1.2.5 no guna	3.1.45 क्स 8.2.36 ष् 8.2.41 क् 8.3.59 ष्
1420 रिशँ रिश् P अनिट्			Root 1419							
1421 लिशँ लिश् P अनिट्			Root 1419							
1422 स्पृशँ स्पृश् P अनिट्	Root 1419	Root 1419	Root 1419	Root 1419	Root 1419 6.1.59 अम् Option	Root 1419 6.1.59 अम् Option	Root 1419 6.1.59 अम् Option	Root 1419	Root 1419	3.1.44सिच् Option by Vartika पक्षे क्स Root 1419 6.1.59 अम् Option 3.1.44सिच्

1423 Now Parasmaipada. सेट् । Tag (अँ) अदित् ।

1423 विछँ विच्छ् P सेट्	3.1.28आय 6.1.97 6.1.73तुक् 8.4.40 च्	3.1.28आय 6.1.97 6.1.73तुक् 8.4.40 च्	3.1.28आय 6.1.97 6.1.73तुक् 8.4.40 च्	3.1.28आय 6.1.97 6.1.73तुक् 8.4.40 च्	3.1.28आय 6.4.48 6.1.73तुक् 8.4.40 च् 8.3.59 ष् 3.1.31 Option पक्षे श	3.1.28आय 6.4.48 6.1.73तुक् 8.4.40 च् 8.3.59 ष् 3.1.31 Option पक्षे श	3.1.28आय 6.4.48 6.1.73तुक् 8.4.40 च् 3.1.31 Option पक्षे श	3.1.28आय 6.4.48 6.1.73तुक् 8.4.40 च् 3.1.31 Option पक्षे श	3.1.28आय 6.4.48 3.1.35आम् 3.1.40 कृ 3.1.31 Option पक्षे श 6.1.8 7.4.60 6.1.73तुक् 8.4.40 च् 7.2.35 इट् ii/1 i/2 i/3	3.1.28आय 6.4.48 3.1.44सिच् 6.1.73तुक् 8.4.40 च् 8.3.59 ष् 7.3.96 iii/1 ii/1 3.1.31 Option पक्षे श

1424 Now Parasmaipada. अनिट् । Tag (अँ) अदित् ।

1424 विशँ विश् P अनिट्			Root 1419							
1425 मृशँ मृश् P अनिट्	Root 1419	Root 1419	Root 1419	Root 1419	Root 1419 6.1.59 अम् Option	Root 1419 6.1.59 अम् Option	Root 1419 6.1.59 अम् Option	Root 1419	Root 1419 7.4.66	3.1.44सिच् Option by Vartika पक्षे क्स Root 1419 6.1.59 अम् Option 3.1.44सिच्
1426 णुदँ नुद् P अनिट्	6.1.65 न् Root 1419	6.1.65 न् Root 1419	6.1.65 न् Root 1419	6.1.65 न् Root 1419	6.1.65 न् 7.3.86गुणः 8.4.55 त्	6.1.65 न् 7.3.86गुणः 8.4.55 त्	6.1.65 न् 7.3.86गुणः 8.4.55 त्	6.1.65 न् Root 1419	6.1.65 न् Root 1419	6.1.65 न् 3.1.44सिच् 7.2.3वृद्धिः 8.4.55 त् 8.2.26 iii/2 ii/2 ii/3

1427 Now Parasmaipada. अनिट् । Tag (ऌँ) ऌदित् ।

1427 षद्लृँ सद् P अनिट्	6.1.64 स् 7.3.78सीद 6.1.97	6.1.64 स् 7.3.78सीद 6.1.97	6.1.64 स् 7.3.78सीद 6.1.97	6.1.64 स् 7.3.78सीद 6.1.97	6.1.64 स् 8.4.55 त्	6.1.64 स् 8.4.55 त्	6.1.64 स् 8.4.55 त्	6.1.64 स् 8.2.29	6.1.8 7.4.60 7.2.35 इट् ii/1 i/2 i/3 ii/1 अनिट् 7.2.62 Option	6.1.64 ष् 3.1.55अङ्

									i/1 7.1.91 Option iii/1 i/1 7.2.116 Rest 6.4.120 ए	

1428 Now Parasmaipada. अनिट् । Tag (ॡँ) ऌदित् ।

1428 शद्लँ शद् P* अनिट्	1.3.60 A 7.3.78शीय 6.1.97	1.3.60 A 7.3.78शीय 6.1.97	1.3.60 A 7.3.78शीय 6.1.97	1.3.60 A 7.3.78शीय 6.1.97	8.4.55 त्	8.4.55 त्	8.4.55 त्	8.2.29	Root 1427	3.1.55अङ्

1429 Now Ubhayepada. सेट् । Tag (अँ) अदित् ।

1429 मिलँ मिल् U सेट्	Root 1281	Root 1281	Root 1281	Root 1281	7.3.86गुणः 7.2.35 इट् 8.3.59 ष्	7.3.86गुणः 7.2.35 इट् 8.3.59 ष्	7.3.86गुणः 7.2.35 इट्	P 3.4.104 गुणः इट् न 8.2.29 A 7.3.86गुणः 7.2.35 इट् 8.3.59 ष् ii/3 Option 8.3.79 ढ्	6.1.8 7.4.60 P 7.2.35 इट् ii/1 i/2 i/3 A 7.2.35 इट् ii/1 ii/3 i/2 i/3 ii/3 Option 8.3.79 ढ्	3.1.44सिच् 7.3.86गुणः 7.2.35 इट् 8.3.59 ष् P iii/1 ii/1 7.3.96 8.2.28 8.4.41 ट् iii/2 ii/2 ii/3 A ii/3 Option 8.3.79 ढ्

Begin मुचादिः अन्तर्गणः । 7.1.59 शे मुचादीनाम् । नुम् augment for श Gana Vikarana

1430 Now Ubhayepada. अनिट् । Tag (ॡँ) ऌदित् ।

1430 मुचॢँ मुच् U अनिट्	7.1.59 नुम् 8.3.24 8.4.58	7.1.59 नुम् 8.3.24 8.4.58	7.1.59 नुम् 8.3.24 8.4.58	7.1.59 नुम् 8.3.24 8.4.58	7.3.86गुणः 8.2.30 क् 8.3.59 ष्	7.3.86गुणः 8.2.30 क् 8.3.59 ष्	7.3.86गुणः 8.2.30 क्	P 3.4.104 no guna 8.2.29 A 1.2.11कित् 8.2.30 क् 8.3.59 ष्	Root 1281	P 3.1.55अङ् A 3.1.44सिच् 1.2.11कित् 8.2.30 क् iii/1 ii/1

										8.2.26 ii/3 8.2.25 8.4.53 ग्
1431 लुपृँ लुप् U अनिट्	7.1.59 नुम् 8.3.24 8.4.58	7.1.59 नुम् 8.3.24 8.4.58	7.1.59 नुम् 8.3.24 8.4.58	7.1.59 नुम् 8.3.24 8.4.58	7.3.86गुणः	7.3.86गुणः	7.3.86गुणः	P 3.4.104 no guna 8.2.29 A 1.2.11कित् no guna	Root 1281	P 3.1.55अङ् A 3.1.44सिच् 1.2.11कित् iii/1 ii/1 8.2.26 ii/3 8.2.25 8.4.53 ब्
1432 विदॢँ विद् U अनिट्*	7.1.59 नुम् 8.3.24 8.4.58	7.1.59 नुम् 8.3.24 8.4.58	7.1.59 नुम् 8.3.24 8.4.58	7.1.59 नुम् 8.3.24 8.4.58	7.3.86गुणः 8.3.59 ष् 8.4.55 त् सेट् **Opinion** 7.2.35 इट्	7.3.86गुणः 8.3.59 ष् 8.4.55 त् सेट् **Opinion** 7.2.35 इट्	7.3.86गुणः 8.4.55 त् सेट् **Opinion** 7.2.35 इट्	P 3.4.104 गुणः इट् न 8.2.29 A 7.3.86गुणः 7.2.35 इट् 8.3.59 ष् अनिट् **Opinion** 8.4.55 त् 1.2.11कित् no guna	Root 1281	P 3.1.55अङ् A 3.1.44सिच् 7.3.86गुणः 7.2.35 इट् 8.3.59 ष् iii/1 ii/1 8.2.26 ii/3 8.2.25 अनिट् **Opinion** 8.4.55 त् 1.2.11कित्

1433 Now Ubhayepada. अनिट् । Tag (अँ) अदित् ।

1433 लिपँ लिप् U अनिट्	7.1.59 नुम् 8.3.24 8.4.58	7.1.59 नुम् 8.3.24 8.4.58	7.1.59 नुम् 8.3.24 8.4.58	7.1.59 नुम् 8.3.24 8.4.58	7.3.86गुणः	7.3.86गुणः	7.3.86गुणः	P 3.4.104 no guna 8.2.29 A 1.2.11कित् no guna	Root 1281	लुङ्

लुङ् P 3.1.53 अङ्

A 3.1.53 अङ् iii/1 ii/1 8.2.26
3.1.54 अङ् Option पक्षे 3.1.44 सिच् 1.2.11 कित् iii/1 ii/1 8.2.26 ii/3 8.2.25 8.4.53 ब्

1434 षिचँ सिच् U अनिट्	6.1.64 स् 7.1.59 नुम् 8.3.24 8.4.58	6.1.64 स् 7.1.59 नुम् 8.3.24 8.4.58	6.1.64 स् 7.1.59 नुम् 8.3.24 8.4.58	6.1.64 स् 7.1.59 नुम् 8.3.24 8.4.58	6.1.64 स् 7.3.86गुणः 8.2.30 क् 8.3.59 ष्	6.1.64 स् 7.3.86गुणः 8.2.30 क् 8.3.59 ष्	6.1.64 स् 7.3.86गुणः 8.2.30 क्	P 3.4.104 no guna 8.2.29 A 1.2.11कित् no guna 8.2.30 क् 8.3.59 ष्	Root 1281 8.3.59 ष्	Root 1433 A ii/3 8.4.53 ग्

1435 Now Parasmaipada. सेट् । Tag (ईँ) ईदित् ।

1435 कृतीँ कृत् P सेट्	7.1.59 नुम् 8.3.24 8.4.58	7.1.59 नुम् 8.3.24 8.4.58	7.1.59 नुम् 8.3.24 8.4.58	7.1.59 नुम् 8.3.24 8.4.58	7.3.86गुणः 7.2.35 इट् 8.3.59 ष् 7.2.57 पक्षे अनिट्	7.3.86गुणः 7.2.35 इट् 8.3.59 ष् 7.2.57 पक्षे अनिट्	7.3.86गुणः 7.2.35 इट्	3.4.104 गुणः इट् न 8.2.29	6.1.8 7.4.60 7.4.62 च् 7.4.66 7.2.35 इट् ii/1 i/2 i/3 Singular 7.3.86गुणः dual plural 1.2.5 कित् No guna	3.1.44सिच् 7.3.86गुणः 7.2.35 इट् 8.3.59 ष् iii/1 ii/1 7.3.96 8.2.28 8.4.41 ट् iii/2 ii/2 ii/3

1436 Now Parasmaipada. अनिट् । Tag (अँ) अदित् ।

1436 खिदँ खिद् P अनिट्	7.1.59 नुम् 8.3.24 8.4.58	7.1.59 नुम् 8.3.24 8.4.58	7.1.59 नुम् 8.3.24 8.4.58	7.1.59 नुम् 8.3.24 8.4.58	P Root 1281	P Root 1281	P Root 1281	P Root 1281	P Root 1281 7.4.62 छ् 8.4.54 च्	P Root 1281

1437 Now Parasmaipada. सेट् । Tag (अँ) अदित् ।

1437 पिशँ पिश् P सेट्	7.1.59 नुम् 8.3.24 8.4.58	7.1.59 नुम् 8.3.24 8.4.58	7.1.59 नुम् 8.3.24 8.4.58	7.1.59 नुम् 8.3.24 8.4.58	7.3.86गुणः 7.2.35 इट् 8.3.59 ष्	7.3.86गुणः 7.2.35 इट् 8.3.59 ष्	7.3.86गुणः 7.2.35 इट्	3.4.104 गुणः इट् न 8.2.29	Root 1309	Root 1309

॥ इति श विकरणास्तुदादयः ॥ End of 6c Roots that use श विकरण modifier affix.

7c RudhAdi 1438 to 1462 (25 Roots)

3.1.78 रुधादिभ्यः श्नम् । Gana Vikarana श्नम् = न Stem Constructor for 5c group Roots for Sarvadhatuka Affixes 1 लट् 2 लङ् 3 लोट् 4 विधिलिङ् । Cannot do Guna since शित् । 1.2.4 सार्वधातुकमपित् । Only पित् Sarvadhatuka can do guna. 1.1.47 मिदचोऽन्त्यात्परः । This Gana Vikarana न is placed after the last vowel of the Root. Thus for consonant ending 7c Roots, the Gana Vikarana न is placed **inside** the Root.

Sarvadhatuka Lakaras

- Hence in लट् लङ् लोट् विधिलिङ् there is **never** Guna for Root इक् vowel. For Gana Vikarana न **no Guna possible** by any पित् Ting affixes.

Ardhadhatuka Lakaras

- In लृट् लृङ् लुट् Guna for Root इक् vowel happens by both Parasmaipada/Atmanepada Vikarana affixes
- In आशीर्लिङ् Guna for Root इक् vowel happens by Atmanepada Vikarana affixes. For specific Roots Guna is prevented by 1.2.11 लिङ्सिचावात्मनेपदेषु । Q. Why 1.2.11 applies to 1438 रुधिँर् but not to 1265 ष्टिघँ ? A. Applies to अनिट् roots only, since affix must be झलादिः ।
- In लिट् Guna for Root इक् vowel happens by Parasmaipada Vikarana affix ii/1 (i/1 Option). No Guna by other Parasmaipada Vikarana affixes by 1.2.5
- In लिट् No Guna for Root इक् vowel by Atmanepada Vikarana affixes by 1.2.5
- In लुङ् Root इक् vowel gets Vriddhi by Parasmaipada Vikarana affixes
- In लुङ् Guna for Root इक् vowel happens by Atmanepada Vikarana affixes

अट् Augment by 6.4.71 लुङ्लङ्लृङ्क्ष्वडुदात्तः for लङ् लृङ् लुङ् is not mentioned explicitly as it happens for all consonant beginning Roots in Dhatupatha. Similarly आट् Augment by 6.4.72 आडजादीनाम् and Vriddhi by 6.1.90 आटश्च for लङ् लृङ् लुङ् happens for all vowel beginning Roots in Dhatupatha.

1438 Now Ubhayepada. अनिट् । Tag (इँर्) इरित् ।

Root	Present Tense 1 लट्	Past Tense 2 लङ्	Imperative Mood 3 लोट्	Potential Mood 4 विधि	Future Tense 5 लृट्	Conditional Mood 6 लृङ्	Periphrastic Future 7 लुट्	Benedictive Mood 8 आशीर्	Perfect Past 9 लिट्	Aorist Past 10 लुङ्
1438 रुधिँर् रुध् U अनिट्	8.4.2 णः iii/1 iii/2 8.2.40 धः 8.4.53 जश् ii/1 8.4.55 iii/2 ii/2 ii/3 8.4.65 Option Dual Plural 6.4.111 A iii/1 ii/3 8.4.65 Option	8.4.2 णः iii/1 iii/2 8.2.39 ii/1 6.1.68 8.2.75 दश्च Option iii/2 ii/2 ii/3 8.4.65 Option Dual Plural 6.4.111 A iii/1 ii/3 8.4.65 Option	8.4.2 णः iii/1 iii/2 8.2.40 धः 8.4.53 जश् ii/1 8.4.55 iii/1 iii/2 ii/1 ii/2 ii/3 8.4.65 Option 3rd person, 2nd person 6.4.111 A iii/1 ii/3 8.4.65 Option	7.2.79 6.4.111	7.3.86 Guna 8.4.55 चर्	7.3.86 Guna 8.4.55 चर्	7.3.86 Guna 8.2.40 धः 8.4.53 जश्	P 3.4.104 no Guna 8.2.29 A 3.4.102 8.4.55 चर्	6.1.8 7.4.60 P guna Singular 7.3.86 ii/1 i/2 i/3 इट् 7.2.35 A 1.2.5 no guna ii/1 ii/3 i/2 i/3 इट् 7.2.35	3.1.44 सिच् P 3.1.57 Optionअङ् 7.2.3 वृद्धि 8.2.40 धः 8.4.53 जश् A iii/1 ii/1 8.2.40 धः 8.4.53 जश् Rest 8.4.55 iii/2 ii/2 ii/3 8.2.26
1439 भिदिँर् भिद् U	8.4.55 चर् iii/2 ii/2 ii/3 8.4.65	Root 1438	8.4.55 चर् iii/1 iii/2 ii/1 ii/2	Root 1438	Root 1438	Root 1438	7.3.86 Guna 8.4.55 चर्	Root 1438	Root 1438 8.4.54	Root 1438 8.4.55 चर्

अनिट्	Option Dual Plural 6.4.111		ii/3 8.4.65 Option 3rd person, 2nd person 6.4.111 A iii/1 ii/3 8.4.65 Option							
1440 छिदिँर् छिद् U अनिट्	Root 1439	Root 1439 6.1.73 तुक् 8.4.40 श्चुः	Root 1439	Root 1439	Root 1439	Root 1439 6.1.73 तुक् 8.4.40 श्चुः	Root 1439	Root 1439	Root 1439 6.1.73 तुक् 8.4.40 श्चुः	Root 1439 6.1.73 तुक् 8.4.40 श्चुः
1441 रिचिँर् रिच् U अनिट्	8.2.30 कुः singular 8.4.2 णः ii/1 8.3.59 Dual Plural 6.4.111 8.3.24 8.4.58	8.2.30 कुः 8.4.2 णः 8.3.24 8.4.58 P iii/1 ii/1 6.1.68 A 6.4.111	8.2.30 कुः 8.4.2 णः P iii/3 8.3.24 8.4.58 A iii/2 iii/3 ii/2 8.3.24 8.4.58 ii/1 ii/3 8.4.53	6.4.111 8.3.24 8.4.58	7.3.86 Guna 8.2.30 8.3.59	7.3.86 Guna 8.2.30 कुः 8.3.59 षः	7.3.86 Guna 8.2.30 कुः	P 3.4.104 no guna 8.2.29 A 3.4.102 1.2.11 no guna 8.2.30 8.3.59	Root 1439 (no 8.4.54)	Root 1439 8.2.30 कुः 8.3.59 षः A ii/3 8.4.53
1442 विचिँर् विच् U अनिट्	Root 1441 (no 8.4.2)	Root 1441 (no 8.4.2)	Root 1441 (no 8.4.2)	Root 1441 (no 8.4.2)	Root 1441	Root 1441	Root 1441	Root 1441	Root 1441	Root 1441
1443 क्षुदिँर् क्षुद् U अनिट्	Root 1439 P 8.4.2 णः Singular	Root 1439 8.4.2 णः	Root 1439 8.4.2 णः	Root 1439	Root 1439	Root 1439	Root 1439	Root 1439	Root 1439 7.4.62	Root 1439
1444 युजिँर् युज् U अनिट्			Root 1442							

1445 Now Ubhayepada. सेट् । Tag (उँ इँर्) उदित् इरित् ।

1445 उँछृदिँर् छृद् U सेट्	Root 1440 Singular 8.4.2	Root 1440 Singular 8.4.2	Root 1440 Singular 8.4.2	Root 1440	7.3.86 Guna 7.2.57 इट् Option 8.4.55	7.3.86 Guna 7.2.57 इट् Option 8.4.55	7.3.86 Guna 7.2.35 इट्	7.3.86 Guna 7.2.57 इट् Option 8.4.55 1.2.11 no guna	Root 1440 7.4.66	6.1.73 8.4.41 3.1.44 सिच् P 3.1.57 Optionअङ् 8.2.39 8.4.40
1446 उँतृदिँर् तृद् U सेट्	Root 1445	Root 1445 (no 6.1.73)	Root 1445	Root 1445	Root 1445	Root 1445 (no 6.1.73)	Root 1445	Root 1445	Root 1445 (no 6.1.73)	Root 1445 (no 6.1.73)

1447 Now Parasmaipada. सेट् । Tag (ईँ) ईदित् ।

1447 कृतीँ	P Root	P Root	P Root	P Root	P Root	P Root	P Root	P Root	P Root	3.1.44

कृत् P सेट्	1446	1446	1446	1446	1446	1446	1446	1446	1446 7.4.62	सिच् 7.3.86 guna iii/1 ii/1 7.3.96

1448 Now Atmanepada. सेट् । Tag (ञि ईँ) ञीत् ईदित् ।

1448 ञिइन्धीँ इन्ध् A सेट्	6.4.23 A Root 1438	6.4.72 6.1.90 6.4.23 A Root 1438	6.4.23 A Root 1438 (no 8.4.2)	6.4.23 A Root 1438	7.2.35 इट् 8.3.59	6.4.72 6.1.90 7.2.35 इट् 8.3.59	7.2.35 इट्	7.2.35 इट् 8.3.59	3.1.36 आम् 3.1.40 कृ 6.1.8	6.4.72 6.1.90 3.1.44 सिच् 8.3.59

1449 Now Atmanepada. अनिट् । Tag (अँ) अदित् ।

1449 खिदँ खिद् A अनिट्			A Root 1439							
1450 विदँ विद् A अनिट्	A Root 1439	A Root 1439	A Root 1439	A Root 1439	A Root 1439	A Root 1439	A Root 1439	A Root 1439	A Root 1439 (no 8.4.54)	A Root 1439

1451 Now Parasmaipada. अनिट् । Tag (ऌँ) ऌदित् ।

1451 शिषॢँ शिष् P अनिट्	ii/1 8.2.41 Dual Plural 8.3.24	iii/1 ii/1 6.1.68 8.2.39 Dual Plural 8.3.24	iii/1 8.4.41 ii/1 6.4.111 8.4.41 8.3.24 8.4.58 iii/2 iii/3 ii/2 ii/3 6.4.111 8.3.24 8.4.41 i/1 8.4.2	6.4.111 8.3.24	7.3.86 guna 8.2.41 8.3.59	7.3.86 guna 8.2.41 8.3.59	7.3.86 guna 8.4.41	3.4.104 no guna 8.2.29	6.1.8 7.4.60 singular 7.3.86 guna ii/1 i/2 i/3 इट् 7.2.35	3.1.55 अङ्
1452 पिषॢँ पिष् P अनिट्			Root 1451							

1453 Now Parasmaipada. अनिट् । Tag (औँ) ओदित् ।

1453 भञ्जोँ भञ्ज् P अनिट्	6.4.23 iii/1 ii/1 8.2.30 8.4.55 iii/2 ii/2 ii/3 8.2.30 Dual Plural 6.4.111 8.3.24 8.4.58	6.4.23 iii/1 ii/1 6.1.68 8.2.30 Dual Plural 6.4.111 iii/2 ii/2 ii/3 8.2.30 8.4.55 8.3.24 8.4.58	6.4.23 iii/1 8.2.30 8.4.55 ii/1 8.2.30 8.3.24 iii/2 ii/2 ii/3 6.4.111 8.2.30 8.4.55	6.4.23 6.4.111	8.2.30 8.4.55 8.3.59 8.3.24 8.4.58	8.2.30 8.4.55 8.3.59 8.3.24 8.4.58	8.2.30 8.4.55 8.3.24 8.4.58	6.4.24 8.2.29	6.1.8 7.4.60 8.4.54 ii/1 i/2 i/3 इट् 7.2.35 ii/1 Option 7.2.62	3.1.44 सिच् 7.2.3 वृद्धिः 8.2.30 8.4.55 8.3.24 8.4.58 iii/1 ii/1 7.3.96

			8.3.24 8.4.58							

1454 Now Parasmaipada. अनिट् । Tag (अँ) अदित् ।

1454 भुजँ भुज् P* अनिट्	Root 1444	Root 1444	Root 1444	Root 1444	Root 1444	Root 1444	Root 1444	Root 1444	Root 1444 8.4.54	Root 1444 (no अङ् Option)

1455 Now Parasmaipada. सेट् । Tag (अँ) अदित् ।

1455 तृहँ तृह् P सेट्	singular 7.3.92 इम् 6.1.87 8.4.2 iii/1 8.2.31 8.2.40 8.4.41 8.3.13 ii/1 8.2.31 8.2.41 8.3.59 iii/3 ii/2 ii/3 6.4.111 8.3.24	iii/1 ii/1 7.3.92 इम् 6.1.68 6.1.87 8.2.31 8.4.2 Dual Plural 6.4.111 iii/2 ii/2 ii/3 8.2.31 8.2.40 8.4.41 iii/3 ii/2 ii/3 8.3.24	iii/1 ii/1 7.3.92 इम् 6.1.68 6.1.87 8.2.31 8.4.2 Dual Plural 6.4.111 iii/2 ii/2 ii/3 8.2.31 8.2.40 8.4.41 8.3.13 iii/3 8.3.24	6.4.111 8.3.24	7.3.86 guna 7.2.35 इट् 8.3.59	7.3.86 guna 7.2.35 इट् 8.3.59	7.3.86 guna 7.2.35 इट्	3.4.104 no guna 8.2.29	6.1.8 7.4.60 7.4.66 Singular 7.3.86 guna ii/1 i/2 i/3 इट् 7.2.35 Dual Plural 7.4.66	3.1.44 सिच् iii/1 ii/1 7.3.96

1456 Now Parasmaipada. सेट् । Tag (इँ) इदित् ।

1456 हिसिँ हिंस् P सेट्	7.1.58 नुम् 6.4.23 Dual Plural 8.3.24	7.1.58 नुम् iii/1 ii/1 6.4.23 6.1.68 iii/1 8.2.73 ii/1 Option 8.2.74 Dual Plural 8.3.24	7.1.58 नुम् 6.4.23 ii/1 8.2.25 6.4.101 6.4.111 iii/2 iii/3 ii/2 ii/3 8.3.24	7.1.58 नुम् 6.4.23 6.4.111 8.3.24	7.1.58 नुम् 7.2.35 इट् 8.3.24 8.3.59	7.1.58 नुम् 7.2.35 इट् 8.3.24 8.3.59	7.1.58 नुम् 7.2.35 इट् 8.3.24	7.1.58 नुम् 8.2.29 8.3.24	7.1.58 नुम् 6.1.8 7.4.60 7.4.62 8.4.54 8.3.24 ii/1 i/2 i/3 इट् 7.2.35	7.1.58 नुम्

1457 Now Parasmaipada. सेट् । Tag (ईँ) ईदित् ।

1457 उन्दीँ उन्द् P सेट्	P Root 1446 (no 8.4.2)	6.4.72 6.1.90 P Root 1446 (no 8.4.2)	P Root 1446 (no 8.4.2)	P Root 1446	P Root 1446 (no 7.2.57 Option)	6.4.72 6.1.90 P Root 1446 (no 7.2.57 Option)	P Root 1446	P Root 1446	3.1.36 आम् 3.1.40 कृ 6.1.8	6.4.72 6.1.90 3.1.44 सिच् iii/1 ii/1 7.3.96

1458 Now Parasmaipada. वेट् । Tag (ऊँ) ऊदित् ।

1458 अञ्जूँ अञ्ज् P वेट्	P Root 1453	6.4.72 6.1.90 P Root 1453	P Root 1453	P Root 1453	7.2.35 इट् 8.3.59 7.2.44 पक्षे अनिट् 8.2.30 8.3.59 8.4.55 8.3.24 8.4.58	6.4.72 6.1.90 P Root 1453 पक्षे इट् 7.2.44	7.2.35 इट् 7.2.44 पक्षे अनिट् 8.2.30 8.4.55 8.3.24 8.4.58	P Root 1453	6.1.8 7.4.60 7.4.70 7.4.71 8.3.24 8.4.58 ii/1 i/2 i/3 इट् 7.2.35 7.2.44 पक्षे अनिट्	6.4.72 6.1.90 3.1.44 सिच् 7.2.71 इट् iii/1 ii/1 7.3.96
1459 तञ्चूँ तञ्च् P वेट्	Root 1458	P Root 1453	Root 1458	Root 1458	Root 1458	7.2.35 इट् 7.2.44 पक्षे अनिट् 8.2.30 8.3.59 8.3.24 8.4.58	Root 1458	P Root 1453	6.1.8 7.4.60 ii/1 i/2 i/3 इट् 7.2.35 7.2.44 पक्षे अनिट् i/1 8.2.30 8.3.24 8.4.58	3.1.44 सिच् iii/1 ii/1 7.3.96 7.2.35 इट् 7.2.44 पक्षे अनिट् 7.2.3 वृद्धिः 8.2.30 8.3.59 8.3.24 8.4.58

1460 Now Parasmaipada. सेट् । Tag (ओँ ईँ) ओदित् ईदित् ।

1460 ओँविजीँ विज् P सेट्	P Root 1454	P Root 1454	P Root 1454	P Root 1454	1.2.2 no guna 7.2.35 इट् 8.3.59	1.2.2 no guna 7.2.35 इट् 8.3.59	1.2.2 no guna 7.2.35 इट्	P Root 1454	P Root 1454 (no 8.4.54) ii/1 1.2.2 no guna	1.2.2 no guna 7.2.35 इट् iii/1 ii/1 7.3.96

1461 Now Parasmaipada. सेट् । Tag (ईँ) ईदित् ।

1461 वृजीँ वृज् P सेट्	P Root 1454 Singular 8.4.2	P Root 1454 Singular 8.4.2	P Root 1454 iii/1 i/1 8.4.2 ii/1 6.4.111 8.2.30 8.3.24 8.4.58	P Root 1454	Root 1455	Root 1455	Root 1455	P Root 1454	P Root 1454 (no 8.4.54)	Root 1455
1462 पृचीँ पृच् P सेट्			Root 1461							

॥ इति श्नम् विकरणा रुधादयः ॥ Here end the 7c Roots that use the श्नम् विकरण modifier affix.

8c TanAdi 1463 to 1472 (10 Roots)

3.1.79 तनादिकृञ्भ्य उः । Gana Vikarana उ Stem Constructor for 8c group Roots for Sarvadhatuka Affixes 1 लट् 2 लङ् 3 लोट् 4 विधिलिङ् । Can do Guna since आर्धधातुक ।

Sarvadhatuka Lakaras

- In लट् लङ् लोट् विधिलिङ् Guna happens for Root इक् vowel by Gana Vikarana उ
- In लट् लङ् Guna to Gana Vikarana उ by Parasmaipada पित् Ting singular affixes iii/1 ii/1 i/1
- In विधिलिङ् no Guna to Gana Vikarana उ since Parasmaipada यासुँट् affix is ङित्
- In विधिलिङ् no Guna to Gana Vikarana उ since Atmanepada सीयुँट् affix is Sarvadhatuka by extrapolation of 3.4.116 and by 1.2.4 only पित् sarvadhatuka can cause guna. We do not have any पित् Atmanepada affix
- In लोट् Guna to Gana Vikarana उ by Parasmaipada पित् Ting affixes iii/1 i/1 i/2 i/3
- In लोट् Guna to Gana Vikarana उ by Atmanepada पित् Ting first person affixes i/1 i/2 i/3

Ardhadhatuka Lakaras

- In लृट् लृङ् लुट् Guna for Root इक् vowel happens by both Parasmaipada/Atmanepada Vikarana affixes
- In आशीर्लिङ् Guna for Root इक् vowel happens by Atmanepada Vikarana affixes
- In लिट् Guna for Root इक् vowel happens by Parasmaipada Vikarana affix ii/1 (i/1 Option). No Guna by other Parasmaipada Vikarana affixes due to 1.2.5
- In लिट् No Guna for Root इक् vowel by Atmanepada Vikarana affixes due to 1.2.5
- In लुङ् Root इक् vowel gets Vriddhi by Parasmaipada Vikarana affixes
- In लुङ् Guna for Root इक् vowel happens by Atmanepada Vikarana affixes

अट् Augment by 6.4.71 लुङ्लङ्लृङ्क्ष्वडुदात्तः for लङ् लृङ् लुङ् is not mentioned explicitly as it happens for all consonant beginning Roots in Dhatupatha. Similarly आट् Augment by 6.4.72 आडजादीनाम् and Vriddhi by 6.1.90 आटश्च for लङ् लृङ् लुङ् happens for all vowel beginning Roots in Dhatupatha.

1463 Now Ubhayepada. सेट् । Tag (उँ) उदित् ।

	Present Tense	Past Tense	Imperative Mood	Potential Mood	Future Tense	Conditional Mood	Periphrastic Future	Benedictive Mood	Perfect Past	Aorist Past
Root	1 लट्	2 लङ्	3 लोट्	4 विधि	5 लृट्	6 लृङ्	7 लुट्	8 आशीर्	9 लिट्	10 लुङ्
1463 तनुँ तन् U सेट्	i/2 i/3 6.4.107 Option P Guna 7.3.84 by singular पित् Ting A no guna	i/2 i/3 6.4.107 Option P Guna 7.3.84 by singular पित् Ting A no guna	P iii/1 i/1 i/2 i/3 Guna 7.3.84 by पित् Ting A 1st person guna 7.3.84 by पित् Ting	P 3.4.103 no guna to उgana vikarana A 3.4.102 6.1.77	7.2.35 इट् 8.3.59	7.2.35 इट् 8.3.59	7.2.35 इट्	P 3.4.104 no guna to उgana vikarana, No इट् 8.2.29 A 3.4.102 3.4.116 7.2.35 इट् 8.3.59	6.1.8 7.4.60 P iii/1 i/1 7.2.116 ii/1 i/2 i/3 इट् 7.2.35 ii/1 6.4.121 i/1 7.1.91 Option Dual Plural 6.4.120 A 6.4.120 ii/1 ii/3 i/2 i/3 इट् 7.2.35	3.1.44 सिच् 7.2.35 इट् P 7.2.7 Option A iii/1 ii/1 2.4.79 Option 6.4.37 नलोपः

तन् उ त - 3.4.102 - तन् उ सीय् त – 3.4.107 - तन् उ सीय् स् त – by 3.4.116 सीय् is ardhadhatuka for आशीर्लिङ्

hence by extrapolation सीय् becomes sarvadhatuka for विधिलिङ् and by 1.2.4 only पित् sarvadhatuka can cause guna, hence the सीय् विधिलिङ् does not cause guna

1464 षणुँ सन् U सेट्	6.1.64 वा० Root 1463	6.1.64 वा० Root 1463	6.1.64 वा० Root 1463	6.1.64 वा० Root 1463	6.1.64 वा० Root 1463	6.1.64 वा० Root 1463	6.1.64 वा० Root 1463	6.1.64 वा० Root 1463 P 6.4.43 ये Option	6.1.64 वा० Root 1463	6.1.64 वा० P Root 1463 A iii/1 ii/1 2.4.79 Option 6.4.42 आत् 6.1.101
1465 क्षणुँ क्षण् U सेट्	Root 1463	Root 1463	Root 1463	Root 1463	Root 1463	Root 1463	Root 1463	Root 1463	6.1.8 7.4.60 7.4.62 iii/1 i/1 7.2.116 ii/1 i/2 i/3 इट् 7.2.35	3.1.44 सिच् 7.2.35 इट् P 7.2.5 no वृद्धिः iii/1 ii/1 7.3.96 A Root 1463

Begin Roots with Optional Guna by उ for लट् लङ् लोट् विधिलिङ् of Root इक् Vowel

1466 Now Ubhayepada. सेट् । Tag (उँ) उदित् ।

1466 क्षिणुँ क्षिण् U सेट्	Option No Guna Root 1463 Guna 7.3.86 Guna by उ of Root i/2 i/3 6.4.107 Option P 7.3.84 Guna of Singular उ by Ting	Option No Guna Root 1463 Guna 7.3.86 Guna by उ of Root i/2 i/3 6.4.107 Option P 7.3.84 Guna of Singular उ by Ting	Option No Guna Root 1463 Guna 7.3.86 Guna by उ of Root P 7.3.84 Guna of iii/1 i/1 उ by Ting A 7.3.84 Guna of 1st person उ by Ting	Option No Guna Root 1463 Guna 7.3.86 Guna by उ of Root	Root 1463 7.3.86 Guna 7.2.35 इट् 8.3.59	Root 1463 7.3.86 Guna 7.2.35 इट् 8.3.59	Root 1463 7.3.86 Guna 7.2.35 इट्	P 3.4.104 no guna no इट् 8.2.29 A 3.4.102 7.3.86 Guna 7.2.35 इट् 8.3.59	6.1.8 7.4.60 7.4.62 P 7.3.86 guna singular A 1.2.5 no guna	Root 1463 7.3.86 Guna 7.2.35 इट्
1467 ऋणुँ ऋण् U सेट्	Root 1466 Guna Option (no 6.4.107) No Guna	6.4.72 6.1.90 Guna & No Guna Option forms	Root 1466	Root 1466	Root 1466	6.4.72 6.1.90 Root 1466	Root 1466	Root 1466	6.1.8 7.4.60 7.4.66 7.4.70 7.4.71 नुट् P 7.3.86 guna	6.4.72 6.1.90 Root 1466

	6.4.107	are identical							singular ii/1 i/2 i/3 इट् 7.2.35 A 1.2.5 no guna ii/1 ii/3 i/2 i/3 इट् 7.2.35	

Parasmaipada No guna Option लङ् iii/1 ऋण् उ त् – 6.4.72 – आ ऋण् उ त् – 6.1.90 – आर् ण् उ त् - 7.3.84 पित् - आर्णोत् ।

Parasmaipada guna Option लङ् iii/1 ऋण् उ त् – 7.3.84 - अर्ण् उ त् - 6.4.72 – आ अर्ण् उ त् – 6.1.90 – आर् ण् उ त् - 7.3.84 पित् - आर्णोत् ।

Atmanepada No guna Option लङ् iii/1 ऋण् उ त – 6.4.72 – आ ऋण् उ त – 6.1.90 – आर् ण् उ त = आर्णुत ।

Atmanepada guna Option लङ् iii/1 ऋण् उ त – 7.3.84 – अर् ण् उ त - 6.4.72 – आ अर्ण् उ त – 6.1.90 – आर् ण् उ त = आर्णुत ।

1468 तृणुँ तृण् U सेट्	Root 1466 Guna Option (6.4.107 cannot apply) No Guna 6.4.107	Root 1466 Guna Option (6.4.107 cannot apply) No Guna 6.4.107	Root 1466	Root 1466	Root 1466	Root 1466	Root 1466	Root 1466	6.1.8 7.4.60 7.4.66 P 7.3.86 guna singular ii/1 i/2 i/3 इट् 7.2.35 A 1.2.5 no guna ii/1 ii/3 i/2 i/3 इट् 7.2.35	Root 1466
1469 घृणुँ घृण् U सेट्	Root 1468	Root 1468	Root 1466	Root 1466	Root 1466	Root 1466	Root 1466	Root 1466	Root 1468 7.4.66	Root 1466

End Roots with Optional Guna

1470 Now Atmanepada. सेट् । Tag (उँ) उदित् ।

1470 वनुँ वन् A* सेट्	Root 1463	Root 1463	Root 1463	Root 1463	Root 1463	Root 1463	Root 1463	Root 1463	6.1.8 7.4.60 P iii/1 i/1 7.2.116 ii/1 i/2 i/3 इट् 7.2.35 i/1 7.1.91 Option	Root 1463

1471 मनुँ मन् A सेट्	A Root 1463	A Root 1463	A Root 1463	A Root 1463	A Root 1463	A Root 1463	A Root 1463	A Root 1463	A ii/1 ii/3 i/2 i/3 इट् 7.2.35 A Root 1463	A Root 1463

1472 Now Ubhayepada. अनिट् । Tag (डु ञ्) ड्वित् ञित् ।

1472 डुकृञ् कृ U अनिट्	i/2 i/3 6.4.108 P 7.3.84 Guna by उ of Root 7.3.84 Guna of Singular उ by Ting Dual Plural 6.4.110 A 7.3.84 Guna of उ by Ting 6.4.110	i/2 i/3 6.4.108 P 7.3.84 Guna by उ of Root 7.3.84 Guna of Singular उ by Ting Dual Plural 6.4.110 A 7.3.84 Guna of उ by Ting 6.4.110 iii/2 iii/3 ii/2 6.1.77		7.3.84 Guna by उ of Root P 6.4.110 6.4.109 A 6.4.110 6.1.77	7.3.84 guna 7.2.70 इट्	7.3.84 guna 7.2.70 इट्	7.3.84 guna	P 3.4.104 no guna 7.4.28 8.2.29 A 3.4.102 1.2.12 no guna 8.3.59 ii/3 8.3.78	6.1.8 7.4.62 7.4.66 P iii/1 i/1 7.2.115 ii/1 7.3.84 guna i/1 7.1.91 Option iii/2 iii/3 ii/2 ii/3 6.1.77 A iii/1 iii/2 iii/3 ii/2 i/1 6.1.77 ii/1 8.3.59 ii/3 8.3.78	3.1.44 सिच् P 7.2.1 वृद्धिः 8.3.59 iii/1 ii/1 7.3.96 A 1.2.12 no guna iii/1 ii/1 8.2.27 iii/1 ii/1 2.4.79 Option gives same form ii/3 8.3.78

Atmanepada लुङ् iii/1 कृ सिच् त – 2.4.79 –

Option 1 सिच् लुक् no guna - कृ त – 6.4.71 – अ कृ त = अकृत ।

Option 2 कृ स् त – 1.2.12 no guna 8.2.27 – कृ त – 6.4.71 – अ कृ त = अकृत । Both forms identical

॥ इति उ विकरणास्तनादयः ॥ Here end the 8c Roots that use the उ विकरण modifier affix.

9c KryAdi 1473 to 1533 (61 Roots)

3.1.81 क्र्यादिभ्यः श्ना । Gana Vikarana **श्ना** = ना Stem Constructor for 9c group Roots for Sarvadhatuka Affixes 1 लट् 2 लङ् 3 लोट् 4 विधिलिङ् । Cannot do Guna since शित् । 1.2.4 सार्वधातुकमपित् । Only पित् Sarvadhatuka can do guna.

Sarvadhatuka Lakaras

- Hence in लट् लङ् लोट् विधिलिङ् there is **never** Guna for Root इक् vowel. Further for Gana Vikarana ना **no Guna possible** by any पित् Ting affixes.

Ardhadhatuka Lakaras

- In लृट् लृङ् लुट् Guna for Root इक् vowel happens by both Parasmaipada/Atmanepada Vikarana affixes
- In आशीर्लिङ् Guna for Root इक् vowel happens by Atmanepada Vikarana affixes. For specific Roots Guna is prevented by 1.2.11 लिङ्सिचावात्मनेपदेषु ।
- In लिट् Guna for Root इक् vowel happens by Parasmaipada Vikarana affix ii/1 (i/1 Option). No Guna by other Parasmaipada Vikarana affixes by 1.2.5
- In लिट् No Guna for Root इक् vowel by Atmanepada Vikarana affixes by 1.2.5
- In लुङ् Root इक् vowel gets Vriddhi by Parasmaipada Vikarana affixes
- In लुङ् Guna for Root इक् vowel happens by Atmanepada Vikarana affixes

अट् Augment by 6.4.71 लुङ्लङ्लृङ्क्ष्वडुदात्तः for लङ् लृङ् लुङ् is not mentioned explicitly as it happens for all consonant beginning Roots in Dhatupatha. Similarly आट् Augment by 6.4.72 आडजादीनाम् and Vriddhi by 6.1.90 आटश्च for लङ् लृङ् लुङ् happens for all vowel beginning Roots in Dhatupatha.

1473 Now Ubhayepada. अनिट् । Tag (डु ञ्) ड्वित् ञित् ।

Root	Present Tense 1 लट्	Past Tense 2 लङ्	Imperative Mood 3 लोट्	Potential Mood 4 विधि	Future Tense 5 लृट्	Conditional Mood 6 लृङ्	Periphrastic Future 7 लुट्	Benedictive Mood 8 आशीर्	Perfect Past 9 लिट्	Aorist Past 10 लुङ्
1473 डुक्रीञ् क्री U अनिट्		Root 1474							7.4.62	

1474 Now Ubhayepada. अनिट् । Tag (ञ्) ञित् ।

Root	1 लट्	2 लङ्	3 लोट्	4 विधि	5 लृट्	6 लृङ्	7 लुट्	8 आशीर्	9 लिट्	10 लुङ्
1474 प्रीञ् प्री U अनिट्	8.4.2 P iii/2 ii/2 ii/3 i/2 i/3 6.4.113 iii/3 6.4.112 A iii/1 ii/1 ii/3 i/2 i/3 6.4.113 Rest 6.4.112	8.4.2 P iii/2 ii/2 ii/3 i/2 i/3 6.4.113 iii/3 6.4.112 A iii/1 ii/1 ii/3 i/2 i/3 6.4.113 Rest 6.4.112	8.4.2 iii/2 ii/1 ii/2 ii/3 6.4.113 iii/3 6.4.112 A iii/1 ii/1 ii/3 6.4.113 iii/2 iii/3 ii/2 6.4.112	8.4.2 6.4.113 P 3.4.103 A 3.4.102	7.3.84 Guna 8.3.59	7.3.84 Guna 8.3.59	7.3.84 Guna	P 3.4.104 no guna 8.2.29 A 3.4.102 3.4.116 7.3.84 guna 8.3.59 ii/3 8.3.78	6.1.8 7.4.60 7.4.59 P iii/1 i/1 7.2.115 6.1.78 ii/1 Option 7.2.61 अनिट् i/1 7.1.91 Option Dual Plural 6.4.77 A 8.3.79 Option	3.1.44 सिच् 8.3.59 P 7.2.1 वृद्धिः iii/1 ii/1 7.3.96 A 7.3.84 guna

1475 श्रीञ् श्री U अनिट्		Root 1474								
1476 मीञ् मी U अनिट्	Root 1474 (no 8.4.2)	Root 1474 (no 8.4.2)	Root 1474 (no 8.4.2)	Root 1474 (no 8.4.2)	6.1.50	6.1.50	6.1.50	P Root 1474 A 3.4.107 3.4.116 6.1.50	6.1.8 7.4.59 P 6.1.50 iii/1 i/1 6.1.88 ii/1 Option 7.2.61 अनिट् Dual Plural 6.4.82 A 6.4.82 8.3.79 Option	3.1.44 सिच् 6.1.50
1477 षिञ् सि U अनिट्	6.1.64 Root 1474 (no 8.4.2)	6.1.64 Root 1474 (no 8.4.2)	6.1.64 Root 1474 (no 8.4.2)	6.1.64 Root 1474 (no 8.4.2)	6.1.64 Root 1474	6.1.64 Root 1474	6.1.64 Root 1474	6.1.64 P 3.4.104 no guna 7.4.25 दीर्घः 8.2.29 A 3.4.102 3.4.116 7.3.84 guna 8.3.59 ii/3 8.3.78	6.1.64 6.1.8 8.3.59 P iii/1 i/1 7.2.115 6.1.78 ii/1 Option 7.2.61 अनिट् i/1 7.1.91 Option Dual Plural 6.4.82 A 6.4.82 8.3.79 Option	6.1.64 Root 1474
1478 स्कुञ् स्कु U अनिट्			Root 1474 (no 8.4.2) पक्षे 3.1.82 श्नु Root 1255							
1479 युञ् यु U अनिट्	Root 1474 (no 8.4.2)	Root 1474 (no 8.4.2)	Root 1474 (no 8.4.2)	Root 1474 (no 8.4.2)	Root 1474	Root 1474	Root 1474	Root 1474	6.1.8 P iii/1 i/1 7.2.115 6.1.78 ii/1 Option 7.2.61 अनिट् i/1 7.1.91 Option Dual Plural 6.4.77 A 6.4.77 8.3.79 Option	Root 1474

1480 Now Ubhayepada. सेट् । Tag (ञ्) ञित् ।

1480 क्नूञ् क्नू U सेट्	Root 1474 (no 8.4.2)	Root 1474 (no 8.4.2)	Root 1474 (no 8.4.2)	Root 1474 (no 8.4.2)	7.3.84 Guna 7.2.35 इट् 6.1.78 8.3.59	7.3.84 Guna 7.2.35 इट् 6.1.78 8.3.59	7.3.84 Guna 7.2.35 इट् 6.1.78	P 3.4.104 no guna 8.2.29 A 3.4.102 3.4.116 7.3.84 guna 7.2.35 इट् 8.3.59 ii/3 8.3.79 Option	6.1.8 7.4.60 7.4.62 7.4.59 P iii/1 i/1 7.2.115 6.1.78 i/1 7.1.91 Option Dual Plural 6.4.77 A 6.4.77 ii/3 Option 8.3.79	3.1.44 सिच् 7.2.35 इट् 6.1.78 8.3.59 P 7.2.1 वृद्धिः iii/1 ii/1 7.3.96 A 7.3.84 guna 7.2.35 इट् ii/3 Option 8.3.79

1481 द्रूञ् द्रू U सेट्
लट् लङ् लोट् विधिलिङ् Root 1474
लृट् लृङ् लुट् आशीर्लिङ् लिट् लुङ् Root 1480, लिट् no 7.4.62

Begin प्वादिः अन्तर्गणः । 7.3.80 प्वादीनां ह्रस्वः ।

Short vowel replaces the long vowel for शित् Affixes.

1482 पूञ् पू U सेट्
लट् लङ् लोट् विधिलिङ् Root 1480, 7.3.80
लृट् लृङ् लुट् आशीर्लिङ् लिट् लुङ् Root 1480, लिट् no 7.4.62

Begin ल्वादिः अन्तर्गणः । 8.2.44 ल्वादिभ्यः ।

न replaces the त for निष्ठा क्त and क्तवत् Affixes.

1483 Now Ubhayepada. सेट् । Tag (ञ्) ञित् ।

1483 लूञ् लू U सेट्	Root 1480 7.3.80	Root 1480 7.3.80	Root 1480 7.3.80	Root 1480 7.3.80	Root 1480	Root 1480	Root 1480	Root 1480	Root 1480 no 7.4.62	Root 1480
1484 स्तॄञ् स्तॄ U सेट्	Root 1480 7.3.80 8.4.2	Root 1480 7.3.80 8.4.2	Root 1480 7.3.80 8.4.2	Root 1480 7.3.80 8.4.2	7.3.84 Guna 7.2.35 इट् 7.2.38 Option 8.3.59	7.3.84 Guna 7.2.35 इट् 7.2.38 Option 8.3.59	7.3.84 Guna 7.2.35 इट् 7.2.38 Option	आशीर्लिङ्	लिट्	लुङ्

आशीर्लिङ् P 3.4.104 no guna no इट् 7.1.100 8.2.29 8.2.77
A 3.4.102 3.4.116 7.3.84 guna 7.2.35 इट् 8.3.59 ii/3 8.3.79 Option
A 7.2.42 Option अनिट् 7.1.100 8.2.77 8.3.59 ii/3 8.3.78
लिट् 6.1.8 7.4.61 7.4.59 7.4.66 , P iii/1 i/1 7.2.115 , i/1 7.1.91 Option , Dual Plural 7.4.11 guna
A 7.4.11 guna , ii/3 Option 8.3.79
लुङ् P Root 1480 , A Root 1480

A 7.2.38 Option , 8.3.59 , ii/3 Option 8.3.79
A 7.2.42 Option अनिट् 7.1.100 8.2.77 8.3.59 , ii/3 8.3.78

1485 कॄञ् कॄ U सेट्			Root 1484, लिट् 7.4.62 (not 7.4.61)							
1486 वॄञ् वॄ U सेट्	Root 1484	Root 1484	Root 1484	Root 1484	Root 1484	Root 1484	Root 1484	आशीर्लिङ्	Root 1484	लुङ्

आशीर्लिङ् P 3.4.104 no guna no इट् 7.1.102 8.2.29 8.2.77
A 3.4.102 3.4.116 7.3.84 guna 7.2.35 इट् 8.3.59 ii/3 8.3.79 Option
A 7.2.42 Option अनिट् 7.1.102 8.2.77 8.3.59 ii/3 8.3.78
लुङ् P Root 1480 , A Root 1480
A 7.2.38 Option , 8.3.59 , ii/3 Option 8.3.79
A 7.2.42 Option अनिट् 7.1.102 8.2.77 8.3.59 , ii/3 8.3.78

1487 Now Ubhayepada. वेट् । Tag (ञ्) ञित् ।

1487 धूञ् धू U वेट्	Root 1480 7.3.80	Root 1480 7.3.80	Root 1480 7.3.80	Root 1480 7.3.80	सेट् Root 1480 7.2.44 Option अनिट् Root 1474	सेट् Root 1480 7.2.44 Option अनिट् Root 1474	सेट् Root 1480 7.2.44 Option अनिट् Root 1474	P Root 1480 A Root 1480 A 7.2.44 Option अनिट् Root 1474	6.1.8 7.4.59 8.4.54 P iii/1 i/1 7.2.115 6.1.78 ii/1 Option अनिट् 7.2.44 i/1 7.1.91 Option Dual Plural 6.4.77 A 6.4.77 ii/3 Option 8.3.79	P Root 1480 A Root 1480 A 7.2.44 Option अनिट् Root 1474

Q. लिट् Why Option अनिट् 7.2.44 applies only to ii/1 and not to i/2 i/3 ? A. 7.2.11 श्र्युकः किति says that इट् is not added to monosyllabic Roots ending in ऊ whereas 7.2.44 explicitly mentions धूञ् as वेट् ।

1488 Now Parasmaipada. सेट् ।

1488 शॄ शॄ P सेट्			P Root 1484, लिट् no 7.4.61, Dual Plural Option 7.4.12							
1489 पॄ पॄ P सेट्			Root 1488, आशीर्लिङ् P Root 1488 7.1.102 (not 7.1.100)							
1490 वॄ वॄ P सेट्	Root 1488	Root 1488	Root 1488	Root 1488	Root 1488	Root 1488	Root 1488	Root **1489**	P Root **1484** (no 7.4.61)	Root 1488
1491 भॄ भॄ P सेट्	Root 1488	Root 1488	Root 1488	Root 1488	Root 1488	Root 1488	Root 1488	Root **1489**	P Root **1484** (no 7.4.61) 8.4.54	Root 1488
1492 मॄ मॄ P सेट्	Root 1488	Root 1488	Root 1488	Root 1488	Root 1488	Root 1488	Root 1488	Root **1489**	P Root **1484** (no 7.4.61)	Root 1488
1493 दॄ दॄ P सेट्	Root 1488	Root 1488	Root 1488	Root 1488	Root 1488	Root 1488	Root 1488	Root 1488	Root 1488	Root 1488
1494 जॄ	Root	Root	Root	Root	Root	Root	Root	Root	P Root	Root

जॄ P सेट्	1488	1488	1488	1488	1488	1488	1488	1488	**1484** (no 7.4.61)	1488 3.1.58 अङ् Option 7.4.16
1495 नॄ नॄ P सेट्	Root 1488	Root 1488	Root 1488	Root 1488	Root 1488	Root 1488	Root 1488	Root 1488	P Root **1484** (no 7.4.61)	Root 1488
1496 कॄ कॄ P सेट्	P Root 1485	P Root 1485	P Root 1485	P Root 1485	P Root 1485	P Root 1485	P Root 1485	P Root 1485	P Root 1485	P Root 1485
1497 ॠ ॠ P सेट्	Root 1488	6.4.72 6.1.90 Root 1488	Root 1488	Root 1488	Root 1488	6.4.72 6.1.90 Root 1488	Root 1488	Root 1488	3.1.36 आम् 3.1.40 कृ	6.4.72 6.1.90 Root 1488
1498 गॄ गॄ P सेट्	Root 1488	Root 1488	Root 1488	Root 1488	Root 1488	Root 1488	Root 1488	Root 1488	P Root **1484** 7.4.62 (not 7.4.61)	Root 1488

1499 Now Parasmaipada. अनिट् ।

1499 ज्या ज्या P अनिट्	6.1.16 सम्प्रसारणं 6.1.108 6.4.2 7.3.80 Sutras 6.4.113 6.4.112 get applied as for P Root 1474	6.1.16 सम्प्रसारणं 6.1.108 6.4.2 7.3.80 Sutras 6.4.113 6.4.112 get applied as for P Root 1474	6.1.16 सम्प्रसारणं 6.1.108 6.4.2 7.3.80 Sutras 6.4.113 6.4.112 get applied as for P Root 1474	6.1.16 सम्प्रसारणं 6.1.108 6.4.2 7.3.80 Sutra 6.4.113 gets applied as for P Root 1474	simple	simple	simple	3.4.104 no guna 6.1.16 सम्प्रसारणं 6.1.108 6.4.2 8.2.29	6.1.8 6.1.17 7.4.60 P iii/1 i/1 7.1.34 6.1.88 ii/1 Option अनिट् 7.2.61 iii/2 iii/3 ii/2 ii/3 6.4.2 6.4.82 i/2 i/3 6.1.16 सम्प्रसारणं 6.1.108 6.4.82	3.1.44 सिच् iii/1 ii/1 7.3.96
1500 री री P अनिट्	P Root 1474 7.3.80	P Root 1474 7.3.80	P Root 1474 7.3.80	P Root 1474 7.3.80	P Root 1474	P Root 1474	P Root 1474	P Root 1474	6.1.8 7.4.59 iii/1 i/1 7.2.115 6.1.78 ii/1 Option अनिट् 7.2.61 i/1 7.1.91 Option	P Root 1474

									Dual Plural 6.4.82	
1501 ली ली P अनिट्	P Root 1474 7.3.80 (no 8.4.2)	P Root 1474 7.3.80 (no 8.4.2)	P Root 1474 7.3.80 (no 8.4.2)	P Root 1474 7.3.80 (no 8.4.2)	P Root 1474 7.3.80 Option 6.1.51 (no 8.3.59)	P Root 1474 7.3.80 Option 6.1.51 (no 8.3.59)	P Root 1474 7.3.80 Option 6.1.51	P Root 1474	Root 1500 Option 6.1.51 6.1.8 7.4.59 iii/1 i/1 7.1.34 6.1.88 ii/1 Option अनिट् 7.2.61 Option Dual Plural 6.4.82	P Root 1474 Option 6.1.51 (no 8.3.59)
1502 ब्ली ब्ली P अनिट्	P Root 1474 7.3.80 (no 8.4.2)	P Root 1474 7.3.80 (no 8.4.2)	P Root 1474 7.3.80 (no 8.4.2)	P Root 1474 7.3.80 (no 8.4.2)	P Root 1474	P Root 1474	P Root 1474	P Root 1474	6.1.8 7.4.60 7.4.59 iii/1 i/1 7.2.115 6.1.78 ii/1 Option अनिट् 7.2.61 i/1 7.1.91 Option Dual Plural 6.4.77	P Root 1474
1503 प्ली प्ली P अनिट्			Root 1502							

End ल्वादिः ।

Begin Differing Views of Grammarians regarding if the Roots are प्वादिः or not

1504 व्री व्री P अनिट्	P Root 1474 7.3.80 Alternate Refer P Root 1474	P Root 1474 7.3.80 Alternate Refer P Root 1474	P Root 1474 7.3.80 Alternate Refer P Root 1474	P Root 1474 7.3.80 Alternate Refer P Root 1474	P Root 1474	P Root 1474	P Root 1474	P Root 1474	Root 1502	P Root 1474
1505 भ्री भ्री P अनिट्	Root 1504	Root 1504	Root 1504	Root 1504	P Root 1474	P Root 1474	P Root 1474	P Root 1474	Root 1502 8.4.54	P Root 1474

1506 Now Parasmaipada. अनिट् । Tag (ष्) षित् ।

1506 क्षीष् क्षी P अनिट्	Root 1504	Root 1504	Root 1504	Root 1504	P Root 1474	P Root 1474	P Root 1474	P Root 1474	P Root 1474 7.4.62	P Root 1474

End प्वादिः ।

End Differing Views

1507 Now Parasmaipada. अनिट् ।

1507 ज्ञा ज्ञा P* अनिट्	7.3.79 जा Root 1476	7.3.79 जा Root 1476	7.3.79 जा Root 1476	7.3.79 जा Root 1476	Root 1476 (no 6.1.50)	Root 1476 (no 6.1.50)	Root 1476 (no 6.1.50)	P Root 1476 Option 6.4.68 A Root 1476 (no 6.1.50)	6.1.8 7.4.60 7.4.59 P iii/1 i/1 7.1.34 6.1.88 ii/1 Option अनिट् 7.2.61 Dual Plural 6.4.64 A 6.4.64	Root 1476 (no 6.1.50)

1508 Now Parasmaipada. अनिट् । Tag (अँ) अदित् ।

1508 बन्धँ बन्ध् P अनिट्	6.4.24 Sutras 6.4.113 6.4.112 get applied as for P Root 1474	6.4.24 Sutras 6.4.113 6.4.112 get applied as for P Root 1474	6.4.24 Sutras 6.4.113 6.4.112 get applied as for P Root 1474	6.4.24 Sutra 6.4.113 gets applied as for P Root 1474	8.2.37 8.4.55	8.2.37 8.4.55	8.2.40 8.4.53 8.4.65 Option	6.4.24 8.2.29	6.1.8 7.4.60 ii/1 Option अनिट् 7.2.61 8.4.53 ii/1 Option 8.4.65	3.1.44 सिच् 7.2.3 8.2.37 8.4.55 iii/1 ii/1 7.3.96 ii/3 8.2.40 8.4.53 Option 8.4.65

1509 Now Atmanepada. सेट् । Tag (ङ्) ङित् ।

1509 वृङ् वृ A सेट्	A Root 1484 (no 7.3.80)	A Root 1484 (no 7.3.80)	A Root 1484 (no 7.3.80)	A Root 1484 (no 7.3.80)	A Root 1484	A Root 1484	A Root 1484	A Root 1484 Option 7.2.42 (not 7.1.100) ii/3	6.1.8 7.4.66 6.1.77 6.4.126 1.2.5 no guna 7.2.13	A Root 1484 Option 7.2.38 Option 7.2.42

								8.3.78	no इट्	(not 7.1.100) ii/3 8.3.78

1510 Now Parasmaipada. सेट् । Tag (अँ) अदित् ।

1510 श्रन्थँ श्रन्थ् P सेट्	Root 1508	Root 1508	Root 1508	Root 1508	7.2.35 इट् 8.3.59	7.2.35 इट् 8.3.59	7.2.35 इट्	Root 1508	6.1.8 7.4.60 ii/1 i/2 i/3 7.2.35 इट् Dual Plural Option by Vartika 1.2.6 वा॰ 6.4.24 6.4.122 वा॰	3.1.44 सिच् 7.2.35 इट् iii/1 ii/1 7.3.96
	लिट् Dual Plural has Option by 6.4.2 हलः । वा॰ श्रन्थिग्रन्थीत्यादिना कित्त्वपक्षे एत्वाभ्यासलोपावप्यत्र वक्तव्यौ इति हरदत्तादयः ।									
1511 मन्थँ मन्थ् P सेट्	Root 1510	Root 1510	Root 1510	Root 1510	Root 1510	Root 1510	Root 1510	Root 1510	6.1.8 7.4.60 ii/1 i/2 i/3 7.2.35 इट्	Root 1510
1512 श्रन्थँ श्रन्थ् P सेट्			Root 1510							
1513 ग्रन्थँ ग्रन्थ् P सेट्	Root 1510	Root 1510	Root 1510	Root 1510	Root 1510	Root 1510	Root 1510	Root 1510	Root 1510 7.4.62	Root 1510
1514 कुन्थँ कुन्थ् P सेट्	Root 1510	Root 1510	Root 1510	Root 1510	Root 1510	Root 1510	Root 1510	Root 1510	6.1.8 7.4.60 7.4.62 ii/1 i/2 i/3 7.2.35 इट्	Root 1510
1515 मृदँ मृद् P सेट्	simple Sutras 6.4.113 6.4.112 get applied as for P Root 1474	simple Sutras 6.4.113 6.4.112 get applied as for P Root 1474	simple Sutras 6.4.113 6.4.112 get applied as for P Root 1474	simple Sutra 6.4.113 gets applied as for P Root 1474	7.3.86 guna 7.2.35 इट् 8.3.59	7.3.86 guna 7.2.35 इट् 8.3.59	7.3.86 guna 7.2.35 इट्	3.4.104 no guna no इट् 8.2.29	6.1.8 7.4.60 7.4.66 singular 7.3.86 guna ii/1 i/2 i/3 7.2.35 इट् Dual Plural 1.2.5 no guna	3.1.44 सिच् 7.3.86 guna 7.2.35 इट् iii/1 ii/1 7.3.96
1516 मृडँ	Root	Root	Root	Root	Root	Root	Root	Root	Root	Root

मृड् P सेट्	1515	1515	1515 8.4.2	1515	1515	1515	1515	1515	1515	1515
1517 गुधँ गुध् P सेट्	Root 1515	Root 1515	Root 1515	Root 1515	Root 1515	Root 1515	Root 1515	Root 1515	Root 1515 7.4.62 (not 7.4.66)	Root 1515
1518 कुषँ कुष् P सेट्	Root 1515	Root 1515	Root 1515 8.4.2	Root 1515	Root 1515	Root 1515	Root 1515	Root 1515	Root 1515 7.4.62 (not 7.4.66)	Root 1515
1519 क्षुभँ क्षुभ् P सेट्	Root 1515	Root 1515	Root 1515	Root 1515	Root 1515	Root 1515	Root 1515	Root 1515	Root 1515 7.4.62 (not 7.4.66)	Root 1515
1520 णभँ नभ् P सेट्	6.1.65 Sutras 6.4.113 6.4.112 get applied as for P Root 1474	6.1.65 Sutras 6.4.113 6.4.112 get applied as for P Root 1474	6.1.65 Sutras 6.4.113 6.4.112 get applied as for P Root 1474	6.1.65 Sutra 6.4.113 gets applied as for P Root 1474	6.1.65 7.2.35 इट् 8.3.59	6.1.65 7.2.35 इट् 8.3.59	6.1.65 7.2.35 इट्	6.1.65 Root 1515	6.1.65 6.1.8 7.4.60 iii/1 i/1 7.2.116 ii/1 6.4.121 i/1 7.1.91 Option ii/1 i/2 i/3 7.2.35 इट् Dual Plural 6.4.120	6.1.65 3.1.44 सिच् 7.2.35 इट् 7.2.7 वृद्धिः Option iii/1 ii/1 7.3.96
1521 तुभँ तुभ् P सेट्	Root 1515	Root 1515	Root 1515	Root 1515	Root 1515	Root 1515	Root 1515	Root 1515	Root 1515 (no 7.4.66)	Root 1515

1522 Now Parasmaipada. वेट् । Tag (ऊँ) ऊदित् ।

1522 क्लिशूँ क्लिश् P वेट्	simple Sutras 6.4.113 6.4.112 get applied as for P Root 1474	simple Sutras 6.4.113 6.4.112 get applied as for P Root 1474	simple Sutras 6.4.113 6.4.112 get applied as for P Root 1474	simple Sutra 6.4.113 gets applied as for P Root 1474	7.3.86 guna 8.3.59 7.2.35 इट् 7.2.44 Option अनिट् 8.2.36 8.2.41 8.3.59	7.3.86 guna 8.3.59 7.2.35 इट् 7.2.44 Option अनिट् 8.2.36 8.2.41 8.3.59	7.3.86 guna 7.2.35 इट् 7.2.44 Option अनिट् 8.2.36 8.4.41	3.4.104 no guna no इट् 8.2.29	6.1.8 7.4.60 7.4.62 singular 7.3.86 guna ii/1 i/2 i/3 7.2.35 इट् 7.2.44 Option अनिट्	इट् 3.1.44 सिच् 7.3.86 guna 7.2.35 इट् iii/1 ii/1 7.3.96 अनिट् 7.2.44 Option 3.1.45 क्स

									ii/1 8.2.36 8.4.41	8.2.36 8.2.41 8.3.59

1523 Now Parasmaipada. सेट् । Tag (अँ) अदित् ।

1523 अशँ अश् P सेट्	simple Sutras 6.4.113 6.4.112 get applied as for P Root 1474	6.4.72 6.1.90 Sutras 6.4.113 6.4.112 get applied as for P Root 1474	simple Sutras 6.4.113 6.4.112 get applied as for P Root 1474	simple Sutra 6.4.113 gets applied as for P Root 1474	7.2.35 इट् 8.3.59	6.4.72 6.1.90 7.2.35 इट् 8.3.59	7.2.35 इट्	3.4.104 no इट् 8.2.29	6.1.8 7.4.60 7.4.70 6.1.101 iii/1 i/1 7.2.116 ii/1 i/2 i/3 7.2.35 इट्	6.4.72 6.1.90 3.1.44 सिच् 7.2.35 इट् iii/1 ii/1 7.3.96

1524 Now Parasmaipada. सेट् । Tag (उँ अँ) उदित् अदित् ।

1524 उँध्रसँ ध्रस् P सेट्	simple Sutras 6.4.113 6.4.112 get applied as for P Root 1474	simple Sutras 6.4.113 6.4.112 get applied as for P Root 1474	simple Sutras 6.4.113 6.4.112 get applied as for P Root 1474	simple Sutra 6.4.113 gets applied as for P Root 1474	7.2.35 इट् 8.3.59	7.2.35 इट् 8.3.59	7.2.35 इट्	3.4.104 no इट् 8.2.29	6.1.8 7.4.60 8.4.54 iii/1 i/1 7.2.116 i/1 7.1.91 Option ii/1 i/2 i/3 7.2.35 इट्	3.1.44 सिच् 7.2.35 इट् 7.2.7 वृद्धिः Option iii/1 ii/1 7.3.96

1525 Now Parasmaipada. सेट् । Tag (अँ) अदित् ।

1525 इषँ इष् P सेट्	8.4.2 Sutras 6.4.113 6.4.112 get applied as for P Root 1474	6.4.72 6.1.90 8.4.2 Sutras 6.4.113 6.4.112 get applied as for P Root 1474	8.4.2 Sutras 6.4.113 6.4.112 get applied as for P Root 1474	8.4.2 Sutra 6.4.113 gets applied as for P Root 1474	7.3.86 guna 7.2.35 इट् 8.3.59	6.4.72 6.1.90 7.3.86 guna 7.2.35 इट् 8.3.59	7.3.86 guna 7.2.35 इट्	3.4.104 no guna no इट् 8.2.29	6.1.8 7.4.60 iii/1 i/1 6.4.78 ii/1 7.4.59 6.4.78 ii/1 i/2 i/3 7.2.35 इट् Dual Plural 6.1.101	6.4.72 6.1.90 3.1.44 सिच् 7.3.86 guna 7.2.35 इट् iii/1 ii/1 7.3.96

1526 Now Parasmaipada. अनिट् । Tag (अँ) अदित् ।

1526 विषँ विष् P अनिट्	simple Sutras 6.4.113	simple Sutras 6.4.113	simple Sutras 6.4.113	simple Sutra 6.4.113	7.3.86 guna 8.2.41 8.3.59	7.3.86 guna 8.2.41 8.3.59	7.3.86 guna 8.4.41	3.4.104 no guna 8.2.29	6.1.8 7.4.60 singular 7.3.86	3.1.45 क्स no guna 8.2.41 8.3.59

	6.4.112 get applied as for P Root 1474	6.4.112 get applied as for P Root 1474	6.4.112 get applied as for P Root 1474	gets applied as for P Root 1474					guna ii/1 7.4.59 6.4.78 ii/1 i/2 i/3 7.2.35 इट् Dual Plural 1.2.5 no guna	

1527 Now Parasmaipada. सेट् । Tag (अँ) अदित् ।

1527 प्रुषँ प्रुष् P सेट्	Root 1518	Root 1518	Root 1518	Root 1518	Root 1518	Root 1518	Root 1518	Root 1518	Root 1518 (no 7.4.62)	Root 1518
1528 प्लुषँ प्लुष् P सेट्	Root 1518	Root 1518	Root 1518	Root 1518	Root 1518	Root 1518	Root 1518	Root 1518	Root 1518 (no 7.4.62)	Root 1518
1529 पुषँ पुष् P सेट्	Root 1518	Root 1518	Root 1518	Root 1518	Root 1518	Root 1518	Root 1518	Root 1518	Root 1518 (no 7.4.62)	Root 1518
1530 मुषँ मुष् P सेट्	Root 1518	Root 1518	Root 1518	Root 1518	Root 1518	Root 1518	Root 1518	Root 1518	Root 1518 (no 7.4.62)	Root 1518
1531 खचँ खच् P सेट्	8.4.40 Sutras 6.4.113 6.4.112 get applied as for P Root 1474	8.4.40 Sutras 6.4.113 6.4.112 get applied as for P Root 1474	8.4.40 Sutras 6.4.113 6.4.112 get applied as for P Root 1474	8.4.40 Sutra 6.4.113 gets applied as for P Root 1474	7.2.35 इट् 8.3.59	7.2.35 इट् 8.3.59	7.2.35 इट्	3.4.104 no इट् 8.2.29	6.1.8 7.4.60 7.4.62 8.4.54 iii/1 i/1 7.2.116 i/1 7.1.91 Option ii/1 i/2 i/3 7.2.35 इट्	3.1.44 सिच् 7.2.35 इट् 7.2.7 वृद्धिः Option iii/1 ii/1 7.3.96
1532 हिठँ हिठ् P सेट्	Root 1515 8.4.41	Root 1515 8.4.41	Root 1515 8.4.41	Root 1515 8.4.41	Root 1515	Root 1515	Root 1515	Root 1515	6.1.8 7.4.60 7.4.62 8.4.54 singular 7.3.86गुणः ii/1 i/2 i/3 7.2.35 इट्	Root 1515

1533 Now Ubhayepada. सेट् । Tag (अँ) अदित् ।

1533 ग्रहँ ग्रह् U सेट्	6.1.16 सम्प्रसारणं 6.1.108	6.1.16 सम्प्रसारणं 6.1.108	6.1.16 सम्प्रसारणं 6.1.108	6.1.16 सम्प्रसारणं 6.1.108	7.2.35 इट् 7.2.37 दीर्घः	7.2.35 इट् 7.2.37 दीर्घः	7.2.35 इट् 7.2.37 दीर्घः	P 3.4.104 no इट् 6.1.16	6.1.8 7.4.60 7.4.62	3.1.44 सिच् 7.2.35 इट्

8.4.2 Sutras 6.4.113 6.4.112 get applied as for Root 1474	8.4.2 Sutras 6.4.113 6.4.112 get applied as for Root 1474	8.4.2 Sutras 6.4.113 6.4.112 get applied as for Root 1474	8.4.2 Sutra 6.4.113 gets applied as for Root 1474	8.3.59	8.3.59		सम्प्रसारणं 6.1.108 8.2.29 A 3.4.102 7.2.35 इट् 7.2.37 दीर्घः 8.3.59	7.4.66 iii/1 i/1 7.2.116 i/1 7.1.91 Option ii/1 i/2 i/3 7.2.35 इट् Dual Plural 6.1.16 सम्प्रसारणं 6.1.108	7.2.37 दीर्घः P iii/1 ii/1 7.3.96 A 8.3.59 ii/3 8.3.79 Option

॥ इति **श्ना** विकरणाः क्र्यादयः ॥ Here end the 9c Roots that use the **श्ना** विकरण modifier affix.

10c CurAdi 1534 to 1943 (410 Roots)

3.1.25 सत्यापपाशरूपवीणातूलश्लोकसेनालोमत्वचवर्मवर्णचूर्णचुरादिभ्यो णिच् । Here णिच् is a universal Vikarana, Modifier. It applies to both Sarvadhatuka Affixes and Ardhadhatuka Affixes, i.e. all the ten Lakaras. The Vikarana णिच् = इ Stem Constructor for 10c group Roots. This in fact creates a new Root. The subsequent processes take effect on the new Root. Can do Guna since णिच् is आर्धधातुकः ।

1.3.74 णिचश्च । By this Sutra, all 10c Roots become Ubhayepada. Except for some specific Atmanepada Roots. इदित्करणं णिचः पाक्षिकत्वे लिङ्गम् । Here Siddhanta Kaumudi says that for 10c Roots that are इदित् the reason for making इदित् is two -fold, a) नुम् augment b) such Roots will have Optional शप् Parasmaipada forms like 1c. Grammarians also say that for conjunct ending इदित् 10c Roots, this Optional form does not exist.

Note: In आशीर्लिङ् the Parasmaipada णिच् + शप् forms and the शप् forms happen to be identical.

- 3.1.25 °चुरादिभ्यो णिच् । By णिच् = इ all Roots of 10c will end in इ । These are New Roots = Secondary Roots = Derived Roots. E.g. 1538 लक्ष् + णिच् → लक्षि । New Root.
- णिच् is an Ardhadhatuka Affix by 3.4.114 आर्धधातुकं शेषः and can do Guna by 7.3.86 पुगन्तलघूपधस्य च for all Roots with penultimate short इक् vowel. E.g. 1534 चुर् + णिच् → 7.3.86 → चोरि । New Root.

After sutra 3.1.25 has applied, all the new 10c Roots have final इ । Now Sarvadhatuka Affixes will take the default Gana Vikarana शप् and Ardhadhatuka Affixes will take their specific Vikarana.

<u>Sarvadhatuka Affixes</u> लट् लङ् लोट् विधिलिङ्

1) 3.1.25 °चुरादिभ्यो णिच् । 10c Roots take Affix णिच् and make a new derived Root.
2) 3.1.68 कर्तरि शप् । In Active Voice, the Gana Vikarana शप् applies to Sarvadhatuka Ting Affixes.
3) 7.3.84 सार्वधातुकार्धधातुकयोः । By शप् = अ Guna happens for all 10c Roots due to final इक् vowel.
4) 6.1.78 एचोऽयवायावः । Sandhi applies for all Roots. Now all 10c Roots end in य् अ = य for Sarvadhatuka Ting Affixes. For examples we consider लट् Present Tense.

1538 लक्ष् + णिच् + तिप् → लक्षि + शप् + तिप् → 7.3.84 → लक्षे + अ तिप् → 6.1.78 → लक्ष् अय् अ तिप् → लक्षय + तिप् ।

1534 चुर् + णिच् + तिप् →7.3.86→ चोरि + शप् + तिप् →7.3.84→ चोरे + अ + तिप् →6.1.78→ चोर् अय् अ तिप् → चोरय +तिप् ।

5) The Sutra 8.4.1 / 8.4.2 applies to change न् to ण् for Parasmaipada लोट् i/1 form.

<u>Ardhadhatuka Affixes</u> लृट् लृङ् लुट्

7.2.10 एकाच उपदेशेऽनुदात्तात् monosyllabic Roots are अनिट् । By णिच् 10c Roots become polysyllabic and hence सेट् ।

1) 3.1.25 °चुरादिभ्यो णिच् । 10c Roots take Affix णिच् and make a new derived Root.
2) 7.2.35 आर्धधातुकस्येड् वलादेः । Augment इट् applies for all 10c Roots for Ardhadhatuka Affixes.
3) 7.3.84 सार्वधातुकार्धधातुकयोः । Vikarana of Ardhadhatuka Affixes causes Guna for all 10c Roots due to final इक्
4) 6.1.78 एचोऽयवायावः । Sandhi applies. Now all 10c Roots end in य् इ = यि for Ardhadhatuka Ting Affixes.

For examples we consider लृट् Future Tense.

1538 लक्ष्+णिच्+तिप् → लक्षि + स्य तिप् →7.3.84→ लक्षे + स्य तिप् →7.2.35→ लक्षे + इट् स्य तिप् →6.1.78→ लक्ष् अय् इ स्य तिप् → लक्षयि स्य तिप् ।

1534 चुर् + णिच् तिप् → चोरि + स्य तिप् →7.3.84→ चोरे + स्य तिप् →7.2.35→ चोरे + इट् स्य तिप् →6.1.78→ चोर् अय् इ स्य तिप् → चोरयि स्य तिप् ।

<u>Ardhadhatuka Affixes</u> आशीर्लिङ्

1) 3.1.25 °चुरादिभ्यो णिच् । 10c Roots take Affix णिच् and make a new derived Root.
2) 3.3.173 आशिषि लिङ्लोटौ । Used in the sense of Blessing.

3) 3.4.104 किदाशिषि । The Vikarana यासुट् = यास् gets applied for Parasmaipada आशीर्लिङ् Ting Affixes and it behave as कित् i.e. no Guna. Since this Vikarana is not वलादिः it cannot take इट् augment.
4) 6.4.51 णेरनिटि । इ (णिच्) is dropped for Vikarana that does not take इट् augment.

e.g. 1538 लक्ष् + णिच् + त् →लक्षि + त् →3.4.104→ लक्षि + यास् त् →6.4.51→ लक्ष् + यास् त् →8.2.29→ लक्ष् या त् = लक्ष्या त् ।

e.g. 1534 चुर् + णिच् + त् →7.3.86→ चोरि + त् →3.4.104→ चोरि + यास् त् →6.4.51→ चोर् + यास् त् →8.2.29→ चोर् या त् = चोर्या त् ।

5) 3.4.102 लिङस्सीयुट् । The Vikarana सीयुट् = सीय् gets applied for Atmanepada आशीर्लिङ् Ting Affixes. i.e. It can cause Guna being Ardhadhatuka. Since this Vikarana is वलादिः it can take इट् augment.

e.g. 1538 लक्ष् + णिच् + त →लक्षि + त →3.4.102→ लक्षि + सीय् त →7.3.84→ लक्षे + सीय् त →7.2.35→ लक्षे इट् सीय् त →6.1.78→ लक्ष् अय् इ सीय् त = लक्षयि सीय् त ।

e.g. 1538 चुर् + णिच् + त → चोरि + त →3.4.102→ चोरि + सीय् त →7.3.84→ चोरे + सीय् त →7.2.35→ चोरे इट् सीय् त →6.1.78→ चोर् अय् इ सीय् त = चोरयि सीय् त ।

<u>Ardhadhatuka Affixes</u> लिट्

1) 3.4.82 परस्मैपदानां णलतुसुस्थलथुसणल्वमाः । लिट् Ting Affixes.
2) 3.1.35 कास्प्रत्ययादाममन्त्रे लिटि । Vikarana आम् applies for all Derived Roots (10c) for लिट् Ting Affixes.
3) 6.4.55 अयामन्ताल्वाय्येत्न्विष्णुषु । इ (णिच्) is replaced by अय् for Vikarana आम् ।
4) 3.1.40 कृञ् चानुप्रयुज्यते लिटि । By Vikarana आम् all 10c Roots get suffixed with कृ भू अस् forms of लिट् Ting Affixes.
5) 7.2.13 कृसृभृवृस्तुद्रुस्रुश्रुवो लिटि । 7.2.35 आर्धधातुकस्येड् वलादेः । Except for Roots कृ सृ भृ वृ स्तु द्रु स्रु श्रु the वलादि लिट् Ting Affixes will take इट् Augment, i.e. ii/1 i/2 i/3 Parasmaipada and ii/1 ii/3 i/2 i/3 Atmanepada.
6) 1.2.5 असंयोगाल्लिट् कित् । For Roots ending in simple consonant, अपित् लिट् i.e. dual plural Ting Affixes are कित् ।

e.g. 1538 लक्ष् + णिच् + णल् →लक्षि + णल् →3.1.35→ लक्षि + आम् + णल् →6.4.55→ लक्ष् अय् + आम् + णल् → लक्षयाम् + णल् ।

e.g. 1534 चुर् + णिच् + णल् →7.3.86→ चोरि + णल् →3.1.35→ चोरि + आम् + णल् →6.4.55→ चोर् अय् + आम् + णल् → चोरयाम् + णल् →3.1.40→ चोरयाम् + कृ + णल् ।

<u>Ardhadhatuka Affixes</u> लुङ्

1) 3.1.48 णिश्रिद्रुस्रुभ्यः कर्तरि चङ् । लुङ् Ting Affixes take चङ् = अ Vikarana affix. Since it is ङित् it cannot cause Guna. Since it is not वलादिः it cannot take इट् augment.
2) 6.4.51 णेरनिटि । इ (णिच्) is dropped for Vikarana that does not take इट् augment.
3) 7.4.1 णौ चङ्युपधाया ह्रस्वः । A Short vowel is substituted for the penultimate long vowel of a णिजन्तः Anga when चङ् Vikarana Affix follows.
4) 6.1.11 चङि । Non-reduplicated Roots take Reduplication with चङ् Vikarana Affix. Grammarians say that 7.4.1 is applied first, then 6.1.11 is applied for correct forms.

e.g. 1538 लक्ष् + णिच् + त् →लक्षि + त् → 3.1.48 → लक्षि + चङ् + त् = लक्षि + अ + त् → 6.4.51 → लक्ष् अ त् → 6.1.11 → लक्ष् लक्ष् अ त् ।

e.g. 1534 चुर् + णिच् + त् → चोरि + त् →3.1.48→ चोरि + चङ् + त् = चोरि + अ + त् →6.4.51→ चोर् अ त् →7.4.1, 6.1.11→ चुर् चुर् अ त् ।

<u>Summary 10c Roots</u>

All 10c Roots are सेट् । All 10c Roots are Ubhayepada, except for some Atmanepada Roots.
All 10c Roots end in य for लट् लङ् लोट् विधिलिङ् Sarvadhatuka Ting Affixes by णिच् + शप् + अयाव् Sandhi.
All 10c Roots end in यि for लृट् लृङ् लुट् Ardhadhatuka Ting Affixes by णिच् + शप् + इट् + अयाव् Sandhi.
इदित् , उदित् 10c Roots have Optional Parasmaipada शप् forms like 1c, in all ten Lakaras. Here ञित् 10c Roots or having Svarita Accent will have Optional Ubhayepada शप् forms like 1c, in all ten Lakaras. *The Conjugation Matrix does not give details of Optional शप् forms.*
इदित् 10c Roots आशीर्लिङ् Optional P शप् forms are **identical** to णिच + शप् forms so these are not listed again.

All 10c Roots आशीर्लिङ् Atmanepada will have Optional ii/3 form by 8.3.79, e.g. चोरयिषीध्वम् / चोरयिषीढ्वम् ।
Sutra 6.1.2 applies to all vowel beginning roots of 10c, whereby the initial vowel with consonant remains, and the succeeding letters gets reduplicated. E.g. 1549 ऊर्जँ ऊर्जि → 6.1.11 6.1.2 → ऊर् जि जि → 7.4.59 → उर् जि जि → 3.1.48 → उर् जि जि अ → 6.4.51 → उर् जि ज् अ → 6.4.72 → आ उर् जि ज → 6.1.90 → और् जि ज = और्जिज ।
E.g. 1561 अट्टँ अट्टि → 6.1.11 6.1.2 → अट् टि टि → 3.1.48 → अट् टि टि अ → 6.4.51 → अट् टि ट् अ → 6.4.72 → आ अट् टि ट→ 6.1.90 → आट् टि ट = आट्टिट ।
Thus the final Verb Forms of most 10c Roots will be very similar. Few exceptions will be there.

Legend

1534	चुरँ	चुर्	U	सेट्	चोरि
Dhatu Serial No	Dhatu with Tag	Dhatu	Ubhayepada	इट् augment	New Secondary Root after णिच्
लुङ् चूचुर	For Aorist, the stem is also given since during reduplication lots of changes occur in 10c Roots				

1534 Now Ubhayepada. सेट् ।

Root	Present Tense 1 लट्	Past Tense 2 लङ्	Imperative Mood 3 लोट्	Potential Mood 4 विधि	Future Tense 5 लृट्	Conditional Mood 6 लृङ्	Periphrastic Future 7 लुट्	Benedictive Mood 8 आशीर्	Perfect Past 9 लिट्	Aorist Past 10 लुङ्
1534 चुरँ चुर् U सेट् चोरि	चोरय	चोरय	चोरय	चोरय	चोरयि	चोरयि	चोरयि	P चोर्या A चोरयि 8.3.59 ष् ii/3 Option 8.3.79 ढ्	3.1.35 चोरयाम् 8.3.24 ं 8.4.58 ञ् चोरयाञ् 3.1.40	चोरि 3.1.48चङ् 6.4.51 चोर् 7.4.1 चुर् 6.1.11 चुर् चुर् 7.4.60 चु चुर् 7.4.94 चू चुर्
1535 चितिँ चिन्त् U सेट् चिन्ति Option P शप् 3.1.74	7.1.58 चिन्तय	7.1.58 चिन्तय	7.1.58 चिन्तय	7.1.58 चिन्तय	7.1.58 चिन्तयि	7.1.58 चिन्तयि	7.1.58 चिन्तयि	7.1.58 P चिन्त्या A चिन्तयि 8.3.59 ष् ii/3 Option 8.3.79 ढ्	7.1.58 3.1.35 चिन्तयाम् 8.3.24 ं 8.4.58 ञ् चिन्तयाञ् 3.1.40	7.1.58 चिन्ति 3.1.48चङ् 6.4.51 चिन्त् 6.1.11 चिन्त् चिन्त् 7.4.60 चि चिन्त्
1536 यत्रिँ यन्त्र् U सेट् यन्त्रि			Root 1535, No Option P शप् since Conjunct इदित्							ययन्त्र
1537 स्फुडिँ स्फुण्ड् U सेट् स्फुडि			Root 1535, लुङ् 7.4.61 फु 8.4.54 पु							पुस्फुण्ड
1538 लक्षँ लक्ष् U सेट् लक्षि	लक्षय	लक्षय	लक्षय i/1 8.4.2 ण्	लक्षय	लक्षयि	लक्षयि	लक्षयि	P लक्ष्या A लक्षयि	3.1.35 लक्षयाम् 8.3.24 ं 8.4.58 ञ् लक्षयाञ्	लक्षि 3.1.48चङ् 6.4.51 लक्ष् 6.1.11

								8.3.59 ष् ii/3 Option 8.3.79 ढ्	3.1.40	लक्ष् लक्ष् 7.4.60 ल लक्ष्
1539 कुद्रिँ कुन्द्र् U सेट् कुन्द्रि			Root 1536, लुङ् 7.4.62 चु , Option P शप्							चुकुन्द्र
1540 लडँ लड् U सेट् 7.2.116 लाडि	7.2.116 लाडय	7.2.116 लाडय	7.2.116 लाडय	7.2.116 लाडय	7.2.116 लाडयि	7.2.116 लाडयि	7.2.116 लाडयि	7.2.116 P लाड्या A लाडयि 8.3.59 ष् ii/3 Option 8.3.79 ढ्	3.1.35 लक्षयाम् 8.3.24 ं 8.4.58 ञ् लक्षयाञ् 3.1.40	7.2.116 लाडि 3.1.48चङ् 7.4.1 लडि 6.4.51 लड् 6.1.11 लड् लड् 7.4.60 ल लड् 7.4.79 लि लड् 7.4.94 ली लड्
1541 मिदिँ मिन्द् U सेट् मिन्दि			Root 1535							मिमिन्द
1542 औँलडिँ लण्ड् U सेट् लण्डि			Root 1535							ललण्ड
1543 जलँ जल् U सेट् जालि			Root 1540							जीजल
1544 पीडँ पीड् U सेट्			Root 1538, लुङ् 7.4.3 Option							पीपिड / पिपीड
1545 नटँ नट् U सेट् नाटि			Root 1540							नीनट
1546 श्रथँ श्रथ् U सेट् श्राथि			Root 1540, लुङ् 7.4.79 शि							शिश्रथ
1547 बधँ बध् U सेट् बाधि			Root 1540							बीबध
1548 पॄ पॄ U सेट् पारि Option P शप्	7.2.115 पार् 3.1.25णिच् पारि 3.1.68शप् 7.3.84गुणः 6.1.78 पारय	7.2.115 पार् 3.1.25णिच् पारि 3.1.68शप् 7.3.84गुणः 6.1.78 पारय	7.2.115 पार् 3.1.25णिच् पारि 3.1.68शप् 7.3.84गुणः 6.1.78 पारय P लोट् i/1 8.4.2	7.2.115 पार् 3.1.25णिच् पारि 3.1.68शप् 7.3.84गुणः 6.1.78 पारय	7.2.115 पार् 3.1.25णिच् पारि 7.2.35 इट् 7.3.84गुणः 6.1.78 पारयि 8.3.59 ष्	7.2.115 पार् 3.1.25णिच् पारि 7.2.35 इट् 7.3.84गुणः 6.1.78 पारयि 8.3.59 ष्	7.2.115 पार् 3.1.25णिच् पारि 7.2.35 इट् 7.3.84गुणः 6.1.78 पारयि	7.2.115 पार् 3.1.25णिच् पारि P 6.4.51 पार् A 7.2.35 इट् 7.3.84गुणः 6.1.78 पारयि 8.3.59 ष् 8.3.79 ढ् Option	7.2.115 पार् 3.1.25णिच् पारि 3.1.35आम् 3.1.40 कृ 7.3.84 7.2.115 6.4.55 7.4.62 7.4.66 8.3.24 8.4.58	7.2.115 पार् 3.1.25णिच् पारि 3.1.48चङ् 6.1.11 7.4.60 7.4.59 7.4.1 6.4.51 7.4.79 7.4.94 पीपर
1549 ऊर्जँ ऊर्ज् U सेट् ऊर्जि			Root 1538, लङ् लृङ् लुङ् 6.4.72 6.1.90, लुङ् 6.1.2							और्जिज
1550 पक्षँ पक्ष् U सेट् पक्षि			Root 1538							पपक्ष
1551 वर्णँ वर्ण् U सेट् वर्णि			Root 1538 (no 8.4.2)							ववर्ण

1552 चूर्णँ चूर्ण् U सेट् | Root 1538 (no 8.4.2), लुङ् 7.4.59 | चुचूर्ण
1553 प्रथँ प्रथ् U सेट् प्रथि | Root 1540 | पप्रथ
1554 पृथँ पृथ् U सेट् पर्थि | Root 1534, लुङ् 7.4.7 Option | पपर्थ / पीपृथ
1555 षम्बँ सम्ब् U सेट् सम्बि | 6.1.64 स् Root 1538 | ससम्ब
1556 शम्बँ शम्ब् U सेट् शम्बि | Root 1538, (no 8.4.2) | शशम्ब
1557 भक्षँ भक्ष् U सेट् भक्षि | Root 1538 | बभक्ष
1558 कुट्टँ कुट्ट् U सेट् कुट्टि | Root 1538, (no 8.4.2), लुङ् 7.4.62 | चुकुट्ट
1559 पुट्टँ पुट्ट् U सेट् पुट्टि | Root 1538, (no 8.4.2) | पुपुट्ट
1560 चुट्टँ चुट्ट् U सेट् चुट्टि | Root 1538, (no 8.4.2) | चुचुट्ट
1561 अट्टँ अट्ट् U सेट् | Root 1538, लङ् लृङ् लुङ् 6.4.72 6.1.90 , लुङ् 6.1.2 | आट्टिट
1562 षुट्टँ सुट्ट् U सेट् सुट्टि | 6.1.64 स् Root 1538, (no 8.4.2) | सुषुट्ट
1563 लुण्ठँ लुण्ठ् U सेट् लुण्ठि | Root 1538, Option P शप् | लुलुण्ठ
1564 शठँ शठ् U सेट् शाठि | Root 1540 | शीशठ
1565 श्वठँ श्वठ् U सेट् श्वाठि | Root 1540 | शिश्वठ
1566 तुजिँ तुञ्ज् U सेट् तुञ्जि | Root 1535 | तुतुञ्ज
1567 पिजिँ पिञ्ज् U सेट् पिञ्जि | Root 1535 | पिपिञ्ज
1568 पिसँ पिस् U सेट् पेसि | Root 1534 | पीपिस
1569 षान्त्वँ सान्त्व् U सेट् सान्त्वि | 6.1.64 स् Root 1538 | ससान्त्व
1570 श्वल्कँ श्वल्क् U सेट् श्वल्कि | Root 1538 | शश्वल्क
1571 वल्कँ वल्क् U सेट् वल्कि | Root 1538 | ववल्क
1572 ष्णिहँ स्निह् U सेट् स्नेहि | 6.1.64 स् Root 1534 | सिष्णिह
1573 स्मिटँ स्मिट् U सेट् स्मेटि | Root 1534 | सिस्मिट
1574 श्लिषँ श्लिष् U सेट् श्लेषि | Root 1534 | शिश्लिष
1575 पथिँ पन्थ् U सेट् पन्थि | Root 1535 | पपन्थ
1576 पिछँ पिच्छ् U सेट् पिच्छि | Root 1538 | पिपिच्छ
1577 छदिँ छन्द् U सेट् छन्दि | Root 1535, लङ् लृङ् लुङ् 6.1.73 तुक् 8.4.40 च् | चच्छन्द
1578 श्रणँ श्रण् U सेट् श्राणि | Root 1540, लुङ् 7.4.3 Vartika Option | शिश्रण / शश्राण
1579 तडँ तड् U सेट् ताडि | Root 1540 | तीतड
1580 खडँ खड् U सेट् खाडि | Root 1540, लुङ् 7.4.62 | चीखड
1581 खडिँ खण्ड् U सेट् खण्डि | Root 1535, लुङ् 7.4.62 | चखण्ड
1582 कडिँ कण्ड् U सेट् कण्डि | Root 1535, लुङ् 7.4.62 | चकण्ड
1583 कुडिँ कुण्ड् U सेट् कुण्डि | Root 1535, लुङ् 7.4.62 | चुकुण्ड
1584 गुडिँ गुण्ड् U सेट् गुण्डि | Root 1535, लुङ् 7.4.62 | जुगुण्ड
1585 खुडिँ खुण्ड् U सेट् खुण्डि | Root 1535, लुङ् 7.4.62 | चुखुण्ड
1586 वटिँ वण्ट् U सेट् वण्टि | Root 1535 | ववण्ट
1587 मडिँ मण्ड् U सेट् मण्डि | Root 1535 | ममण्ड
1588 भडिँ भण्ड् U सेट् भण्डि | Root 1535, लुङ् 8.4.54 | बभण्ड
1589 छर्दँ छर्द् U सेट् | Root 1538, लङ् लृङ् लुङ् 6.1.73 तुक् 8.4.40 च् | चच्छर्द
1590 पुस्तँ पुस्त् U सेट् पुस्ति | Root 1538 | पुपुस्त
1591 बुस्तँ बुस्त् U सेट् बुस्ति | Root 1538 | बुबुस्त
1592 चुदँ चुद् U सेट् चोद् | Root 1534 | चूचुद
1593 नक्कँ नक्क् U सेट् नक्कि | Root 1538 | ननक्क
1594 धक्कँ धक्क् U सेट् धक्कि | Root 1538, लुङ् 8.4.54 | दधक्क
1595 चक्कँ चक्क् U सेट् चक्कि | Root 1538 | चचक्क

1596 चुक्कँ चुक्क् U सेट् चुक्कि	Root 1538	चुचुक्क
1597 क्षलँ क्षल् U सेट् क्षालि	Root 1540, लुङ् 7.4.62 7.4.59 7.4.79	चिक्षल
1598 तलँ तल् U सेट् तालि	Root 1540	तीतल
1599 तुलँ तुल् U सेट् तोलि	Root 1534	तूतुल
1600 दुलँ दुल् U सेट् दोलि	Root 1534	दूदुल
1601 पुलँ पुल् U सेट् पोलि	Root 1534	पूपुल
1602 चुलँ चुल् U सेट् चोलि	Root 1534	चूचुल
1603 मूलँ मूल् U सेट् मूलि	Root 1538, लुङ् 7.4.59 7.4.94	मूमुल
1604 कलँ कल् U सेट् कालि	Root 1540, लुङ् 7.4.62	चीकल
1605 विलँ विल् U सेट् वेलि	Root 1534	वीविल
1606 बिलँ बिल् U सेट् बेलि	Root 1534	बीबिल
1607 तिलँ तिल् U सेट् तेलि	Root 1534	तीतिल
1608 चलँ चल् U सेट् चालि	Root 1540	चीचल
1609 पालँ पाल् U सेट् पालि	Root 1538, लुङ् 7.4.59 7.4.79 7.4.94	पीपल
1610 लूषँ लूष् U सेट् लूषि	Root 1603	लूलुष
1611 शुल्बँ शुल्ब् U सेट् शुल्बि	Root 1538	शुशुल्ब
1612 शूर्पँ शूर्प् U सेट् शूर्पि	Root 1538, लुङ् 7.4.59	शुशूर्प
1613 चुटँ चुट् U सेट् चोटि	Root 1534	चूचुट
1614 मुटँ मुट् U सेट् मोटि	Root 1534	मूमुट
1615 पडिँ पण्ड् U सेट् पण्डि	Root 1535	पपण्ड
1616 पसिँ पंस् U सेट् पंसि	Root 1535	पपंस
1617 व्रजँ व्रज् U सेट् व्राजि	Root 1540	विव्रज
1618 शुल्कँ शुल्क् U सेट् शुल्कि	Root 1538	शुशुल्क
1619 चपिँ चम्प् U सेट् चम्पि	Root 1535	चचम्प
1620 क्षपिँ क्षम्प् U सेट् क्षम्पि	Root 1535, लुङ् 7.4.62 च्	चक्षम्प
1621 छजिँ छञ्ज् U सेट् छञ्जि	Root 1535, लङ् लृङ् लुङ् 6.1.73 तुक् 8.4.40 च्	चच्छञ्ज
1622 श्वर्तँ श्वर्त् U सेट् श्वर्ति	Root 1538	शश्वर्त
1623 श्वभ्रँ श्वभ्र् U सेट् श्वभ्रि	Root 1538	शश्वभ्र

1624 Begin ज्ञपादिः अन्तर्गणः । Ganasutra ज्ञप मिच्च । 6.4.92 मितां ह्रस्वः ।

1624 ज्ञपँ ज्ञप् U सेट् ज्ञपि	3.1.25 7.2.116 ज्ञापि 6.4.92 ज्ञपि 3.1.68 7.3.84 6.1.78 ज्ञपय	3.1.25 7.2.116 ज्ञापि 6.4.92 ज्ञपि 3.1.68 7.3.84 6.1.78 ज्ञपय	3.1.25 7.2.116 ज्ञापि 6.4.92 ज्ञपि 3.1.68 7.3.84 6.1.78 ज्ञपय	3.1.25 7.2.116 ज्ञापि 6.4.92 ज्ञपि 3.1.68 7.3.84 6.1.78 ज्ञपय	3.1.25 7.2.116 ज्ञापि 6.4.92 ज्ञपि 7.2.35 7.3.84 6.1.78 ज्ञपयि 8.3.59 ष्	3.1.25 7.2.116 ज्ञापि 6.4.92 ज्ञपि 7.2.35 7.3.84 6.1.78 ज्ञपयि 8.3.59 ष्	3.1.25 7.2.116 ज्ञापि 6.4.92 ज्ञपि 7.2.35 7.3.84 6.1.78 ज्ञपयि	3.1.25 7.2.116 ज्ञापि 6.4.92 ज्ञपि P 6.4.51 ज्ञप् A 7.2.35 7.3.84 6.1.78 ज्ञपयि	3.1.25 7.2.116 ज्ञापि 6.4.92 ज्ञपि 3.1.35 3.1.40	3.1.25 7.2.116 ज्ञापि 6.4.92 ज्ञपि 3.1.48 6.1.11 6.4.51 7.4.60 7.4.79 जिज्ञप

1625 यमँ यम् U सेट् यमि	Root 1624, लुङ् 7.4.79 यि 7.4.94 यी	यीयम
1626 चहँ चह् U सेट् चहि	Root 1625	चीचह
1627 रहँ रह् U सेट् रहि	Root 1625	रीरह
1628 बलँ बल् U सेट् बलि	Root 1625	बीबल
1629 चिञ् चि U सेट् चयि / चपि	चयि - 3.1.25 7.2.115 6.1.78 चायि 6.4.92 चयि, लुङ् 7.4.59 7.4.94 चपि - 3.1.25 6.1.54 7.3.36 चापि 6.4.92 चपि, लुङ् 7.4.79 7.4.94 Option U शप् since ञित्	चीचय चीचप

1629 End ज्ञपादिः ।

1630 घट्टँ घट्ट् U सेट् घट्टि	Root 1538, लुङ् 7.4.62 झ् 8.4.54 ज्	जघट्ट
1631 मुस्तँ मुस्त् U सेट् मुस्ति	Root 1538	मुमुस्त
1632 खट्टँ खट्ट् U सेट् खट्टि	Root 1538, लुङ् 7.4.62 छ् 8.4.54 च्	चखट्ट
1633 षट्टँ सट्ट् U सेट् सट्टि	6.1.64 स् Root 1538	ससट्ट
1634 स्फिट्टँ स्फिट्ट् U सेट् स्फिट्टि	Root 1538	पिस्फिट्ट
1635 चुबिँ चुम्ब् U सेट् चुम्बि	Root 1535	चुचुम्ब
1636 पूलँ पूल् U सेट् पूलि	Root 1603	पूपुल
1637 पुंसं पुंस् U सेट् पुंसि	Root 1538	पुपुंस
1638 टकिं टङ्क् U सेट् टङ्कि	Root 1535	टटङ्क
1639 धूसँ धूस् U सेट् धूसि	Root 1603	दूधुस
1640 कीटँ कीट् U सेट् कीटि	Root 1603	चीकिट
1641 चूर्णँ चूर्ण् U सेट् चूर्णि	Root 1538, 7.4.59 चु	चुचूर्ण
1642 पूजँ पुज् U सेट् पूजि	Root 1603	पूपुज
1643 अर्कँ अर्क् U सेट्	Root 1561	आर्चिक
1644 शुठँ शुठ् U सेट् शोठि	Root 1534	शूशुठ
1645 शुठिँ शुण्ठ् U सेट् शुण्ठि	Root 1535	शुशुण्ठ
1646 जुडँ जुड् U सेट् जोडि	Root 1534	जूजुड
1647 गजँ गज् U सेट् गाजि	Root 1540, 7.4.62 ज्	जीगज
1648 मार्जँ मार्ज् U सेट् मार्जि	Root 1538, 7.4.59	ममार्ज्
1649 मर्चँ मर्च् U सेट् मर्चि	Root 1538	ममर्च
1650 घृ घृ U सेट् घारि	Root 1548, लुङ् 7.4.62 झ् 8.4.54 ज् , No Option P शप्	जीघर
1651 पचिँ पञ्च् U सेट् पञ्चि	Root 1535	पपञ्च
1652 तिजँ तिज् U सेट् तेजि	Root 1534	तीतिज

1653 कृतँ कृत् U सेट् किर्ति	7.1.101 किर्त् 3.1.25णिच् किर्ति 3.1.68शप् 7.3.84गुणः 6.1.78 8.2.78 कीर्तय	7.1.101 किर्त् 3.1.25णिच् किर्ति 3.1.68शप् 7.3.84गुणः 6.1.78 8.2.78 कीर्तय	7.1.101 किर्त् 3.1.25णिच् किर्ति 3.1.68शप् 7.3.84गुणः 6.1.78 8.2.78 कीर्तय	7.1.101 किर्त् 3.1.25णिच् किर्ति 3.1.68शप् 7.3.84गुणः 6.1.78 8.2.78 कीर्तय	7.1.101 किर्त् 3.1.25णिच् किर्ति 7.2.35इट् 7.3.84गुणः 6.1.78 8.2.78 कीर्तयि 8.3.59 ष्	7.1.101 किर्त् 3.1.25णिच् किर्ति 7.2.35इट् 7.3.84गुणः 6.1.78 8.2.78 कीर्तयि 8.3.59 ष्	7.1.101 किर्त् 3.1.25णिच् किर्ति 7.2.35इट् 7.3.84गुणः 6.1.78 8.2.78 कीर्तयि	7.1.101 किर्त् 3.1.25णिच् किर्ति P 6.4.51 किर्त् A 7.2.35इट् 7.3.84गुणः 6.1.78 8.2.78	7.1.101 किर्त् 3.1.25णिच् किर्ति Root 1548	7.1.101 किर्त् 3.1.25णिच् किर्ति Root 1548 7.4.62 च् चिकीर्त 7.4.7 Option चीकृत

	कीर्तयि 8.3.59 ष्	
1654 वर्धँ वर्ध् U सेट् वर्धि	Root 1538	ववर्ध
1655 कुबिँ कुम्ब् U सेट् कुम्बि	Root 1535, लुङ् 7.4.62	चुकुम्ब
1656 लुबिँ लुम्ब् U सेट् लुम्बि	Root 1535	लुलुम्ब
1657 तुबिँ तुम्ब् U सेट् तुम्बि	Root 1535	तुतुम्ब
1658 ह्लपँ ह्लप् U सेट् ह्लापि	Root 1540, 7.4.62 झ् 8.4.54 ज्	जिह्लप
1659 चुटिँ चुण्ट् U सेट् चुण्टि	Root 1535	चुचुण्ट
1660 इलँ इल् U सेट् एलि	Root 1534, लङ् लृङ् लुङ् 6.4.72 6.1.90 , लुङ् 6.1.2	ऐलिल
1661 म्रक्षँ म्रक्ष् U सेट् म्रक्षि	Root 1538, लुङ् 7.4.60	मम्रक्ष
1662 म्लेछँ म्लेच्छ् U सेट् म्लेच्छि	Root 1538, लङ् लृङ् लुङ् 6.1.75 तुक् 8.4.40 च् , लुङ् 7.4.60 7.4.59	मिम्लेच्छ
1663 ब्रूसँ ब्रूस् U सेट् ब्रूसि	Root 1538, लुङ् 7.4.60 7.4.59	बुब्रूस
1664 बर्हँ बर्ह् U सेट् बर्हि	Root 1538	बबर्ह
1665 गुर्दँ गुर्द् U सेट् गूर्दि	8.2.78 गूर्द् Root 1538, लुङ् 7.4.62 ज् 7.4.59	जुगूर्द
1666 जसिँ जंस् U सेट् जंसि	Root 1535	जजंस
1667 ईडँ ईड् U सेट् ईडि	Root 1549	ऐडिड
1668 जसुँ जस् U सेट् जासि	Root 1540, Option P शप्	जीजस
1669 पिडिँ पिण्ड् U सेट् पिण्डि	Root 1535	पिपिण्ड
1670 रुषँ रुष् U सेट् रोषि	Root 1534	रूरुष
1671 डिपँ डिप् U सेट् डेपि	Root 1534	डीडिप
1672 ष्टुपँ स्तुप् U सेट् स्तोपि	Root 1534, लुङ् 7.4.61 8.3.59 ष् 8.4.41 ट्	तुष्टुप

1673 Begin आकुस्मीयः अन्तर्गणः । Ganasutra आकुस्मादात्मनेपदिनः । Atmanepada Roots

1673 चितँ चित् A सेट् चेति	A Root 1534	चीचित
1674 दशिँ दंश् A सेट् दंशि	A Root 1535, Option P शप्	ददंश
1675 दसिँ दंस् A सेट् दंसि	A Root 1535, Option P शप्	ददंस
1676 डपँ डप् A सेट् डापि	A Root 1540	डीडप
1677 डिपँ डिप् A सेट् डेपि	A Root 1534	डीडिप
1678 तत्रिँ तन्त्र् A सेट् तन्त्रि	A Root 1536, No Option P शप्	ततन्त्र
1679 मत्रिँ मन्त्र् A सेट् मन्त्रि	A Root 1536, No Option P शप्	ममन्त्र
1680 स्पशँ स्पश् A सेट् स्पाशि	A Root 1540, लुङ् 7.4.61 7.4.59	पस्पश
1681 तर्जँ तर्ज् A सेट् तर्जि	A Root 1538	ततर्ज
1682 भर्त्सँ भर्त्स् A सेट् भर्त्सि	A Root 1538, लुङ् 8.4.54	बभर्त्स
1683 बस्तँ बस्त् A सेट् बस्ति	A Root 1538	बबस्त
1684 गन्धँ गन्ध् A सेट् गन्धि	A Root 1538, लुङ् 7.4.62	जगन्ध
1685 विष्कँ विष्क् A सेट् विष्कि	A Root 1538	विविष्क
1686 निष्कँ निष्क् A सेट् निष्कि	A Root 1538	निनिष्क
1687 ललँ लल् A सेट् लालि	A Root 1540	लीलल
1688 कूणँ कूण् A सेट् कूणि	A Root 1603, लुङ् 7.4.62	चूकुण
1689 तूणँ तूण् A सेट् तूणि	A Root 1603	तूतुण
1690 भ्रूणँ भ्रूण् A सेट् भ्रूणि	A Root 1603, लुङ् 7.4.1 8.4.54	बुभ्रुण
1691 शठँ शठ् A सेट् शाठि	A Root 1540	शीशठ
1692 यक्षँ यक्ष् A सेट् यक्षि	A Root 1538	ययक्ष
1693 स्यमँ स्यम् A सेट् स्यामि	A Root 1540, लुङ् 7.4.59 7.4.79	सिस्यम

1694 गूरँ गूर् A सेट् गूरि	A Root 1603, लुङ् 7.4.62 ज् 7.4.59 7.4.94	जूगुर
1695 शमँ शम् A सेट् शामि	A Root 1540	शीशम
1696 लक्षँ लक्ष् A सेट् लक्षि	A Root 1538	ललक्ष
1697 कुत्सँ कुत्स् A सेट् कुत्सि	A Root 1538, लुङ् 7.4.62	चुकुत्स
1698 त्रुटँ त्रुट् A सेट् त्रोटि	A Root 1534, लुङ् 7.4.1 7.4.60	तुत्रुट
1699 गलँ गल् A सेट् गालि	A Root 1540, लुङ् 7.4.62 ज्	जीगल
1700 भलँ भल् A सेट् भालि	A Root 1540, लुङ् 8.4.54 ब्	बीभल
1701 कूटँ कूट् A सेट् कूटि	A Root 1603, लुङ् 7.4.62 च् 7.4.94	चूकुट
1702 कुट्टँ कुट्ट् A सेट् कुट्टि	A Root 1538, लुङ् 7.4.62 च्	चुकुट्ट
1703 वञ्चुँ वञ्च् A सेट् वञ्चि	A Root 1538, Option P शप्	ववञ्च
1704 वृषँ वृष् A सेट् वर्षि	A Root 1534, लुङ् Optional forms by 7.4.7	ववर्ष / वीवृष
1705 मदँ मद् A सेट् मादि	A Root 1540	मीमद
1706 दिवुँ दिव् A सेट् देवि	A Root 1534, लुङ् 7.4.94 , Option P शप्	दीदिव
1707 गृ गृ A सेट् गारि	A Root 1650	जीगर
1708 विदँ विद् A सेट् वेदि	A Root 1534	वीविद
1709 मानँ मान् A सेट् मानि	A Root 1538, लुङ् A Root 1609	मीमन

1710 यु यु A सेट् यावि	7.2.115यौ 3.1.25णिच् यौ इ 6.1.78 यावि A Root 1548	7.2.115यौ 3.1.25णिच् यौ इ 6.1.78 यावि A Root 1548	7.2.115यौ 3.1.25णिच् यौ इ 6.1.78 यावि A Root 1548	7.2.115यौ 3.1.25णिच् यौ इ 6.1.78 यावि A Root 1548	7.2.115यौ 3.1.25णिच् यौ इ 6.1.78 यावि A Root 1548	7.2.115यौ 3.1.25णिच् यौ इ 6.1.78 यावि A Root 1548	7.2.115यौ 3.1.25णिच् यौ इ 6.1.78 यावि A Root 1548	7.2.115यौ 3.1.25णिच् यौ इ 6.1.78 यावि A Root 1548	7.2.115यौ 3.1.25णिच् यौ इ 6.1.78 यावि A Root 1548	7.2.115यौ 3.1.25णिच् यौ इ 6.1.78 यावि A Root 1548 7.4.80 यि 7.4.94 यी यीयव

1711 कुस्मँ कुस्म् A सेट् कुस्मि	A Root 1538, लुङ् 7.4.62 च्	चुकुस्म

1711 End आकुस्मीयः ।

1712 चर्चँ चर्च् U सेट् चर्चि	Root 1538	चचर्च
1713 बुक्कँ बुक्क् U सेट् बुक्कि	Root 1538	बुबुक्क
1714 शब्दँ शब्द् U सेट् शब्दि	Root 1559	शशब्द
1715 कणँ कण् U सेट् काणि	Root 1540, लुङ् 7.4.62 च्	चकाण
1716 जभिँ जम्भ् U सेट् जम्भि	Root 1535	जजम्भ
1717 षूदँ सूद् U सेट् सूदि	6.1.64 स् Root 1603, लुङ् 7.4.94 8.3.59	सूषुद
1718 जसुँ जस् U सेट् जासि	Root 1540, Option P शप्	जीजस
1719 पशँ पश् U सेट् पाशि	Root 1540	पीपश
1720 अमँ अम् U सेट् आमि	Root 1540, लङ् लृङ् लुङ् 6.4.72 6.1.90, लुङ् 6.1.2	आमिम
1721 चटँ चट् U सेट् चाटि	Root 1540	चीचट
1722 स्फुटँ स्फुट् U सेट् स्फोटि	Root 1534, लुङ् 7.4.61 8.4.54 प्	पुस्फुट
1723 घटँ घट् U सेट् घाटि	Root 1540, लुङ् 7.4.62 झ् 8.4.54 ज्	जीघट
1724 दिवुँ दिव् U सेट् देवि	Root 1534, Option P शप्	दीदिव

1725 अर्जँ अर्ज् U सेट् अर्जि	Root 1538, लङ् लृङ् लुङ् 6.4.72 6.1.90, लुङ् 6.1.2	आर्जिज
1726 घुषिँर् घुष् U सेट् घोषि	Root 1534, लुङ् 7.4.62 झ् 8.4.54 ज् , Option P शप्	जूघुष
1727 आङः क्रन्दँ क्रन्द् U सेट् क्रन्दि	Root 1538, लुङ् 7.4.62 च्	चक्रन्द
1728 लसँ लस् U सेट् लासि	Root 1540	लीलस
1729 तसिँ तंस् U सेट् तंसि	Root 1535	ततंस
1730 भूषँ भूष् U सेट् भूषि	Root 1538, लुङ् 7.4.59 8.4.54	बूभुष
1731 अर्हँ अर्ह् U सेट् अर्हि	Root 1725, लुङ् 7.4.62 झ् 8.4.54 ज्	आर्जिह

1732 ज्ञा ज्ञा U सेट् ज्ञापि	7.3.36पुक् 3.1.25णिच् ज्ञापि	7.3.36पुक् 3.1.25णिच् ज्ञापि	7.3.36पुक् 3.1.25णिच् ज्ञापि	7.3.36पुक् 3.1.25णिच् ज्ञापि	7.3.36पुक् 3.1.25णिच् ज्ञापि	7.3.36पुक् 3.1.25णिच् ज्ञापि	7.3.36पुक् 3.1.25णिच् ज्ञापि	7.3.36पुक् 3.1.25णिच् ज्ञापि	7.3.36पुक् 3.1.25णिच् ज्ञापि	7.3.36पुक् 3.1.25णिच् ज्ञापि
	3.1.68शप् 7.3.84गुणः 6.1.78 ज्ञापय	3.1.68शप् 7.3.84गुणः 6.1.78 ज्ञापय	3.1.68शप् 7.3.84गुणः 6.1.78 ज्ञापय	3.1.68शप् 7.3.84गुणः 6.1.78 ज्ञापय	7.2.35इट् 7.3.84गुणः 6.1.78 ज्ञापयि 8.3.59 ष्	7.2.35इट् 7.3.84गुणः 6.1.78 ज्ञापयि 8.3.59 ष्	7.2.35इट् 7.3.84गुणः 6.1.78 ज्ञापयि	P 6.4.51 ज्ञाप् A 7.2.35इट् 7.3.84गुणः 6.1.78 ज्ञापयि 8.3.59 ष्	3.1.35आम् 3.1.40 कृ Root 1548	3.1.48चङ् 7.4.1 6.4.51 7.4.60 7.4.59 7.4.79 जिज्ञप

1733 भजँ भज् U सेट् भाजि	Root 1540, लुङ् 8.4.54 ब्	बीभज
1734 शृधुँ शृध् U सेट् शृधि	Root 1554, लुङ् 7.4.7 Option , Option P शप्	शशर्ध / शीशृध
1735 यतँ यत् U सेट् याति	Root 1540	यीयत
1736 रकँ रक् U सेट् राकि	Root 1540	रीरक
1737 लगँ लग् U सेट् लागि	Root 1540	लीलग
1738 अञ्चुँ अञ्च् U सेट् अञ्चि	Root 1725, Option P शप्	आञ्चिच
1739 लिगिँ लिङ्ग् U सेट् लिङ्गि	Root 1535	लिलिङ्ग
1740 मुदँ मुद् U सेट् मोदि	Root 1534	मूमुद
1741 त्रसँ त्रस् U सेट् त्रासि	Root 1540, लुङ् 7.4.60 7.4.79	तित्रस
1742 उँध्रसँ ध्रस U सेट् ध्रासि	Root 1553, लुङ् 8.4.54 द् , Option P शप्	दिध्रस
1743 मुचँ मुच् U सेट् मोचि	Root 1534	मूमुच
1744 वसँ वस् U सेट् वासि	Root 1540	वीवस
1745 चरँ चर् U सेट् चारि	Root 1540	चीचर
1746 च्यु च्यु U सेट् च्यावि	Root 1710 + Root 1548, लुङ् 6.1.11 7.4.1 6.4.51 7.4.60 7.4.59	चुच्यव
1747 भू भू U सेट् भावि	Root 1710 + Root 1548, लुङ् 6.1.11 7.4.1 6.4.51 7.4.59 7.4.80 7.4.94 8.4.54	बीभव
1748 कृपँ क्लृप् U सेट् कल्पि	8.2.18 क्लृप् Root 1554, लुङ् 7.4.7 Option	चकल्प / चीक्लृप

1749 Begin आस्वदीयः अन्तर्गणः । Ganasutra आस्वदः सकर्मकात् ।

These Roots are already present in 1c-9c, and listed again in 10c with Transitive. Here Optional P शप् is only for इदित् , उदित् Roots, not otherwise.

1749 ग्रसँ ग्रस् U सेट् ग्रासि	Root 1553, लुङ् 7.4.62 ज्	जिग्रस

1750 पुषँ पुष् U सेट् पोषि	Root 1534	पूपुष
1751 दलँ दल् U सेट् दालि	Root 1540	दीदल
1752 पटँ पट् U सेट् पाटि	Root 1540	पीपट
1753 पुटँ पुट् U सेट् पोटि	Root 1534	पूपुट
1754 लुटँ लुट् U सेट् लोटि	Root 1534	लूलुट
1755 तुजिँ तुञ्ज् U सेट् तुञ्जि	Root 1535, Option P शप्	तुतुञ्ज
1756 मिजिँ मिञ्ज् U सेट् मिञ्जि	Root 1535, Option P शप्	मिमिञ्ज
1757 पिजिँ पिञ्ज् U सेट् पिञ्जि	Root 1535, Option P शप्	पिपिञ्ज
1758 लुजिँ लुञ्ज् U सेट् लुञ्जि	Root 1535, Option P शप्	लुलुञ्ज
1759 भजिँ भञ्ज् U सेट् भञ्जि	Root 1535, Option P शप्	बभञ्ज
1760 लघिँ लङ्घ् U सेट् लङ्घि	Root 1535, Option P शप्	ललङ्घ
1761 त्रसिँ त्रंस् U सेट् त्रंसि	Root 1535, Option P शप्	तत्रंस
1762 पिसिँ पिंस् U सेट् पिंसि	Root 1535, Option P शप्	पिपिंस
1763 कुसिँ कुंस् U सेट् कुंसि	Root 1535, Option P शप्	चुकुंस
1764 दशिँ दंश् U सेट् दंशि	Root 1535, Option P शप्	ददंश
1765 कुशिँ कुंश् U सेट् कुंशि	Root 1535, Option P शप्	चुकुंश
1766 घटँ घट् U सेट् घाटि	Root 1540	जीघट
1767 घटिँ घण्ट् U सेट् घण्टि	Root 1535, Option P शप्	जघण्ट
1768 बृहिँ बृंह् U सेट् बृंहि	Root 1535, Option P शप्	बबृंह
1769 बर्हँ बर्ह् U सेट् बर्हि	Root 1538	बबर्ह
1770 बल्हँ बल्ह् U सेट् बल्हि	Root 1538	बबल्ह
1771 गुपँ गुप् U सेट् गोपि	Root 1534	जूगुप
1772 धूपँ धूप् U सेट् धूपि	Root 1538, लुङ् 7.4.59 7.4.94 8.4.54	दूधुप
1773 विछँ विच्छ् U सेट् विच्छि	6.1.73 तुक् 8.4.40 च् Root 1538	विविच्छ
1774 चीवँ चीव् U सेट् चीवि	Root 1538, लुङ् 7.4.59 7.4.94	चीचिव
1775 पुथँ पुथ् U सेट् पोथि	Root 1534	पूपुथ
1776 लोकृँ लोक् U सेट् लोकि	Root 1538, लुङ् 7.4.59	लुलोक
1777 लोचृँ लोच् U सेट् लोचि	Root 1776	लुलोच
1778 णदँ नद् U सेट् नादि	6.1.65 न् Root 1540	नीनद
1779 कुपँ कुप् U सेट् कोपि	Root 1534, लुङ् 7.4.62 च्	चूकुप
1780 तर्कँ तर्क् U सेट् तर्कि	Root 1538	ततर्क
1781 वृतुँ वृत् U सेट् वर्ति	Root 1554, लुङ् 7.4.7 Option, Option P शप्	ववर्त / वीवृत
1782 वृधुँ वृध् U सेट् वर्धि	Root 1554, लुङ् 7.4.7 Option, Option P शप्	ववर्ध / वीवृध
1783 रुटँ रुट् U सेट् रोटि	Root 1534	रूरुट
1784 लजिँ लञ्ज् U सेट् लञ्जि	Root 1535, Option P शप्	ललञ्ज
1785 अजिँ अञ्ज् U सेट् अञ्जि	Root 1535, लङ् लृङ् लुङ् 6.4.72 6.1.90 , लुङ् 6.1.2	आञ्जिज
1786 दसिँ दंस् U सेट् दंसि	Root 1535, Option P शप्	ददंस
1787 भृशिँ भृंश् U सेट् भृंशि	Root 1535, Option P शप्	बभृंश
1788 रुशिँ रुंश् U सेट् रुंशि	Root 1535, Option P शप्	रुरुंश
1789 शीकँ शीक् U सेट् शीकि	Root 1538, लुङ् 7.4.59 7.4.94	शीशिक
1790 रुसिँ रुंस् U सेट् रुंसि	Root 1535, Option P शप्	रुरुंस
1791 नटँ नट् U सेट् नाटि	Root 1540	नीनट
1792 पुटिँ पुण्ट् U सेट् पुण्टि	Root 1535, Option P शप्	पुपुण्ट
1793 जि जि U सेट् जायि	Root 1710 + Root 1548, लुङ् 6.1.11 7.4.1 6.4.51 7.4.59 7.4.94	जीजय

1794 चि चि U सेट् चायि Root 1793 चीचय
1795 रधिँ रन्ध् U सेट् रन्धि Root 1535, Option P शप् ररन्ध
1796 लघिँ लङ्घ् U सेट् लङ्घि Root 1535, Option P शप् ललङ्घ
1797 अहिँ अंह् U सेट् अंहि Root 1785, लुङ् 6.1.2 7.4.62 झ् 8.4.54 ज् , Option P शप् आञ्जिह
1798 रहिँ रंह् U सेट् रंहि Root 1535, Option P शप् ररंह
1799 महिँ मंह् U सेट् मंहि Root 1535, Option P शप् ममंह
1800 लडिँ लण्ड् U सेट् लण्डि Root 1535, Option P शप् ललण्ड
1801 तडँ तड् U सेट् ताडि Root 1540 तीतड
1802 नलँ नल् U सेट् नालि Root 1540 नीनल
1803 पूरीँ पूर् U सेट् पूरि Root 1538, लुङ् 7.4.59 7.4.94 पूपुर
1804 रुजँ रुज् U सेट् रोजि Root 1534 रूरुज
1805 ष्वदँ स्वद् U सेट् स्वादि Root 1540, लुङ् 7.4.79 8.3.59 सिष्वद

1805 End आस्वदीयः ।

1806 Begin आधृषीयः अन्तर्गणः (युजादिः) । Ganasutra आधृषाद्वा । Optional P शप् forms

These Roots will have Optional Parasmaipada शप् forms like 1c.

1806 युजँ युज् U सेट् योजि Root 1534 यूयुज
1807 पृचँ पृच् U सेट् पर्चि Root 1554, लुङ् 7.4.7 Option. पपर्च / पीपृच
1808 अर्चँ अर्च् U सेट् अर्चि Root 1549, लुङ् 6.1.2 आर्चिच
1809 षहँ सह् U सेट् साहि 6.1.64 स् Root 1540, लुङ् 8.3.59 ष् सीषह
1810 ईरँ ईर् U सेट् ईरि Root 1538, लङ् लृङ् लुङ् 6.4.72 6.1.90, लुङ् 6.1.2 6.1.87 ऐरिर
1811 ली ली U सेट् लायि / लीनि Root 1793 लायि , लीलय /
पक्षे 7.3.39 नुक् लीनि, लुङ् 6.1.11 7.4.1 6.4.51 7.4.59 7.4.94 लीलिन
1812 वृजीँ वृज् U सेट् वर्जि Root 1554, लुङ् 7.4.7 Option ववर्ज / वीवृज
1813 वृञ् वृ U सेट् वारि Root 1548 वीवर
Option U शप् since ञित्
1814 जॄ जॄ U सेट् जारि Root 1548 जीजर
1815 ज्रि ज्रि U सेट् ज्रायि Root 1710 + Root 1548, लुङ् 6.1.11 7.4.1 6.4.51 7.4.60 7.4.59 जिज्रय
1816 रिचँ रिच् U सेट् रेचि Root 1534 रीरिच
1817 शिषँ शिष् U सेट् शेषि Root 1534 शीशिष
1818 तपँ तप् U सेट् तापि Root 1540 तीतप
1819 तृपँ तृप् U सेट् तर्पि Root 1554, P लोट् i/1 8.4.2, लुङ् 7.4.7 Option ततर्प / तीतृप
1820 छृदीँ छृद् U सेट् छर्दि Root 1554, लङ् लृङ् लुङ् 6.1.73 तुक् 8.4.40 च् , लुङ् No 7.4.94 चिच्छृद्
1821 दृभीँ दृभ् U सेट् दर्भि Root 1554, लुङ् 7.4.7 Option ददर्भ / दीदृभ
1822 दृभँ दृभ् U सेट् दर्भि Identical Root 1821 ददर्भ / दीदृभ
1823 श्रथँ श्रथ् U सेट् श्राथि Root 1540, लुङ् No 7.4.94 शिश्रथ्
1824 मी मी U सेट् मायि Root 1793 मीमय
1825 ग्रन्थँ ग्रन्थ् U सेट् ग्रन्थि Root 1538, लुङ् 7.4.62 ज् जग्रन्थ्
1826 शीकँ शीक् U सेट् शीकि Root 1609, लुङ् No 7.4.79 शीशिक्
1827 चीकँ चीक् U सेट् चीकि Root 1826 चीचिक्

1828 अर्दँ अर्द् U सेट् अर्दि	Root 1561	आर्दिद
1829 हिसिँ हिंस् U सेट् हिंसि	Root 1535	जिहिंस
1830 अर्हँ अर्ह् U सेट् अर्हि	Root 1561, P लोट् i/1 8.4.2, लुङ् 6.1.2 7.4.62 झ् 8.4.54 ज्	आर्जिह
1831 आङः षदँ सद् U सेट्* सादि	6.1.64 स् , Root 1540, लुङ् 8.3.59 ष्	सीषद्
1832 शुन्धँ शुन्ध् U सेट् शुन्धि	Root 1538	शुशुन्ध्
1833 छदँ छद् U सेट् छादि	Root 1540, लङ् लृङ् लुङ् 6.1.73 तुक् 8.4.40 च् , Option U शप्	No 7.4.79 चिच्छद्
1834 जुषँ जुष् U सेट् जोषि	Root 1534, लोट् i/1 8.4.2	जूजुष
1835 धूञ्	धावि Root 1710 + Root 1548, लुङ् 6.1.11 7.4.1 6.4.51 7.4.59 7.4.94 8.4.54	दूधव /
धू U सेट्	पक्षे धूनि 7.3.37 नुक् Vartika, धून् , Root 1538, लुङ् 6.1.11 7.4.1 6.4.51 7.4.59 7.4.94 8.4.54	दूधुन
धावि /धूनि	Option U शप् since ञित्	
1836 प्रीञ्	प्रायि Root 1710 + Root 1548, लुङ् 6.1.11 7.4.1 6.4.51 7.4.60 7.4.59	पिप्रय /
प्री U सेट्	पक्षे प्रीणि 7.3.37 नुक् Vartika, प्रीन् 8.4.2 प्रीण् , Root 1538, लुङ् 6.1.11 7.4.1 6.4.51 7.4.60 7.4.59	पिप्रिण
प्रायि/प्रीणि	Optional U शप् since ञित्	
1837 श्रन्थँ श्रन्थ् U सेट् श्रन्थि	Root 1538, Option P शप्	शश्रन्थ्
1838 ग्रन्थँ ग्रन्थ् U सेट् ग्रन्थि	Root 1538, लुङ् 7.4.62 ज् , Option P शप्	जग्रन्थ्
1839 आपॄँ आप् U सेट् आपि	Root 1561	आपिप
1840 तनुँ तन् U सेट् तानि	Root 1540, Option P शप्	तीतन
1841 वदँ वद् U सेट् वादि	Root 1540, Option U शप्	वीवद
1842 वचँ वच् U सेट् वाचि	Root 1540, Option P शप्	वीवच
1843 मानँ मान् U सेट् मानि	Root 1609, लुङ् 7.4.79 7.4.94	मीमन
1844 भू भू A* सेट् भावि	A Root 1747	बीभव
1845 गर्हँ गर्ह् U सेट् गर्हि	Root 1538, लुङ् 7.4.62 ज्	जगर्ह
1846 मार्गँ मार्ग् U सेट् मार्गि	Root 1609, लुङ् 3.1.48 6.1.11 6.4.51 7.4.60 7.4.59	ममार्ग
1847 कठिँ कण्ठ् U सेट् कण्ठि	Root 1535, लुङ् 7.4.62 च्	चकण्ठ
1848 मृजूँ मृज् U सेट् मार्जि	7.2.114 वृद्धिः , Root 1846. Vartika says वृद्धिः is Optional, When facing अजादिः कित् ङित् Affix. In लुङ् the चङ् is ङित् affix, by इ of णिच् it becomes अजादिः ङित् hence Optional forms without वृद्धिः	Root 1554 7.2.114 Optionवृद्धि
1849 मृषँ मृष् U सेट् मर्षि	Root 1554, लुङ् 7.4.7 Option	ममर्ष / मीमृष
1850 धृषँ धृष् U सेट् धर्षि	Root 1554, लुङ् 8.4.54 द् 7.4.7 Option	दधर्ष / दीधृष

1850 End आधृषीयः अन्तर्गणः ।

1851 Begin अदन्ताः अन्तर्गणः (कथादीयः) । Ganasutra अथादन्ताः । 6.4.48 अतो लोपः ।

Now Roots that have final अकारः that is not a Tag letter. However by 6.4.48 the अ gets dropped.
For these Roots, the Guna cannot happen by णिच् since final vowel is अ, and penultimate is always a consonant.

1851 कथ कथ् U सेट् कथि	Root 1854. लुङ् 7.4.62	चकथ
1852 वर वर् U सेट् वरि	Root 1854. लोट् P i/1 8.4.2 ण्	ववर
1853 गण गण् U सेट् गणि	Root 1854. लुङ् 7.4.62 Option 7.4.97 ई	जगण / जीगण

1854 शठ	शठ	शठ	शठ	शठ	शठ	शठ	शठ	शठ	कथ	शठ
शठ् U सेट्	6.4.48	6.4.48	6.4.48	6.4.48	6.4.48	6.4.48	6.4.48	6.4.48	6.4.48	6.4.48
शठि	शठ्	शठ्	शठ्	शठ्	शठ्	शठ्	शठ्	शठ्	कथ्	शठ्

3.1.25णिच् शठि 3.1.68 **शप्** 7.3.84गुणः शठे अ 6.1.78 शठय	3.1.25णिच् शठि 3.1.68 **शप्** 7.3.84गुणः शठे अ 6.1.78 शठय	3.1.25णिच् शठि 3.1.68 **शप्** 7.3.84गुणः शठे अ 6.1.78 शठय	3.1.25णिच् शठि 3.1.68 **शप्** 7.3.84गुणः शठे अ 6.1.78 शठय	3.1.25णिच् शठि 3.1.68 **शप्** 7.3.84गुणः शठे अ 6.1.78 शठय 7.2.35इट् शठयि	3.1.25णिच् शठि 3.1.68 **शप्** 7.3.84गुणः शठे अ 6.1.78 शठय 7.2.35इट् शठयि	3.1.25णिच् शठि 3.1.68 **शप्** 7.3.84गुणः शठे अ 6.1.78 शठय 7.2.35इट् शठयि	3.1.25णिच् शठि P 3.4.104 6.4.51 शठ्या A 3.4.102 शठयि 8.3.59 ष् ii/3 Option 8.3.79 ढ्	3.1.25णिच् कथि 3.1.68 **शप्** 7.3.84गुणः कथे अ 6.1.78 कथय 3.1.35आम् कथयाम् 8.3.24 ं 8.4.58 ञ् कथयाञ् 3.1.40 कृ	3.1.25णिच् शठि 3.1.48चङ् 6.4.51 शठ् 6.1.11 शठ् शठ् 7.4.60 श शठ्

1855 श्वठ श्वठ् U सेट् श्वठि	Root 1854	शश्वठ
1856 पट पट् U सेट् पटि	Root 1854	पपट
1857 वट वट् U सेट् वटि	Root 1854	ववट
1858 रह रह् U सेट् रहि	Root 1854	ररह
1859 स्तन स्तन् U सेट् स्तनि	Root 1854. लुङ् 7.4.61	तस्तन
1860 गदी गद् U सेट् गदि	Here the ईकारः is for enunciation, not a Tag. Root 1854. लुङ् 7.4.62	जगद
1861 पत पत् U सेट् पति / पाति	अदन्त पत as Root 1854 Option णिजन्त पतँ as Root 1540 Optional P शप् forms also	**अदन्त पपत** / णिजन्त पीपत
1862 पष पष् U सेट् पषि	Root 1852	पपष
1863 स्वर स्वर् U सेट् स्वरि	Root 1852	सस्वर
1864 रच रच् U सेट् रचि	Root 1854	ररच
1865 कल कल् U सेट् कलि	Root 1854. लुङ् 7.4.62	चकल
1866 चह चह् U सेट् चहि	Root 1854	चचह
1867 मह मह् U सेट् महि	Root 1854	ममह
1868 सार सार् U सेट् सारि	Root 1852	ससार
1869 कृप कृप् U सेट् कृपि	Root 1852. No Guna since penultimate letter is प् and final letter is अ	चकृप
1870 श्रथ श्रथ् U सेट् श्रथि	Root 1854	शश्रथ
1871 स्पृह स्पृह् U सेट् स्पृहि	Root 1852. लुङ् 7.4.61 7.4.66	पस्पृह
1872 भाम भाम् U सेट् भामि	Root 1854. लुङ् 8.4.54	बभाम
1873 सूच सूच् U सेट् सूचि	Root 1854. लुङ् 7.4.59	सुसूच
1874 खेट खेट् U सेट् खेटि	Root 1854. लुङ् 7.4.62 छे 7.4.59 छि 8.4.54 चि	चिखेट
1875 क्षोट क्षोट् U सेट् क्षोटि	Root 1854. लुङ् 7.4.62 चो 7.4.59 चु	चुक्षोट
1876 गोम गोम् U सेट् गोमि	Root 1854. लुङ् 7.4.62 जो 7.4.59 जु	जुगोम
1877 कुमार कुमार् U सेट् कुमारि	Root 1852. लुङ् 7.4.60 कु 7.4.62 चु	चुकुमार
1878 शील शील् U सेट् शीलि	Root 1854. लुङ् 7.4.59 शि	शिशील
1879 साम साम् U सेट् सामि	Root 1854. लुङ् 7.4.59 स	ससाम
1880 वेल वेल् U सेट् वेलि	Root 1854. लुङ् 7.4.59 वि	विवेल
1881 पल्पूल पल्पूल् U सेट् पल्पूलि	Root 1854	पपल्पूल
1882 वात वात् U सेट् वाति	Root 1854. लुङ् 7.4.59 व	ववात
1883 गवेष गवेष् U सेट् गवेषि	Root 1852. लुङ् 7.4.62 ज	जगवेष
1884 वास वास् U सेट् वासि	Root 1854. लुङ् 7.4.59 व	ववास
1885 निवास निवास् U सेट् निवासि	Root 1854	निनिवास

1886 भाज भाज् U सेट् भाजि	Root 1854. लुङ् 7.4.59 भ 8.4.54 ब	बभाज
1887 सभाज सभाज् U सेट् सभाजि	Root 1854	ससभाज
1888 ऊन ऊन् U सेट् ऊनि	Root 1854, लङ् लृङ् लुङ् 6.4.72 6.1.90, लुङ् 6.1.2	औनन
1889 ध्वन ध्वन् U सेट् ध्वनि	Root 1854. लुङ् 8.4.54 द	दध्वन
1890 कूट कूट् U सेट् कूटि	Root 1854. लुङ् 7.4.62 चू 7.4.59 चु	चुकूट
1891 सङ्केत सङ्केत् U सेट् सङ्केति	Root 1854	ससङ्केत
1892 ग्राम ग्राम् U सेट् ग्रामि	Root 1852. लुङ् 7.4.62 जा 7.4.59 ज	जग्राम
1893 कुण कुण् U सेट् कुणि	Root 1854. लुङ् 7.4.62 चु	चुकुण
1894 गुण गुण् U सेट् गुणि	Root 1854. लुङ् 7.4.62 जु	जुगुण
1895 केत केत् U सेट् केति	Root 1854. लुङ् 7.4.62 चे 7.4.59 चि	चिकेत
1896 कूट कूट् U सेट् कूटि	Root 1854. लुङ् 7.4.62 चू 7.4.59 चु	चुकूट
1897 स्तेन स्तेन् U सेट् स्तेनि	Root 1854. लुङ् 7.4.61 ते 7.4.59 ति	तिस्तेन

1898 Begin आगर्वीयः अन्तर्गणः । Ganasutra आगर्वादात्मनेपदिनः । Atmanepada Roots

Roots that have final अकारः that is not a Tag letter. However by 6.4.48 the अ gets dropped.

1898 पद पद् A सेट् पदि	A Root 1854	पपद
1899 गृह गृह् A सेट् गृहि	A Root 1852. लुङ् 7.4.62 जृ 7.4.66 ज , Note: no Guna since penultimate letter is ह्	जगृह
1900 मृग मृग् A सेट् मृगि	A Root 1852. लुङ् 7.4.66 म , Note: no Guna since penultimate letter is ग्	ममृग
1901 कुह कुह् A सेट् कुहि	A Root 1854. लुङ् 7.4.62 चु , Note: no Guna since penultimate letter is ह्	चुकुह
1902 शूर शूर् A सेट् शूरि	A Root 1852. लुङ् 7.4.59 शु	शुशूर
1903 वीर वीर् A सेट् वीरि	A Root 1852. लुङ् 7.4.59 वि	विवीर
1904 स्थूल स्थूल् A सेट् स्थूलि	A Root 1854. लुङ् 7.4.61 थू 7.4.59 थु 8.4.54 तु	तुस्थूल
1905 अर्थ अर्थ् A सेट् अर्थि	A Root 1888. लुङ् 8.4.54 त	आर्तथ
1906 सत्र सत्र् A सेट् सत्रि	A Root 1854	ससत्र
1907 गर्व गर्व् A सेट् गर्वि	A Root 1852. लुङ् 7.4.62 ज	जगर्व

1907 End आगर्वीयः ।

Roots that have final अकारः that is not a Tag letter. However by 6.4.48 the अ gets dropped.
By Siddhanta Kaumudi Roots with final **conjunct** (after dropping अ) shall have Optional P forms, except for सूत्र

1908 सूत्र सूत्र् U सेट् सूत्रि	Root 1538, लुङ् 7.4.59	सुसूत्र
1909 मूत्र मूत्र् U सेट् मूत्रि	Root 1908, Option P णिच् according to Siddhanta Kaumudi	मुमूत्र
1910 रूक्ष रूक्ष् U सेट् रूक्षि	Root 1908, Option P णिच् according to Siddhanta Kaumudi	मुमूत्र
1911 पार पार् U सेट् पारि	Root 1908	पपार
1912 तीर तीर् U सेट् तीरि	Root 1908	तितीर
1913 पुट पुट् U सेट् पुटि	Root 1538, Guna not possible since penultimate letter is consonant	पुपुट
1914 धेक धेक् U सेट् धेकि	Root 1908	दिधेक
1915 कत्र कत्र् U सेट् कत्रि	Root 1538, लुङ् 7.4.62, Option P णिच् according to Siddhanta Kaumudi	चकत्र

1916 Begin नामधातवः अन्तर्गणः । Ganasutra प्रातिपदिकाद्धात्वर्थे बहुलमिष्ठवच्च ।

Roots that have final अकारः that is not a Tag letter. However by 6.4.48 the अ gets dropped.

1916 बष्क बष्क् U सेट् बष्कि	Root 1852	बबष्क
1917 चित्र चित्र् U सेट् चित्रि	Root 1852	चिचित्र

1918 अंस अंस् U सेट् अंसि	Root 1888	आंसस
1919 वट वट् U सेट् वटि	Root 1854	ववट
1920 लज लज् U सेट् लजि	Root 1854	ललज
1921 मिश्र मिश्र् U सेट् मिश्रि	Root 1852	मिमिश्र
1922 **सङ्ग्राम सङ्ग्राम्** A सेट् **सङ्ग्रामि**	Root 1852	**ससङ्ग्राम**
1923 स्तोम स्तोम् U सेट् स्तोमि	Root 1854, लुङ् 7.4.61 7.4.59	तुस्तोम
1924 छिद्र छिद्र् U सेट् छिद्रि	Root 1852, लङ् लृङ् लुङ् 6.1.73 तुक् 8.4.40 च्	चिच्छिद्र
1925 अन्ध अन्ध् U सेट् अन्धि	Root 1918, लुङ् 8.4.54	आन्दध
1926 दण्ड दण्ड् U सेट् दण्डि	Root 1854	ददण्ड
1927 अङ्क अङ्क् U सेट् अङ्कि	Root 1888, लुङ् 7.4.62 8.3.24 8.4.58	आञ्चक
1928 अङ्ग अङ्ग् U सेट् अङ्गि	Root 1888, लुङ् 7.4.62 8.3.24 8.4.58	आञ्जग
1929 सुख सुख् U सेट् सुखि	Root 1854	सुसुख
1930 दुःख दुःख् U सेट् दुःखि	Root 1854	दुदुःख
1931 रस रस् U सेट् रसि	Root 1854	ररस
1932 व्यय व्यय् U सेट् व्ययि	Root 1854	वव्यय
1933 रूप रूप् U सेट् रूपि	Root 1852	रुरूप
1934 छेद छेद् U सेट् छेदि	Root 1924	चिच्छेद
1935 छद छद् U सेट् छदि	Root 1924	चच्छद
1936 लाभ लाभ् U सेट् लाभि	Root 1854. लुङ् 7.4.59	ललाभ
1937 व्रण व्रण् U सेट् व्रणि	Root 1854	वव्रण
1938 वर्ण वर्ण् U सेट् वर्णि	Root 1854	ववर्ण
1939 पर्ण पर्ण् U सेट् पर्णि	Root 1854	पपर्ण
1940 विष्क विष्क् U सेट् विष्कि	Root 1852	विविष्क
1941 क्षिप क्षिप् U सेट् क्षिपि	Root 1852. लुङ् 7.4.62	चिक्षिप
1942 वस वस् U सेट् वसि	Root 1854	ववस
1943 तुत्थ तुत्थ् U सेट् तुत्थि	Root 1854	तुतुत्थ

1943 End नामधातवः ।

1943 End कथादयः अदन्ताः ।

इति स्वार्थणिजन्ताः चुरादयः ॥

॥ इति श्री पाणिनिमुनिप्रणीतः धातुपाठः समाप्तः ॥ END of Dhatupatha

Alphabetical Index of Dhatus

Indexed on original Dhatu as in Dhatupatha.
Contains 1943 Dhatus along with Tag letters.
Shows Dhatu Number which is unique and easily referenced in standard Dhatupathas.

Easily locate dhatus that begin with a tag letter e.g.
उबुन्दिर् 876 , ञिइन्धी 1448 , टुओश्वि 1010 , etc.

Dhatus with णो नः नत्वम् are under ण , e.g. णक्ष 662 , णख 134

Dhatus with षः सः सत्वम् are under ष , e.g. षगे 789 , षघ 1268

इदित् Dhatus e.g. अकि 87 , अजि 1785 , अठि 261

Dhatus that have a penultimate नकार are listed with the नकार changed to the corresponding row class nasal, e.g. अञ्चु 188 , तुम्प 1311

Out of 1943 Roots, there are some 662 Dhatus that are commonly found in literature. These have been highlighted (Print Edition) to aid one's study. Two Dhatus did not make it to the index, being alternate listed in the dhatu sutra. These are ध्राघृ 114 and धूञ् 1255. However ञिष्विदा is present as ष्विदा 1188.

तृप 1307, तृप 1819, तृम्फ 1308, तृह 1455, तृह्न 1348, तृ 969, तेज 231, तेपृ 363, तेवृ 499, त्यज 986, त्रकि 97, त्रक्ष 660, त्रदि 69, त्रपूष् 374, त्रस 1741, त्रसि 1761, त्रसी 1117, त्रुट 1375, त्रुट 1698, त्रुप 406, त्रुफ 410, त्रुम्प 407, त्रुम्फ 411, त्रैङ् 965, त्रौकृ 99, त्वक्षू 656, त्वगि 150, त्वच 1301, त्वञ्चु 192, त्विष 1001, त्सर 554, थुड 1387, थुर्वी 571, दंश 989, दक्ष 608, दक्ष 770, दघ 1273, दण्ड 1926, दद 17, दध 8, दमु 1203, दम्भु 1270, दय 481, दरिद्रा 1073, दल 548, दल 1751, दशि 1674, दशि 1764, दसि 1675, दसि 1786, दसु 1213, दह 991, दाण् 930, दान 994, दाप् 1059, दाश 1279, दाश्रृ 882, दासृ 894, दिवि 592, दिवु 1107, दिवु 1706, दिवु 1724, दिश 1283, दिह 1015, दीक्ष 609, दीङ् 1134, दीधीङ् 1076, दीपी 1150, दु 944, दुःख 1930, दुर्वी 572, दुल 1600, दुष 1185, दुह 1014, दुहिर् 738, दूङ् 1133, दृ 1280, दृङ् 1411, दृप 1196, दृप 1313, दृभ 1822, दृभी 1323, दृभी 1821, दृम्फ 1314, दृशिर् 988, दृह 733, दृहि 734, दॄ 808, दॄ 1493, देङ् 962, देवृ 500, दैप् 924, दो 1148, द्यु 1040, द्युत 741, द्यै 905, द्रम 466, द्रा 1054, द्राक्षि 670, द्राखृ 124, द्राघृ 114, द्राडृ 287, द्राहृ 646, द्रु 945, द्रुण 1337, द्रुह 1197, द्रूञ् 1481, द्रेकृ 78, द्रै 906, द्विष 1013, धक्क 1594, धन 1104, धवि 597, धावु 601, धि 1406, धिक्ष 603, धिवि 593, धिष 1103, धीङ् 1136, धुक्ष 602, धुर्वी 573, धू 1398, धूञ् 1255, धूञ् 1487, धूञ् 1835, धूप 396, धूप 1772, धूरी 1153, धूस 1639, धृङ् 960, धृङ् 1412, धृज 219, धृजि 220, धृञ् 900, धृष 1850, धेक 1914, धेट् 902, धोर्ऋ 553, ध्मा 927, ध्यै 908, ध्रज 217, ध्रजि 218, ध्रण 459, ध्राक्षि 671, ध्राखृ 125, ध्राडृ 288, ध्रु 943, ध्रु 1400, ध्रेकृ 79, ध्रै 907, ध्वंसु 755, ध्वज 221, ध्वजि 222, ध्वण 453, ध्वन 816, ध्वन 828, ध्वन 1889, ध्वाक्षि 672, ध्वृ 939, नक्क 1593, नट 1545, नट 1791, नर्द 56, नल 1802, नाथृ 6, नाधृ 7, निवास 1885, निष्क 1686, नृती 1116, नृ 809, नॄ 1495, पक्ष 1550, पचि 174, पचि 1651, पट 296, पट 1752, पट 1856, पठ 330, पडि 281, पडि 1615, पण 439, पत 1861, पत्लृ 845, पथि 1575, पथे 847, पद 1169, पद 1898, पन 440, पय 476, पर्ण 1939, पर्द 29, पर्प 412, पर्ब 416, पर्व 577, पल 839, पल्पूल 1881, पश 1719, पष 1862, पसि 1616, पा 925, पा 1056, पार 1911, पाल 1609, पि 1405, पिछ 1576, पिजि 1028, पिजि 1567, पिजि 1757, पिट 311, पिठ 339, पिडि 274, पिडि 1669, पिवि 588, पिश 1437, पिषॢ 1452, पिस 1568, पिसि 1762, पिसृ 719, पीङ् 1141, पीड 1544, पील 521, पीव 563, पुंस 1637, पुट 1367, पुट 1753, पुट 1913, पुटि 1792, पुट्ट 1559, पुड 1384, पुण 1333, पुथ 1119, पुथ 1775, पुथि 44, पुर 1346, पुर्व 576, पुल 841, पुल 1601, पुष 700, पुष 1182, पुष 1529, पुष 1750, पुष्प 1122, पुस्त 1590, पूङ् 966, पूज 1642, पूञ् 1482, पूयी 484, पूरी 1151, पूरी 1803, पूल 528, पूल 1636, पूष 675, पृ 1258, पृङ् 1402, पृच 1807, पृची 1030, पृची 1462, पृड 1328, पृण 1329, पृथ 1554, पृषु 705, पॄ 1086, पॄ 1489, पॄ 1548, पेल्ृ 541, पेवृ 504, पेषृ 615, पेसृ 720, पै 920, पैणृ 458, प्यैङ् 964, प्रछ 1413, प्रथ 765, प्रथ 1553, प्रस 766, प्रा 1061, प्रीङ् 1144, प्रीञ् 1474, प्रीञ् 1836, प्रुङ् 957, प्रुड 324, प्रुष 1527, प्रुषु 703, प्रेषृ 619, प्रोथृ 867, प्लिह 642, प्ली 1503, प्लुङ् 958, प्लुष 1115, प्लुष 1216, प्लुष 1528, प्लुषु 704, प्सा 1055, फक्क 116, फण 821, फल 530, फुल्ल 532, फेल्ृ 542, बद 51, बध 973, बध 1547, बन्ध 1508, बर्ब 418, बर्ह 638, बर्ह 1664, बर्ह 1769, बल 840, बल 1628, बल्ह 639, बल्ह 1770, बष्क 1916, बस्त 1683, बहि 633, बाडृ 286, बाधृ 5, बिट 317, बिदि 64, बिल 1359, बिल 1606, बिस 1217, बुक्क 119, बुक्क 1713, बुगि 158, बुध 858, बुध 1172, बुधिर् 875, बुस 1219, बुस्त 1591, बृह 735, बृहि 736, बृहि 1768, ब्रूञ् 1044, ब्रूस 1663, भक्ष 1557, भज 998, भज 1733, भजि 1759, भञ्जो 1453, भट 307, भट 780, भडि 273, भडि 1588, भण 447, भदि 12, भर्त्स 1682, भर्व 580, भल 495, भल 1700, भल्ल 496, भष 695, भस 1100, भा 1051, भाज 1886, भाम 441, भाम 1872, भाष 612, भासृ 624, भिक्ष 606, भिदिर् 1439, भुज 1454, भुजो 1417, भू 1, भू 1747, भू 1844, भूष 682, भूष 1730, भृजी 178, भृञ् 898, भृड 1395, भृशि 1787, भृशु 1224, भॄ 1491, भेषृ 883, भ्यस 628, भ्रंशु 1225, भ्रंसु 756, भ्रक्ष 892, भ्रण 452, भ्रमु 850, भ्रमु 1205, भ्रस्ज 1284, भ्राजृ 181, भ्री 1505, भ्रूण 1690, भ्रेजृ 180, भ्रेषृ 884, भ्लक्ष 893, भ्लेषृ 885, मकि 89, मख 132, मखि 133, मगि 148, मघि 111, मघि 160, मच 171, मचि 173, मठ 332, मठि 263, मडि 272, मडि 321, मडि 1587, मण 448, मत्रि 1679, मथि 46, मथे 848, मद 1705, मदि 13, मदी 815, मदी 1208, मन 1176, मनु 1471, मन्थ 42, मन्थ 1511, मभ्र 558, मय 477, मर्च 1649, मर्ब 419, मर्व 578, मल 493, मल्ल 494, मव 599, मव्य 508, मश 724, मष 692, मसी 1221, मस्क 102, मह 730, मह 1867, महि 634, महि 1799, मा 1062, माक्षि 669, माङ् 1088, माङ् 1142, मान 972, मान 1709, मान 1843, मार्ग 1846, मार्ज 1648, माहृ 895, मिछ 1297, मिजि 1756, मिदि 1541, मिदृ 868, मिल 1364, मिल 1429, मिवि 589, मिश 723, मिश्र 1921, मिष 1352, मिषु 699, मिह 992, मी 1824, मीङ् 1137, मीञ् 1476, मीमृ 468, मील 517, मीव 564, मुच 1743, मुचि 172, मुच्लृ 1430, मुज 250, मुजि 251, मुट 1374, मुट 1614, मुठि 265, मुड 323, मुडि 275, मुडि 326, मुण 1334, मुद 16, मुद 1740, मुर 1343, मुर्छा 212, मुर्वी 575, मुष 1530, मुस 1220, मुस्त 1631, मुह 1198, मूङ् 967, मूत्र 1909, मूल 529, मूल 1603, मूष 676, मृक्ष 664, मृग 1900, मृङ् 1403, मृजू 1066, मृजू 1848, मृड 1327, मृड 1516, मृण 1331, मृद 1515, मृधु 874, मृश 1425, मृष 1164, मृष 1849, मृषु 707, मॄ 1492, मेङ् 961, मेदृ 869, मेधृ 870, मेपृ 371, मेवृ 505, म्ना 929, म्रक्ष 1661, म्रद 767, म्रुचु 195, म्रुञ्चु 193, म्रेडृ 293, म्लुचु 196, म्लुञ्चु 194, म्लेछ 205, म्लेछ 1662, म्लेटृ 292, म्लेवृ 506, म्लै 904, यक्ष 1692, यज 1002, यत 1735, यती 30, यत्रि 1536, यभ 980, यम 984, यम 1625, यमो 819, यसु 1210, या 1049, यु 1033, यु 1710, युगि 156, युछ 214, युज 1177, युज

1806, युजिर् 1444, युज् 1479, युत् 31, युध 1173, युप 1235, यूष 680, यौटृ 291, रक 1736, रक्ष 658, रख 136, रखि 137, रगि 144, रगे 785, रघि 107, रघि 1795, रच 1864, रञ्ज 999, रञ्ज 1167, रट 297, रट 334, रण 445, रण 795, रद 53, रध 1193, रप 401, रफ 413, रफि 414, रबि 376, रभ 974, रमु 853, रय 482, रवि 596, रस 713, रस 1931, रह 731, रह 1627, रह 1858, रहि 732, रहि 1798, रा 1057, राखृ 122, राघृ 112, राजृ 822, राध 1180, राध 1262, रासृ 626, रि 1275, रि 1404, रिगि 154, रिच 1816, रिचिर् 1441, रिफ 1306, रिवि 595, रिश 1420, रिष 694, रिष 1231, री 1500, रीङ् 1138, रु 1034, रुङ् 959, रुच 745, रुज 1804, रुजो 1416, रुट 747, रुट 1783, रुटि 327, रुठ 336, रुठि 345, रुदिर् 1067, रुधिर् 1438, रुप 1236, रुश 1419, रुशि 1788, रुष 693, रुष 1230, रुष 1670, रुसि 1790, रुह 859, रूक्ष 1910, रूप 1933, रूष 678, रेकृ 80, रेटृ 864, रेपृ 372, रेभृ 385, रेवृ 507, रेषृ 620, रै 909, रोडृ 356, रौडृ 355, लक्ष 1538, लक्ष 1696, लख 138, लखि 139, लग 1737, लगि 145, लगे 786, लघि 108, लघि 1760, लघि 1796, लछ 206, लज 238, लज 1920, लजि 239, लजि 1784, लट 298, लड 359, लड 1540, लडि 1800, लडिः 814, लप 402, लबि 377, लबि 379, लर्ब 417, लल 1687, लष 888, लस 714, लस 1728, ला 1058, लाखृ 123, लाघृ 113, लाछि 207, लाज 240, लाजि 241, लाभ 1936, लिख 1365, लिगि 155, लिगि 1739, लिप 1433, लिश 1179, लिश 1421, लिह 1016, ली 1501, ली 1811, लीङ् 1139, लुजि 1758, लुञ्च 187, लुट 314, लुट 748, लुट 1222, लुट 1381, लुट 1754, लुटि 328, लुठ 337, लुठ 749, लुठि 343, लुठि 346, लुण्ठ 1563, लुथि 45, लुप 1237, लुपॣ 1431, लुबि 427, लुबि 1656, लुभ 1238, लुभ 1305, लूञ् 1483, लूष 677, लूष 1610, लेपृ 373, लोकृ 76, लोकृ 1776, लोचृ 164, लोचृ 1777, लोडृ 357, लोष्ट 258, वकि 88, वकि 95, वक्ष 663, वख 130, वखि 131, वगि 147, वघि 110, वच 1063, वच 1842, वज 252, वञ्चु 189, वञ्चु 1703, वट 300, वट 779, वट 1857, वट 1919, वटि 1586, वठ 331, वठि 262, वडि 271, वण 446, वद 1009, वद 1841, वदि 11, वन 462, वन 463, वन 803, वनु 1470, वभ्र 557, वय 475, वर 1852, वर्च 162, वर्ण 1551, वर्ण 1938, वर्ध 1654, वर्ष 613, वर्ह 640, वल 491, वल्क 1571, वल्ग 143, वल्भ 391, वल्ल 492, वल्ह 641, वश 1080, वष 691, वस 1005, वस 1023, वस 1744, वस 1942, वसु 1214, वस्क 101, वह 1004, वा 1050, वाक्षि 668, वाछि 208, वात 1882, वाश्र 1163, वास 1884, वाहृ 645, विचिर् 1442, विछ 1423, विछ 1773, विजिर् 1094, विट 316, विथृ 33, विद 1064, विद 1171, विद 1450, विद 1708, विदॣ 1432, विध 1325, विल 1358, विल 1605, विश 1424, विष 1526, विषु 698, विषॢ 1095, विष्क 1685, विष्क 1940, वी 1048, वीर 1903, वृक 92, वृक्ष 604, वृङ् 1509, वृजी 1029, वृजी 1461, वृजी 1812, वृञ् 1254, वृञ् 1813, वृण 1330, वृतु 758, वृतु 1160, वृतु 1781, वृधु 759, वृधु 1782, वृश 1226, वृष 1704, वृषु 706, वृहू 1347, वॄ 1490, वॄञ् 1486, वेञ् 1006, वेणृ 877, वेथृ 34, वेल 1880, वेलृ 535, वेल्ल 540, वेवीङ् 1077, वेष्ट 255, वेहृ 643, व्यच 1293, व्यथ 764, व्यध 1181, व्यय 881, व्यय 1932, व्युष 1114, व्युष 1215, व्येञ् 1007, व्रज 253, व्रज 1617, व्रण 451, व्रण 1937, व्री 1504, व्रीङ् 1140, व्रीड 1126, व्रुड 1393, व्ली 1502, शंसु 728, शक 1187, शकि 86, शक्लृ 1261, शच 165, शट 299, शठ 340, शठ 1564, शठ 1691, शठ 1854, शडि 279, शण 797, शदॢ 855, शदॢ 1428, शप 1000, शप 1168, शब्द 1714, शम 1695, शमु 1201, शमो 818, शम्ब 1556, शर्ब 423, शर्व 585, शल 490, शल 843, शल्भ 390, शव 725, शश 726, शष 690, शसु 727, शाखृ 126, शाडृ 289, शान 995, शासु 1075, शिक्ष 605, शिघि 161, शिजि 1027, शिञ् 1249, शिट 303, शिल 1362, शिष 687, शिष 1817, शिषॢ 1451, शीक 1789, शीक 1826, शीकृ 75, शीङ् 1032, शीभृ 383, शील 523, शील 1878, शुच 183, शुच्य 513, शुठ 341, शुठ 1644, शुठि 344, शुठि 1645, शुध 1191, शुन 1336, शुन्ध 74, शुन्ध 1832, शुभ 432, शुभ 750, शुभ 1321, शुम्भ 433, शुम्भ 1322, शुल्क 1618, शुल्ब 1611, शुष 1183, शूर 1902, शूरी 1157, शूर्प 1612, शूल 526, शूष 679, शृधु 760, शृधु 873, शृधु 1734, शॄ 1488, शेलृ 543, शै 918, शो 1145, शोणृ 455, शौटृ 290, श्चुतिर् 41, श्मील 518, श्यैङ् 963, श्रकि 84, श्रगि 151, श्रण 798, श्रण 1578, श्रथ 799, श्रथ 1546, श्रथ 1823, श्रथ 1870, श्रथि 35, श्रन्थ 1510, श्रन्थ 1512, श्रन्थ 1837, श्रमु 1204, श्रम्भु 393, श्रा 810, श्रा 1053, श्रिञ् 897, श्रिषु 701, श्रीञ् 1475, श्रु 942, श्रै 919, श्रोणृ 456, श्लकि 85, श्लगि 152, श्लाखृ 127, श्लाघृ 115, श्लिष 1186, श्लिष 1574, श्लिषु 702, श्लोकृ 77, श्लोणृ 457, श्वकि 96, श्वच 166, श्वचि 167, श्वठ 1565, श्वठ 1855, श्वभ्र 1623, श्वर्त 1622, श्वल 549, श्वल्क 1570, श्वल्ल 550, श्वस 1069, श्विता 742, श्विदि 10, षगे 789, षघ 1268, षच 163, षच 997, षञ्ज 987, षट 313, षट्ट 1633, षण 464, षणु 1464, षदॢ 854, षदॢ 1427, षप 400, षम 829, षम्ब 1555, षर्ज 225, षर्ब 424, षर्व 586, षल 547, षस 1078, षस्ज 202, षस्ति 1079, षह 852, षह 1128, षह 1809, षान्त्व 1569, षिच 1434, षिञ् 1248, षिञ् 1477, षिट 304, षिध 47, षिधु 1192, षिधू 48, षिल 1363, षिवु 1108, षु 941, षु 1041, षुञ् 1247, षुट्ट 1562, षुर 1340, षुह 1129, षू 1408, षूङ् 1031, षूङ् 1132, षूद 25, षूद 1717, षृभु 430, षृम्भु 431, षेवृ 501, षै 915, षो 1147, ष्टक 782, ष्टगे 790, ष्टन 461, ष्टभि 386, ष्टम 830, ष्टिघ 1265, ष्टिपृ 364, ष्टिम 1124, ष्टीम 1125, ष्टुच 175, ष्टुञ् 1043, ष्टुप 1672, ष्टुभु 394, ष्टेपृ 365, ष्टै 922, ष्ट्यै 911, ष्ट्रक्ष 661, ष्ठल 836, ष्ठा 928, ष्ठिवु 560, ष्ठिवु 1110, ष्णसु 1112, ष्णा 1052, ष्णिह 1200, ष्णिह 1572, ष्णु 1038, ष्णुसु 1111, ष्णुह 1199, ष्णै 923, ष्मिङ् 948, ष्वञ्ज 976, ष्वद 18, ष्वद 1805, ष्वष्क 100, सङ्केत 1891, सङ्ग्राम 1922, सत्र 1906, सभाज 1887, साध 1263, साम 1879, सार 1868, सुख 1929, सूच 1873, सूत्र 1908, सूर्क्ष 666, सूर्क्ष्य 509, सृ 935, सृ 1099, सृज 1178, सृज 1414, सृपॢ 983, सेकृ 81, स्कन्दिर् 979, स्कभि 387, स्कुञ्

Standard Alphabetical Index

Indexed on Dhatu ready for Conjugation.

Contains 1943-1=1942 Dhatus without Tag letters (ग० सू०1081.चर्करीतं)
Shows Dhatu Number which is unique and easily referenced in standard Dhatupathas.

Easily locate dhatus without tag e.g. बुन्द् 876 , इन्ध् 1448 , श्वि 1010

Dhatus with णो नः नत्वम् are under न e.g. नक्ष 662 , नख 134

Dhatus with षः सः सत्वम् are under स e.g. सगे 789 , सघ 1268

इदित् Dhatus are listed with the नुम् augment e.g.
अङ्क 87 , अञ्ज 1785 , अण्ठ 261

Dhatus that have a penultimate नकार are listed with the नकार changed to the corresponding row class nasal, e.g.
अञ्च् 188 , तुम्प् 1311

Out of 1943 Roots, there are some 662 Dhatus that are commonly found in literature. Two of these did not make it to the index, being alternate listed in the dhatu sutra. These are ध्राघ् 114 and धू 1255. However स्विद् 1188 is present.

1040, द्युत् 741, द्यै 905, द्रम् 466, द्रा 1054, द्राख् 124, द्राघ् 114, द्राङ्क्ष् 670, द्राड् 287, द्राह् 646, द्रु 945, द्रुण् 1337, द्रुह् 1197, द्रू 1481, द्रेक् 78, द्रै 906, द्विष् 1013, धक्क् 1594, धन् 1104, धन्व् 597, धा 1092, धाव् 601, धि 1406, धिक्ष् 603, धिन्व् 593, धिष् 1103, धी 1136, धुक्ष् 602, धुर्व् 573, धू 1255, धू 1398, धू 1487, धू 1835, धूप् 396, धूप् 1772, धूर् 1153, धूस् 1639, धृ 900, धृ 960, धृ 1412, धृज् 219, धृञ्ज् 220, धृष् 1269, धृष् 1850, धे 902, धेक् 1914, धोर् 553, ध्मा 927, ध्यै 908, ध्रज् 217, ध्रञ्ज् 218, ध्रण् 459, ध्रस् 1524, ध्राख् 125, ध्राङ्क्ष् 671, ध्राड् 288, ध्रु 943, ध्रु 1400, ध्रेक् 79, ध्रै 907, ध्वंस् 755, ध्वज् 221, ध्वञ्ज् 222, ध्वण् 453, ध्वन् 816, ध्वन् 828, ध्वन् 1889, ध्वाङ्क्ष् 672, ध्वृ 939, नक्क् 1593, नक्ष् 662, नख् 134, नङ्ख् 135, नट् 310, नट् 781, नट् 1545, नट् 1791, नद् 54, नद् 1778, नन्द् 67, नभ् 752, नभ् 1240, नभ् 1520, नम् 981, नय् 480, नर्द् 56, नल् 838, नल् 1802, नश् 1194, नस् 627, नह् 1166, नाथ् 6, नाध् 7, नास् 625, निंस् 1025, निक्ष् 659, निज् 1093, निञ्ज् 1026, निद् 871, निन्द् 66, निन्व् 590, निल् 1360, निवास् 1885, निश् 722, निष्क् 1686, नी 901, नील् 522, नीव् 566, नु 1035, नुद् 1282, नुद् 1426, नू 1397, नृत् 1116, नृ 809, नृ 1495, नेद् 872, नेष् 617, पंस् 1616, पक्ष् 1550, पच् 996, पञ्च् 174, पञ्च् 1651, पट् 296, पट् 1752, पट् 1856, पठ् 330, पण् 439, पण्ड् 281, पण्ड् 1615, पत् 845, पत् 1861, पथ् 847, पद् 1169, पद् 1898, पन् 440, पन्थ् 1575, पय् 476, पर्ण् 1939, पर्द् 29, पर्प् 412, पर्ब् 416, पर्व् 577, पल् 839, पल्पूल् 1881, पश् 1719, पष् 1862, पा 925, पा 1056, पार् 1911, पाल् 1609, पि 1405, पिंस् 1762, पिच्छ् 1576, पिञ्ज् 1028, पिञ्ज् 1567, पिञ्ज् 1757, पिट् 311, पिठ् 339, पिण्ड् 274, पिण्ड् 1669, पिन्व् 588, पिश् 1437, पिष् 1452, पिस् 719, पिस् 1568, पी 1141, पीड् 1544, पील् 521, पीव् 563, पुंस् 1637, पुट् 1367, पुट् 1753, पुट् 1913, पुट्ट् 1559, पुड् 1384, पुण् 1333, पुण्ट् 1792, पुथ् 1119, पुथ् 1775, पुन्थ् 44, पुर् 1346, पुर्व् 576, पुल् 841, पुल् 1601, पुष् 700, पुष् 1182, पुष् 1529, पुष् 1750, पुष्प् 1122, पुस्त् 1590, पू 966, पू 1482, पूज् 1642, पूय् 484, पूर् 1151, पूर् 1803, पूल् 528, पूल् 1636, पूष् 675, पृ 1258, पृ 1402, पृच् 1030, पृच् 1462, पृच् 1807, पृड् 1328, पृण् 1329, पृथ् 1554, पृष् 705, पॄ 1086, पॄ 1489, पॄ 1548, पेल् 541, पेव् 504, पेष् 615, पेस् 720, पै 920, पैण् 458, प्याय् 488, प्यै 964, प्रच्छ् 1413, प्रथ् 765, प्रथ् 1553, प्रस् 766, प्रा 1061, प्री 1144, प्री 1474, प्री 1836, प्रु 957, प्रुड् 324, प्रुष् 703, प्रुष् 1527, प्रेष् 619, प्रोथ् 867, प्लिह् 642, प्ली 1503, प्लु 958, प्लुष् 704, प्लुष् 1115, प्लुष् 1216, प्लुष् 1528, प्सा 1055, फक्क् 116, फण् 821, फल् 516, फल् 530, फुल्ल् 532, फेल् 542, बंह् 633, बद् 51, बध् 973, बध् 1547, बन्ध् 1508, बर्ब् 418, बर्ह् 638, बर्ह् 1664, बर्ह् 1769, बल् 840, बल् 1628, बल्ह् 639, बल्ह् 1770, बष्क् 1916, बस्त् 1683, बाड् 286, बाध् 5, बिट् 317, बिन्द् 64, बिल् 1359, बिल् 1606, बिस् 1217, बुक्क् 119, बुक्क् 1713, बुङ्ग् 158, बुध् 858, बुध् 875, बुध् 1172, बुन्द् 876, बुस् 1219, बुस्त् 1591, बृंह् 736, बृंह् 1768, बृह् 735, ब्रू 1044, ब्रूस् 1663, भक्ष् 1557, भज् 998, भज् 1733, भञ्ज् 1453, भञ्ज् 1759, भट् 307, भट् 780, भण् 447, भण्ड् 273, भण्ड् 1588, भन्द् 12, भर्त्स् 1682, भर्व् 580, भल् 495, भल् 1700, भल्ल् 496, भष् 695, भस् 1100, भा 1051, भाज् 1886, भाम् 441, भाम् 1872, भाष् 612, भास् 624, भिक्ष् 606, भिद् 1439, भी 1084, भुज् 1417, भुज् 1454, भू 1, भू 1747, भू 1844, भूष् 682, भूष् 1730, भृ 898, भृ 1087, भृंश् 1787, भृज् 178, भृड् 1395, भृश् 1224, भॄ 1491, भेष् 883, भ्यस् 628, भ्रंश् 1225, भ्रंस् 756, भ्रक्ष् 892, भ्रण् 452, भ्रम् 850, भ्रम् 1205, भ्रस्ज् 1284, भ्राज् 181, भ्राज् 823, भ्राश् 824, भ्री 1505, भ्रूण् 1690, भ्रेज् 180, भ्रेष् 884, भ्लक्ष् 893, भ्लाश् 825, भ्लेष् 885, मंह् 634, मंह् 1799, मख् 132, मङ्क् 89, मङ्ख् 133, मङ्ग् 148, मङ्घ् 111, मङ्घ् 160, मच् 171, मञ्च् 173, मठ् 332, मण् 448, मण्ठ् 263, मण्ड् 272, मण्ड् 321, मण्ड् 1587, मथ् 848, मद् 815, मद् 1208, मद् 1705, मन् 1176, मन् 1471, मन्त्र् 1679, मन्थ् 42, मन्थ् 46, मन्थ् 1511, मन्द् 13, मभ्र् 558, मय् 477, मर्च् 1649, मर्ब् 419, मर्व् 578, मल् 493, मल्ल् 494, मव् 599, मव्य् 508, मश् 724, मष् 692, मस् 1221, मस्क् 102, मस्ज् 1415, मह् 730, मह् 1867, मा 1062, मा 1088, मा 1142, माङ्क्ष् 669, मान् 972, मान् 1709, मान् 1843, मार्ग् 1846, मार्ज् 1648, माह् 895, मि 1250, मिच्छ् 1297, मिञ्ज् 1756, मिद् 743, मिद् 868, मिद् 1243, मिन्द् 1541, मिन्व् 589, मिल् 1364, मिल् 1429, मिश् 723, मिश्र् 1921, मिष् 699, मिष् 1352, मिह् 992, मी 1137, मी 1476, मी 1824, मीम् 468, मील् 517, मीव् 564, मुच् 1430, मुच् 1743, मुज् 250, मुञ्च् 172, मुञ्ज् 251, मुट् 1374, मुट् 1614, मुड् 323, मुण् 1334, मुण्ठ् 265, मुण्ड् 275, मुण्ड् 326, मुद् 16, मुद् 1740, मुर् 1343, मुर्च्छ् 212, मुर्व् 575, मुष् 1530, मुस् 1220, मुस्त् 1631, मुह् 1198, मू 967, मूत्र् 1909, मूल् 529, मूल् 1603, मूष् 676, मृ 1403, मृक्ष् 664, मृग् 1900, मृज् 1066, मृज् 1848, मृड् 1327, मृड् 1516, मृण् 1331, मृद् 1515, मृध् 874, मृश् 1425, मृष् 707, मृष् 1164, मृष् 1849, मॄ 1492, मे 961, मेद् 869, मेध् 870, मेप् 371, मेव् 505, म्ना 929, म्रक्ष् 1661, म्रद् 767, म्रुच् 195, म्रुञ्च् 193, म्रेड् 293, म्लुच् 196, म्लुञ्च् 194, म्लेच्छ् 205, म्लेच्छ् 1662, म्लेट् 292, म्लेव् 506, म्लै 904, यक्ष् 1692, यज् 1002, यत् 30, यत् 1735, यन्त्र् 1536, यभ् 980, यम् 819, यम् 984, यम् 1625, यस् 1210, या 1049, याच् 863, यु 1033, यु 1479, यु 1710, युङ्ग् 156, युच्छ् 214, युज् 1177, युज् 1444, युज् 1806, युत् 31, युध् 1173, युप् 1235, यूष् 680, यौट् 291, रंह् 732, रंह् 1798, रक् 1736, रक्ष् 658, रख् 136, रग् 785, रङ्ख् 137, रङ्ग् 144, रङ्घ् 107, रङ्घ् 1795, रच् 1864, रञ्ज् 999, रञ्ज् 1167, रट् 297, रट् 334, रण् 445, रण् 795, रद् 53, रध् 1193, रन्व् 596, रप् 401, रफ् 413, रभ् 974, रम् 853, रम्फ् 414, रम्ब् 376, रय् 482, रस् 713, रस् 1931, रह् 731, रह् 1627, रह् 1858, रा 1057, राख् 122, राघ् 112, राज् 822, राध् 1180, राध् 1262, रास् 626, रि 1275, रि 1404,

रिङ्ग् 154, रिच् 1441, रिच् 1816, रिन्व् 595, रिफ् 1306, रिश् 1420, रिष् 694, रिष् 1231, री 1138, री 1500, रु 959, रु 1034, रुंश् 1788, रुंस् 1790, रुच् 745, रुज् 1416, रुज् 1804, रुट् 747, रुट् 1783, रुठ् 336, रुण्ट् 327, रुण्ठ् 345, रुद् 1067, रुध् 1174, रुध् 1438, रुप् 1236, रुश् 1419, रुष् 693, रुष् 1230, रुष् 1670, रुह् 859, रूक्ष 1910, रूप् 1933, रूष् 678, रेक् 80, रेट् 864, रेप् 372, रेभ् 385, रेव् 507, रेष् 620, रै 909, रोड् 356, रौड् 355, लक्ष् 1538, लक्ष् 1696, लख् 138, लग् 786, लग् 1737, लङ्ख् 139, लङ्ग् 145, लङ्घ् 1760, लङ्घ् 1796, लच्छ् 206, लज् 238, लज् 1290, लज् 1920, लञ्ज् 239, लञ्ज् 1784, लट् 298, लड् 359, लड् 814, लड् 1540, लण्ड् 1800, लन्घ् 108, लप् 402, लभ् 975, लम्ब् 377, लम्ब् 379, लर्ब् 417, लल् 1687, लष् 888, लस् 714, लस् 1728, लस्ज् 1291, ला 1058, लाख् 123, लाघ् 113, लाज् 240, लाञ्छ् 207, लाञ्ज् 241, लाभ् 1936, लिख् 1365, लिङ्ग् 155, लिङ्ग् 1739, लिप् 1433, लिश् 1179, लिश् 1421, लिह् 1016, ली 1139, ली 1501, ली 1811, लुञ्च् 187, लुञ्ज् 1758, लुट् 314, लुट् 748, लुट् 1222, लुट् 1381, लुट् 1754, लुठ् 337, लुठ् 749, लुण्ट् 328, लुण्ठ् 343, लुण्ठ् 346, लुण्ठ् 1563, लुन्थ् 45, लुप् 1237, लुप् 1431, लुभ् 1238, लुभ् 1305, लुम्ब् 427, लुम्ब् 1656, लू 1483, लूष् 677, लूष् 1610, लेप् 373, लोक् 76, लोक् 1776, लोच् 164, लोच् 1777, लोड् 357, लोष्ट् 258, वक्ष् 663, वख् 130, वङ्क् 88, वङ्क् 95, वङ्ख् 131, वङ्ग् 147, वङ्घ् 110, वच् 1063, वच् 1842, वज् 252, वञ्च् 189, वञ्च् 1703, वट् 300, वट् 779, वट् 1857, वट् 1919, वठ् 331, वण् 446, वण्ट् 1586, वण्ठ् 262, वण्ड् 271, वद् 1009, वद् 1841, वन् 462, वन् 463, वन् 803, वन् 1470, वन्द् 11, वप् 1003, वभ्र् 557, वम् 849, वय् 475, वर् 1852, वर्च् 162, वर्ण् 1551, वर्ण् 1938, वर्ध् 1654, वर्ष् 613, वर्ह् 640, वल् 491, वल्क् 1571, वल्ग् 143, वल्भ् 391, वल्ल् 492, वल्ह् 641, वश् 1080, वष् 691, वस् 1005, वस् 1023, वस् 1214, वस् 1744, वस् 1942, वस्क् 101, वह् 1004, वा 1050, वाङ्क्ष् 668, वाञ्छ् 208, वात् 1882, वाश् 1163, वास् 1884, वाह् 645, विच् 1442, विच्छ् 1423, विच्छ् 1773, विज् 1094, विज् 1289, विज् 1460, विट् 316, विथ् 33, विद् 1064, विद् 1171, विद् 1432, विद् 1450, विद् 1708, विध् 1325, विल् 1358, विल् 1605, विश् 1424, विष् 698, विष् 1095, विष् 1526, विष्क् 1685, विष्क् 1940, वी 1048, वीर् 1903, वृ 1254, वृ 1509, वृ 1813, वृक् 92, वृक्ष् 604, वृज् 1029, वृज् 1461, वृज् 1812, वृण् 1330, वृत् 758, वृत् 1160, वृत् 1781, वृध् 759, वृध् 1782, वृश् 1226, वृष् 706, वृष् 1704, वृह् 1347, वॄ 1486, वॄ 1490, वे 1006, वेण् 877, वेथ् 34, वेप् 367, वेल् 535, वेल् 1880, वेल्ल् 540, वेवी 1077, वेष्ट् 255, वेह् 643, वै 921, व्यच् 1293, व्यथ् 764, व्यध् 1181, व्यय् 881, व्यय् 1932, व्युष् 1114, व्युष् 1215, व्ये 1007, व्रज् 253, व्रज् 1617, व्रण् 451, व्रण् 1937, व्रश्च् 1292, व्री 1140, व्री 1504, व्रीड् 1126, व्रुड् 1393, व्ली 1502, शंस् 728, शक् 1187, शक् 1261, शङ्क् 86, शच् 165, शट् 299, शठ् 340, शठ् 1564, शठ् 1691, शठ् 1854, शण् 797, शण्ड् 279, शद् 855, शद् 1428, शप् 1000, शप् 1168, शब्द् 1714, शम् 818, शम् 1201, शम् 1695, शम्ब् 1556, शर्ब् 423, शर्व् 585, शल् 490, शल् 843, शल्भ् 390, शव् 725, शश् 726, शष् 690, शस् 727, शाख् 126, शाड् 289, शान् 995, शास् 1075, शि 1249, शिक्ष् 605, शिङ्घ् 161, शिञ्ज् 1027, शिट् 303, शिल् 1362, शिष् 687, शिष् 1451, शिष् 1817, शी 1032, शीक् 75, शीक् 1789, शीक् 1826, शीभ् 383, शील् 523, शील् 1878, शुच् 183, शुच् 1165, शुच्य् 513, शुठ् 341, शुठ् 1644, शुण्ठ् 344, शुण्ठ् 1645, शुध् 1191, शुन् 1336, शुन्ध् 74, शुन्ध् 1832, शुभ् 432, शुभ् 750, शुभ् 1321, शुम्भ् 433, शुम्भ् 1322, शुल्क् 1618, शुल्ब् 1611, शुष् 1183, शूर् 1157, शूर् 1902, शूर्प् 1612, शूल् 526, शूष् 679, शृध् 760, शृध् 873, शृध् 1734, शॄ 1488, शेल् 543, शै 918, शो 1145, शोण् 455, शौट् 290, श्च्युत् 41, श्मील् 518, श्यै 963, श्रङ्क् 84, श्रङ्ग् 151, श्रण् 798, श्रण् 1578, श्रथ् 799, श्रथ् 1546, श्रथ् 1823, श्रथ् 1870, श्रन्थ् 35, श्रन्थ् 1510, श्रन्थ् 1512, श्रन्थ् 1837, श्रम् 1204, श्रम्भ् 393, श्रा 810, श्रा 1053, श्रि 897, श्रिष् 701, श्री 1475, श्रु 942, श्रै 919, श्रोण् 456, श्लङ्क् 85, श्लङ्ग् 152, श्लाख् 127, श्लाघ् 115, श्लिष् 702, श्लिष् 1186, श्लिष् 1574, श्लोक् 77, श्लोण् 457, श्वङ्क् 96, श्वच् 166, श्वञ्च् 167, श्वठ् 1565, श्वठ् 1855, श्वभ्र् 1623, श्वर्त् 1622, श्वल् 549, श्वल्क् 1570, श्वल्ल् 550, श्वस् 1069, श्वि 1010, श्वित् 742, श्विन्द् 10, ष्ठिव् 560, ष्ठिव् 1110, ष्वष्क् 100, संस्त् 1079, सग् 789, सघ् 1268, सङ्केत् 1891, सङ्ग्राम् 1922, सच् 163, सच् 997, सञ्ज् 987, सट् 313, सट्ट् 1633, सण् 464, सत्र् 1906, सद् 854, सद् 1427, सन् 1464, सप् 400, सभाज् 1887, सम् 829, सम्ब् 1555, सर्ज् 225, सर्ब् 424, सर्व् 586, सल् 547, सस् 1078, सस्ज् 202, सह् 852, सह् 1128, सह् 1809, साध् 1263, सान्त्व् 1569, साम् 1879, सार् 1868, सि 1248, सि 1477, सिच् 1434, सिट् 304, सिध् 47, सिध् 48, सिध् 1192, सिल् 1363, सिव् 1108, सु 941, सु 1041, सु 1247, सुख् 1929, सुट्ट् 1562, सुर् 1340, सुह् 1129, सू 1031, सू 1132, सू 1408, सूच् 1873, सूत्र् 1908, सूद् 25, सूद् 1717, सूर्क्ष् 666, सूर्क्ष्य् 509, सृ 935, सृ 1099, सृज् 1178, सृज् 1414, सृप् 983, सृभ् 430, सृम्भ् 431, सेक् 81, सेव् 501, सै 915, सो 1147, स्कन्द् 979, स्कम्भ् 387, स्कु 1478, स्कुन्द् 9, स्खद् 768, स्खद् 820, स्खल् 544, स्तक् 782, स्तग् 790, स्तन् 461, स्तन् 1859, स्तम् 830, स्तम्भ् 386, स्तिघ् 1265, स्तिप् 364, स्तिम् 1124, स्तीम् 1125, स्तु 1043, स्तुच् 175, स्तुप् 1672, स्तुभ् 394, स्तृ 1252, स्तृह् 1349, स्तॄ 1484, स्तेन् 1897, स्तेप् 365, स्तै 922, स्तोम् 1923, स्त्यै 910, स्त्यै 911, स्थक्ष् 661, स्थल् 836, स्था 928, स्थुड् 1388, स्थूल् 1904, स्नस् 1112, स्ना 1052, स्निह् 1200, स्निह् 1572, स्नु 1038, स्नुस् 1111, स्नुह् 1199, स्नै 923, स्पन्द् 14, स्पर्ध् 3, स्पश् 887, स्पश् 1680, स्पृश् 1422, स्पृह् 1871, स्फाय् 487, स्फिट्ट् 1634, स्फुट् 260, स्फुट् 329, स्फुट् 1373, स्फुट् 1722, स्फुड् 1391, स्फुण्ड् 1537, स्फुर् 1389, स्फुर्छ् 213, स्फुल् 1390, स्फूर्ज् 235, स्मि 948, स्मिट् 1573, स्मील् 519, स्मृ 807, स्मृ 933,

Ting Affixes Sarvadhatuka / Ardhadhatuka and Idagam

3.4.113 तिङ्-शित्-सार्वधातुकम् । Sarvadhatuka Ting Affixes are those that are general तिङ् or that begin with श् letter.		
1	लट्	Present Tense. 3.2.123 वर्तमाने लट् ।
2	लङ्	Imperfect Past Tense – *before from yesterday onwards.* 3.2.111 अनद्यतने लङ् ।
3	लोट्	Imperative Mood – *request.* 3.3.162 लोट् च ।
4	विधिलिङ्	Potential Mood – *order विधिलिङ्* (Optative Mood). 3.3.161 विधिनिमन्त्रणामन्त्रणाधीष्टसंप्रश्नप्रार्थनेषु लिङ् ।
3.4.114 आर्धधातुकं शेषः । Ardhadhatuka Ting Affixes are those that are except for 3.4.113. The following तिङ् affixes get modified by insertion of additional affix.		
5	लृट्	Simple Future Tense–*now onwards.* 3.3.13 लृट् शेषे च।
6	लृङ्	Conditional Mood – *if/then in past or future.* 3.3.139 लिङ्निमित्ते लृङ् क्रियातिपत्तौ ।
7	लुट्	Periphrastic Future Tense – *tomorrow onwards.* 3.3.15 अनद्यतने लुट्
8	आशीर्लिङ्	Benedictive Mood – *blessing*. 3.3.173 आशिषि लिङ्लोटौ ।
9	लिट्	Perfect Past Tense–*distant unseen past* 3.4.114 लिट् च
10	लुङ्	Aorist Past Tense, *before from now onwards.* 3.2.110 लुङ् ।

Ardhadhatuka Ting Lakara vikarana Affixes:

- लृट् Simple Future Tense. All Affixes are prefixed with स्य
- लृङ् Conditional Mood. All Affixes are prefixed with स्य
- लुट् Periphrastic Future Tense. All Affixes are prefixed with तास्
- आशीर्लिङ् Benedictive Mood. Prefixed with यासुट् or सीयुट्
- लिट् Perfect Past Tense. Prefixed with णल् or थल् , Also reduplicated.
- लुङ् Aorist Past Tense. Variously modified with सिच अङ् चङ् क्स

Idagam Roots Identification and इट् augment

For the Ardhadhatuka आर्धधातुक conjugational tenses and moods, we need to identify if a Root is सेट् or अनिट् । 7.2.10 एकाच उपदेशेऽनुदात्तात् । Single syllable Roots with Anudata Accent in Dhatupatha are अनिट् Anit Roots. Such Roots do not get the इट् augment. 7.2.35 आर्धधातुकस्येड् वलादेः । An Ardhadhatuka affix that begins with a वल् letter gets an इट् augment. For सेट् Roots only. वल् pratyahara includes all consonants except य् । It excludes Vowels. Hence Ardhadhatuka Ting affixes that have initial य् or a vowel do NOT get इट् augment. इट् here discard the Tag letter by 1.3.3 हलन्त्यम् we get इ ।

Ten Conjugational Groups and Gana Vikarana

Dhatu SN	Dhatu	Meaning	Gana Vikarana	Without Tag	Conjugation Group name & No	
1	भू	सत्तायाम्	शप्	अ	भवादिः	1c
1011	अद	भक्षणे	शप् – लुक्	-	अदादिः	2c
1083	हु	दान-अदानयोः	शप् – श्लु	-	जुहोत्यादिः	3c
1107	दिवु	क्रीडा०	श्यन्	य	दिवादिः	4c
1247	षुञ्	अभिषवे	श्नु	नु	स्वादिः	5c
1281	तुद	व्यथने	श	अ	तुदादिः	6c
1438	रुधिर्	आवरणे	श्नम्	न	रुधादिः	7c
1463	तनु	विस्तारे	उ	उ	तनादिः	8c
1473	डुक्रीञ्	द्रव्य-विनिमये	श्ना	ना	क्र्यादिः	9c
1534	चुर	स्तेये	णिच् + शप्	अय	चुरादिः	10c
1943	तुत्थ	आवरणे	णिच् + शप्	अय	चुरादिः	10c

Root Tag Letter

Dhatu Tag Letter		Ashtadhyayi Sutra
–	None	1.3.78 शेषात् कर्त्तरि परस्मैपदम् । इति परस्मैपदित्वम् ।
अ	अदिताम्	–
आ	आदिताम्	7.2.16 आदितश्च । इति निष्ठायाम् इट् निषेधः । Augment इट् is prevented for Nishtha Affixes
	आदिताम्	7.2.17 विभाषा भावादिकर्मणोः । निष्ठायाम् इट् विभाषा । Augment इट् is Optional for Nishtha Affix क्त used in Impersonal sense or to indicate beginning of Action
इ	इदिताम्	7.1.58 इदितो नुम् धातोः । इति धातोः नुम् आगमः । Such Roots will get Augment नुम्
इर्	इरिताम्	3.1.57 इरितो वा । Vartika इर इत् संज्ञा वाच्या । च्लेः अङ् वा । Optionally च्लि gets replaced by अङ् for Parasmaipada लुङ् Aorist Past Tense
ई	ईदिताम्	7.2.14 श्वि–ईदितो निष्ठायाम् । निष्ठायाम् इट् अभावः । Augment इट् is prevented for Nishtha
उ	उदिताम्	7.2.56 उदितो वा । क्त्वायाम् इट् विकल्पः । Optional Augment इट् for क्त्वा Affixes
	उदिताम्	7.2.15 यस्य विभाषा । निष्ठायाम् इट् अभावः । Augment इट् is prevented for Nishtha Affixes in matters where इट् is Optional
ऊ	ऊदिताम्	7.2.44 स्वरतिसूतिसूयतिधूञ्–ऊदितो वा । वलादेः आर्धधातुकस्य इट् विकल्पः । Optional Augment इट् for वकारः beginning Ardhadhatuka Affixes
ऋ	ऋदिताम्	7.4.2 नाग्लोपिशास्वृ–ऋदिताम् । णौ चङि उपधायाः ह्रस्व अभावः । Penultimate Letter of such Angas does not become ह्रस्वः for लुङ् Aorist Past Tense
ऌ	ऌदिताम्	3.1.55 पुषादिद्युताद्य–ऌदितः परस्मैपदेषु । च्लेः अङ् । च्लि gets replaced by अङ् for लुङ् Aorist Past Tense
ए	एदिताम्	7.2.5 ह्म्यन्तक्षणश्वसजागृणिश्वि–एदिताम् । इट् आदौ सिचि वृद्धि अभावः । Prevention of वृद्धिः for सिच् Affixes having इट् Augment
ओ	ओदिताम्	8.2.45 ओदितश्च । निष्ठातस्य नत्वम् । Nishtha तकारः gets replaced by नकारः ।
	ओदिताम्	4c GanaSutra स्वादय ओदितः । निष्ठातस्य नत्वम् । Nishtha तकारः gets replaced by नकारः ।
क्	किदिताम्	Roots – 2c 1047 इक् । 3c 1090 ओहाक् ।
ङ्	ङिताम्	1.3.12 अनुदात्त–ङित आत्मनेपदम् । आत्मनेपदित्वम् । Atmanepada Affixes for such Roots
ञ्	ञिताम्	1.3.72 स्वरित–ञितः कर्त्रभिप्राये क्रियाफले । उभयपदित्वम् । Ubhayepada – Both Parasmaipada & Atmanepada Affixes for such Roots
ञि	ञीताम्	3.2.187 ञीतः क्तः । वर्तमाने क्तः । Nishtha Affix क्त gets applied in the sense of Present Tense. (By default क्त is only in the sense of Past Tense)
ट्	टिताम्	4.1.15 टिड्ढाणञ्द्वयसज्दघ्नञ्मात्रच्तयप्ठक्ठञ्कञ्क्वरपः । स्त्रीयाम् ङीप् । In Feminine sense, Affix ङीप् gets applied
टु	ट्वितताम्	3.3.89 ट्वितोऽथुच् । अथुच् । Affix अथुच् gets applied

ड्	ड्वताम्	3.3.88 ड्वितः क्त्रिः । क्त्रि (मम् च, 4.4.20) । Affix क्त्रि gets applied
ण्	णिताम्	7.3.78 पाघ्राध्मास्थाम्ना–दाण्–दृश्यर्तिसर्त्तिशदसदां पिबजिघ्रधमतिष्ठमनयच्छपश्यर्च्छधौशीयसीदाः । यच्छ । Root 1c 930 दाण् gets replaced by यच्छ, when facing शित् Affix. Notice that by 1.1.20 दाधा घ्वदाप् दाण् is घु संज्ञा । Also see Root 2c 1045 इण्
म्	मिताम्	6.4.92 मितां ह्रस्वः । णौ उपधाया ह्रस्वः । When such Root faces णिच् affix, penultimate letter of Root takes Short Vowel
प्	पिताम्	1.1.20 दाधा घु–अदाप् । अदाप् । Definition घु does not include such Roots
ष्	षिताम्	3.3.104 षित्–भिदादिभ्योऽङ् । अङ् । In Feminine sense, Affix अङ् gets applied

- Roots having multiple Tags आ–ञि, डु-ष् , etc. simply get a combination of above procedures. E.g. 975 डुपचष् पाके
- Difference between Initial initial and Final Tag? No functional difference. It is just a mathematical beauty of Panini's programming. e.g. Root 1010 टुओश्वि , the Tag ओ has been placed before the Root whereas in 1415 टुमस्जो it is at end. Both apply 8.2.45 ओदितश्च । निष्ठातस्य नत्वम् । Thus शूनः , मग्नः ।
- Tag ङ् causes Root to be Atmanepada. Also Anudata Accent on Root Vowel causes Root to be Atmanepada. Tag ञ् causes Root to be Ubhayepada. Also Svarita Accent on Root Vowel causes Root to be Ubhayepada.

Maheshwar Sutras Pratyaharas

1	अइउण्	All vowels = अच्	अण्
2	ऋऌक्	Simple vowels = अक्	अक् इक् उक्
3	एओङ्	Diphthongs = एच्	एङ्
4	ऐऔच्	Semivowels = यण्	अच् इच् एच् ऐच्
5	हयवरट्	All consonants = हल्	अट्
6	लँण्	ल्+अँ, No nasal for र्	अण् इण् यण् (रँ)
7	ञमङणनम्	5th of row = Nasals = ञम्	अम् यम् ङम् (ञम्)
8	झभञ्	4th of row = झष्	यञ्
9	घढधष्	are all soft consonants	झष् भष्
10	जबगडदश्	3rd of row = जश् (soft)	अश् हश् वश् झश् जश् बश्
11	खफछठथचटतव्	1st and 2nd of row = खय्	छव् (खँ)
12	कपय्	are all hard consonants	यय् मय् झय् खय् (चय्) (ञय्)
13	शषसर्	Sibilants (hard) = शर्	यर् झर् खर् चर् शर्
14	हल्	Aspirate is soft	अल् हल् वल् रल् झल् शल्

References

Author	Title	Year	Ed	Publisher
Jaya Shankar Lal Tripathi	काशिका न्यास-पदमञ्जरी-भावबोधिनी-सहिता Vol 9	1994	1st	Tara Book Agency, Varanasi
O. K. Munshi	Dhaturupaprapanca Vol I & II	2006	1st	University of Calicut, Calicut
Harekanta Mishra	बृहद्धातुकुसुमाकरः	2007	1st	Chaukhamba Sanskrit Pratishthan, Delhi
Vijaypal Vidyavaridhi	माधवीया धातुवृत्तिः	2009	2nd	Ram Lal Kapoor Trust, Sonipat
Yudhisthir Mimansak	संस्कृत धातु कोषः	2009	1st	Ram Lal Kapoor Trust, Sonipat
Pushpa Dikshit	पाणिनीयधातुपाठः सार्थः	2011	1st	Samskrita Bharati, New Delhi
Pushpa Dikshit	अष्टाध्यायी सहजबोध Vol 1, 2, 3	2017	3rd	Pratibha Prakashan, Delhi
Govind Acharya	वैयाकरणसिद्धान्तकौमुदी - मूलमात्रम्	2015	1st	Chaukhamba Surbharati Prakashan, Varanasi
Ashwini Kumar Aggarwal, Sadhvi Hemswaroopa	Dhatupatha Verbs in 10 Lakaras Vol I, II, III	2024	1st	Devotees of Sri Sri Ravi Shankar Ashram, Punjab
	Dhatupatha Verbs in 10 Lakaras Ashtadhyayi Conjugation Matrix	2024	1st	

https://scl.samsaadhanii.in/scl/ https://www.sanskritworld.in/ https://ashtadhyayi.com/

Epilogue

The Dhatupatha is Panini's library of Sounds that serves as input to the Ashtadhyayi program. Its intelligent, concise and exemplary coding is regarded in awe by foremost programmers of today and has stood its ground over 2500 years.

सर्वे भवन्तु सुखिनः । सर्वे सन्तु निरामयाः ।
सर्वे भद्राणि पश्यन्तु । मा कश्चिद् दुःख भाग् भवेत् ॥
ॐ शान्तिः शान्तिः शान्तिः ॥

When faith has blossomed in life, Every step is led by the Divine.

Sri Sri Ravi Shankar

Om Namah Shivaya

जय गुरुदेव

www.ingramcontent.com/pod-product-compliance
Lightning Source LLC
LaVergne TN
LVHW081535070526
838199LV00006B/367
9788197718243